Der Botanische Wanderführer für Hamburg und Umgebung

Herausgegeben von
Hans-Helmut Poppendieck
Gisela Bertram
Barbara Engelschall

BOTANISCHER VEREIN
zu Hamburg e.V.

Dölling und Galitz Verlag

Mit freundlicher Unterstützung:
Engelbert und Hertha Albers Stiftung
Behörde für Umwelt, Klima, Energie und Agrarwirtschaft, Abteilung Naturschutz
Hamburger Verkehrsverbund
Loki Schmidt Stiftung

Bibliografische Information Der Deutschen Nationalbibliothek
Die Deutsche Nationalbibliothek verzeichnet diese Publikation
in der Deutschen Nationalbibliografie; detaillierte bibliografische
Daten sind im Internet über http://dnb.de abrufbar.

Impressum
© 2018 Dölling und Galitz Verlag GmbH München · Hamburg
E-Mail: dugverlag@mac.com
www.dugverlag.de
Schwanthalerstraße 79, 80336 München, Tel. 089/23230966
Friedensallee 26, 22765 Hamburg, Tel. 040/3893515

Gestaltung: Gesine Krüger, Hamburg
Kartendesign: Gesine Krüger, Hamburg, und Lasse Scheele, Berlin
Kartendaten: OpenStreetMap veröffentlicht unter ODbL (Grundkarte),
Kartierung durch die Autoren (Wanderrouten)
Papier: 115 g LuxoartSamt
Gesetzt aus der DIN Pro
Druck: Beltz Bad Langensalza GmbH, Bad Langensalza
ISBN 978-3-86218-080-6
3. aktualisierte Auflage 2021

Inhalt

Infokästen

Anhang

Zu diesem Buch

Sie lieben die wilden Pflanzen der Wiesen, Wälder und Wegränder und möchten sie an ihren natürlichen Standorten kennen lernen? Die Schachblumen im Seevetal oder in Hetlingen, die Busch-Windröschen im Sachsenwald, den Sonnentau im Ohmoor? Sie möchten die Natur auf botanischen Wanderungen erleben, weitab der Großstadt am Schaalsee oder mittendrin im Hamburger Hafen? Oder Sie sind schon ein versierter Botaniker und freuen sich über Tipps für neue spannende Exkursionsziele? Für Sie alle haben wir dieses Buch geschrieben.

Wir – das sind rund 30 Aktive des Botanischen Vereins zu Hamburg. Unser Verein erforscht seit 130 Jahren die Flora in und um Hamburg. Im Jahre 1891 wurde er gegründet. Die alten Fotos zeigen würdige Herren mit steifen Hüten, die mit Botanisiertrommeln unterwegs waren. Heute sind wir mit Digitalkameras und GPS-Geräten ausgerüstet. Aber die Begeisterung für die heimische Pflanzenwelt verbindet uns mit unseren Vorgängern ebenso wie der Wunsch, auch andere Menschen dafür zu gewinnen.

Botanische Exkursion, 2015

Exkursion des Botanischen Vereins zu Hamburg, um 1900

Der letzte »Botanische Wanderführer für Hamburg und Umgebung« erschien im Jahre 1990 und ist seit langem vergriffen. Das Interesse an der hiesigen Pflanzenwelt ist nach wie vor groß, und inzwischen gibt es eine neue Generation von Naturfreunden, die Anregungen für botanische Entdeckungsreisen in ihrer Umgebung sucht. Gleichzeitig hat sich die Pflanzenwelt in unserer Region stark verändert. Daher musste die Auswahl der Gebiete neu überdacht und die Beschreibungen den aktuellen Verhältnissen angepasst werden.

Das Wandergebiet der Hamburger Botaniker entspricht weitgehend dem Bereich des Hamburger Verkehrsverbundes (▶ Übersichtskarten in den Umschlagklappen vorne und hinten). Es reicht von Buxtehude bis zum Schaalsee und von Lüneburg und Tostedt bis nach Bad Segeberg. Es reicht von der Nordheide über die Elbmarschen bis zur holsteinischen Geest und ins östliche Hügelland. Und es wird durchquert von der Elbe, die im Westen bei Haseldorf fast sechsmal so breit ist wie im Osten bei Bleckede. Mittendrin liegt die Millionenstadt Hamburg mit ihrem großen Hafen.

Unter den vorgestellten Exkursionszielen gibt es viele Klassiker – Gebiete, in denen schon vor hundert Jahren regelmäßig botanisiert wurde: Boberg, der Alsterwanderweg, die Holmer Sandberge oder das Hellbachtal. Andere sind noch Geheimtipps: Fürstenmoordamm und Kaltehofe, die Pantener Trockenrasen und die Leezener Au oder der Düvelshöpen bei Tostedt. Zum Kennenlernen von Wasserpflanzen ist eine Paddeltour auf der Gose Elbe ideal. Die meisten Exkursionen sind jedoch als Spaziergänge oder Wanderungen konzipiert, die mit festem Schuhwerk problemlos zu bewältigen sind. Einige eignen sich als Radtour, so die Vierlande, die Wedeler Marsch und der Vierwerder Elbwarder im lüneburgischen Elbvorland.

Unsere Fußwanderungen sind zwischen einem und zwölf Kilometern lang, mehr als die Hälfte davon weniger als vier Kilometer. Botanische Exkursionen sind keine Kilometerfresserei, sondern ein Entschleunigungsprogramm. Sie sollen einen Zugang zum Reichtum der Natur bieten. Im Vordergrund steht nicht die sportliche Bewegung, sondern die Naturbegegnung. Botanisches Wandern heißt, sich auf ein anderes Tempo einzustellen, seine Achtsamkeit zu schulen und sich Zeit zu nehmen für zufällige Entdeckungen: Pilze auf Baumstubben, Vogelfedern oder Baumrinden. Auf manchen Exkursionen haben wir für hundert Meter eine halbe Stunde gebraucht, so viel gab es zu sehen. Nehmen Sie sich auch Zeit für den Rückweg – wir haben die Beobachtung gemacht, dass man unerwartet viel Neues findet, wo man glaubt, schon alles gesehen zu haben.

Wir möchten zum sinnlichen und selbsttätigen Erleben und Genießen der heimischen Natur vor der Haustür verführen – im Sinne der Hamburger Naturschützerin Loki Schmidt, die immer wieder zum Be-Greifen der Natur ermuntert hat. Daher enthält das Buch auch viele Orte für botanisch spannende Naturbegegnungen außerhalb von Schutzgebieten. Das sind die Gärten und Parks ebenso wie die »wilden Ecken« in der Stadt, die Brach- und Ruderalflächen im Hafen oder rund um den Hauptbahnhof.

Der Botanische Verein möchte Sie nachdrücklich dazu ermuntern, bei Ihren Wanderungen auf das Auto zu verzichten und stattdessen öffentliche Verkehrsmittel zu benutzen. Fast alle Gebiete lassen sich gut mit dem Hamburger Verkehrsverbund (HVV) erreichen, dem wir an dieser Stelle herzlich für die Überprüfung der Anfahrtsangaben danken. Beachten Sie bitte, dass Busse in den abgelegenen Gebieten selten und oft nur an Wochentagen fahren.

Für die meisten Gebiete gibt es Karten mit Wandervorschlägen. Unsere Gebietsbeschreibungen werden ergänzt durch weitere Angaben wie Weginformationen und Tipps zu Einkehrmöglichkeiten oder Sehenswürdigkeiten in der Umgebung, die aber keinerlei Anspruch auf Vollständigkeit erheben. Außerdem liefern wir Angaben zum Naturschutz – wichtig, weil man in Naturschutzgebieten und geschützten Biotopen weder die vorgeschriebenen Wege verlassen noch Pflanzen oder Pflanzenteile abpflücken darf. Die

Angabe der betreuenden Verbände kann nützlich sein, um Informationen aus erster Hand zu erhalten oder eventuell eine Gebietsführung zu vereinbaren.

Die Artenlisten sollen einen Überblick geben, welche besonderen Pflanzen im Gebiet zu erwarten sind, können aber aus Platzgründen nicht vollständig sein. Sie werden bei einigen Gebieten in den Pflanzenlisten vielleicht sogar Raritäten vermissen, denen Sie im »Hamburger Pflanzenatlas« begegnet sind. Das hat seinen Grund: Wir haben mit wenigen Ausnahmen nur solche Pflanzenarten genannt, die auch tatsächlich von den Wegen aus entdeckt werden können.

Unsere Stadt und ihre Pflanzenwelt ändern sich von Tag zu Tag. Es liegt in der Natur der Sache, dass ein »Botanischer Wanderführer« schon nach wenigen Jahren zu veralten beginnt. Für die vorliegende dritte Auflage im Frühjahr 2021 wurden die Informationen zu den Gebieten und die Verkehrsverbindungen überprüft und aktualisiert. Aber auch hier kann uns der eine oder andere Fehler unterlaufen sein. Wir bitten um Nachsicht und freuen uns, wenn Sie uns ihre eigenen Beobachtungen mitteilen und uns auf Fehler und Veränderungen hinweisen. Schicken Sie Ihre Mails bitte an wanderfuehrer@botanischerverein.de, und informieren Sie sich auch auf unserer Homepage www.botanischerverein.de.

Wie der vom Botanischen Verein 2010 herausgegebene »Hamburger Pflanzenatlas« ist auch dieser »Wanderführer« ein ehrenamtlich erarbeitetes Gemeinschaftswerk begeisterter Naturfreunde. Unser Dank gilt allen, die daran mitgearbeitet und mitgeholfen haben. In erster Linie danken wir allen Autoren der Texte und allen Bildgebern. Wir haben sie auf den Seiten 17 und 339 namentlich aufgelistet. Für großzügige Zuwendungen danken wir der Engelbert und Hertha Albers Stiftung, dem Hamburger Verkehrsverbund (HVV), der Behörde für Umwelt und Energie der Freien und Hansestadt Hamburg (BUE) und der Loki Schmidt Stiftung. Unterstützung haben wir darüber hinaus erfahren durch Volker Dinse, Karen Elvers, Tanja Hemke, Jürgen Hoppe, Gabriele Krebs, Katrin Kubatz, Mirko Liesebach, Michelle Mitsching, Florian Schulz und Hans Stökl. Auch ihnen sei hier gedankt. Last but not least bedanken wir uns bei Sabine Niemann, Gesine Krüger und Robert Galitz vom Dölling und Galitz Verlag für ihre Kreativität, Professionalität und Geduld.

Und nun wünschen wir Ihnen viel Spaß beim Wandern und Botanisieren!

Hans-Helmut Poppendieck
Gisela Bertram
Barbara Engelschall

In der Botanik unterwegs

Was nehme ich mit?

Botanische Exkursionen sind schlichte Veranstaltungen, die außer geländetauglicher Kleidung und festem Schuhwerk kein besonderes Outfit erfordern. Wer sich nur an den Pflanzen erfreuen will, braucht – abgesehen von diesem »Wanderführer« – gar nichts mitzunehmen, nur die Bereitschaft, die Augen offenzuhalten. Wer es botanisch professioneller angehen will, für den sind unerlässlich:

- Einige Plastiktüten, um eine abgepflückte Pflanze
  oder Pflanzenteile frisch mit nach Hause zu bringen.
  Sie sind ein zeitgemäßer Ersatz für die klassische
  Botanisiertrommel. Selbstverständlich werden sie
  zur Schonung der Umwelt mehrfach verwendet.
- Eine Einschlag-Lupe mit zehnfacher Vergrößerung,
  um Details erkennen zu können; zu kaufen beispielsweise bei Briefmarkenhändlern.
- Ein Taschenmesser, eventuell eine kleine Rosenschere.
- Eine Exkursionsflora mit Bestimmungsschlüsseln
  und eine Bilderflora zur schnellen Orientierung.
  (▶ Literaturhinweise, S. 332 ff.)
- Ein Notizbuch und Schreibzeug, Kartenmaterial und
  eine Kamera. Viele Funktionen dieser traditionellen
  Hilfsmittel können natürlich von einem Smartphone
  übernommen werden.

Verhalten in Wald und Flur – Naturschutz

Wälder dürfen zum Zweck der Erholung auf eigene Gefahr betreten werden, auch außerhalb der Wege. Machen Sie von diesem Recht nur sparsam Gebrauch. Die Behörden können Einschränkungen verfügen. Radfahrer und Reiter müssen sich an die Wege halten.

Landwirtschaftliche Flächen dürfen nur außerhalb der Bewirtschaftungszeit betreten werden: Äcker nur zwischen der Ernte und der Aussaat, Grünland nur zwischen Ende Oktober und Anfang März.

Naturschutzgebiete dürfen außerhalb der dafür bestimmten Wege nicht betreten werden. Pflanzen oder Pflanzenteile dürfen hier nicht abgeschnitten, abgepflückt oder ausgegraben weden. Hunde sind an der Leine zu führen. Bei Verstößen können Bußgelder verhängt werden.

Achten Sie bitte auch in den weniger streng reglementierten FFH-Gebieten (EG-Fauna-Flora-Habitat-Richtlinie) und Landschaftsschutzgebieten auf Verbots- und Gebotsschilder.

Pflanzenkenntnisse erwerben

Busch-Windröschen, Gänseblümchen und Löwenzahn sind Vielen bekannt. Doch dann stellt der Spaziergänger fest, dass die Wanderung umso größeren Spaß macht, je mehr Pflanzen er kennt. Man legt sich ein Buch mit Pflanzenabbildungen zu, und schon entdeckt man auf der nächsten Tour neue Pflanzen. Fast alle Autoren dieses Buches haben ihre Botanikerlaufbahn so begonnen. Wenn Sie sich an diesem Punkt befinden, wird Ihnen dieses Buch eine große Hilfe sein.

Irgendwann merkt der angehende Botaniker dann, dass Bilderbücher bei besonderen Pflanzenarten nicht mehr ausreichen. Er nimmt Exkursionsfloren mit Bestimmungsschlüsseln zu Hilfe und beginnt, Kontakte zu Experten zu knüpfen. Die Freilandbotanik ist eines der wenigen wissenschaftlichen Arbeitsgebiete, auf denen Amateure auch heute noch echte Entdeckungen machen können. Vielleicht lassen Sie sich durch unseren »Wanderführer« anregen, Teil des engagierten botanischen Forscherteams für Hamburg und seine Umgebung zu werden? Der Botanische Verein zu Hamburg bietet dafür den richtigen Rahmen. Er ist seit 130 Jahren der Ort, an dem sich Botanik-Liebhaber und Berufsbotaniker aus Hamburg und Umgebung treffen, um gemeinsam auf Exkursion zu gehen und sich auf Augenhöhe auszutauschen. Was kann Ihnen unser Verein bieten? Sie können interessante Pflanzen an ungewöhnlichen Orten in Ihrer Umgebung kennenlernen. Sie können Menschen treffen, die sich ebenso wie Sie für die Pflanzenwelt begeistern und Anfängern gerne unter die Arme greifen. Sie können ihr eigenes Spezialgebiet entwickeln und so vielleicht – wer weiß? – Ihre beruflichen Perspektiven erweitern. Und Sie können zur Vertiefung der Kenntnisse über unsere heimische Flora beitragen und damit Grundlagen für ihren Schutz und ihre Erhaltung liefern.

Pflanzen sammeln

Es kann gute Gründe dafür geben, Pflanzen zu pflücken und zu sammeln. Etwa wenn Sie sie zu Hause nachbestimmen wollen. Oder wenn Sie sich ein Herbar anlegen möchten, um Ihre Pflanzenkenntnis zu erweitern. (▶ S. 158) Auch wenn Sie sich einen Handstrauß wilder Blumen für die Vase pflücken möchten, ist das ein völlig legitimer Wunsch. Pflanzen wachsen nach. Die Pflanze, die Sie heute nicht sammeln, wird vielleicht morgen schon abgemäht oder vom Vieh gefressen. Aber es gilt: Wenn Sie eine wilde Pflanze pflücken, sollten Sie einen guten Grund dafür haben, sehr sorgsam und verantwortlich mit ihr umgehen und sich an geltende Gesetze halten. Auch sollten Sie keine Pflanzen sammeln, die am jeweiligen Standort nur in wenigen Exemplaren vorkommen, unabhängig davon, ob sie auf der Roten Liste stehen oder nicht. Eine gute Regel ist, maximal eines von 20 Exemplaren zu sammeln.

Was sollte gesammelt werden? Zur Nachbestimmung zu Hause reichen oft eine Blüte bzw. Blütenstand, ein Blatt und ein Foto der Pflanze. Für das eigene Herbarium oder zur wissenschaftlichen Dokumentation werden ganze Pflanzen oder Zweige mit Blüten benötigt. Die Exemplare sollten gut entwickelt und vollständig sein, Blüten oder Früchte besitzen und dort, wo dies zur Bestimmung nötig ist, möglichst auch Wurzeln oder andere unterirdische Organe.

Wo darf gesammelt werden? Überall, außer in Naturschutzgebieten oder auf Privatgrundstücken, es sei denn, der Besitzer stimmt zu. Auch in empfindlichen Biotopen sollten Sie besonders zurückhaltend sein, aber das ist ja selbstverständlich. Gut geeignet sind Brachflächen, Bahndämme und Ränder öffentlicher Wege.

Was die gefährdeten Pflanzen betrifft: Die meisten dieser Arten wachsen in Naturschutzgebieten, und da dürfen Sie sowieso nicht sammeln. Nicht gesammelt werden dürfen gesetzlich geschützte Pflanzen. Und auch Pflanzen der Roten Listen sind tabu. Also im Zweifel erst bestimmen und nur dann pflücken, wenn keine Bedenken bestehen.

Pflanzen fotografieren

Die meisten Pflanzenkenner sind heute auch begeisterte Fotografen und haben Fotoarchive anstelle von Herbarien. Alle Fotos in diesem Buch, von ganz wenigen Ausnahmen abgesehen, stammen von den Autoren dieses »Wanderführers« oder von Mitgliedern und Freunden des Botanischen Vereins. Pflanzenfotografie ist zwar keine ganz einfache Sache, aber wen es einmal gepackt hat, bei dem kann sie sich zu einer Leidenschaft entwickeln.

Sich Zeit für Pflanzen nehmen

Pflanzen sind merkwürdige Lebewesen. Um sie verstehen zu können, muss man sich mit allen Sinnen auf sie einlassen. Hören, wie die reifen Samen im Kelch des Klappertopfes wie in einer Rassel »klappern« und nur langsam, einer nach dem anderen, ausgeschüttelt werden. Riechen, welch betörenden Duft die Blüten des Waldgeißblattes abends ausströmen, um damit Schmetterlinge anzulocken. Den süßen Nektar schmecken, den man aus der Röhre der Taubnessel heraussaugen kann, bevor ihn die Bienen und Hummeln holen. Die rauen Borsten von Berg-Ulme oder Rasen-Schmiele fühlen, mit deren Hilfe man diese Arten auch mit geschlossenen Augen von anderen Bäumen oder Gräsern unterscheiden könnte. Mit bloßem Auge sehen, wie sich die großen Blüten der Nachtkerze zur Dämmerung öffnen, oder mit der Lupe erkunden, wie sinnreich die hochkomplizierten Blüten vom Lerchensporn und vom Kleinen Immergrün an ihre Bestäuber angepasst sind. Dies können beglückende Erfahrungen sein. Nehmen Sie sich die Zeit dafür!

Grußwort

Durch die Mitarbeit an diesem »Botanischen Wanderführer« habe auch ich – seit 1971 im Vorstand des Botanischen Vereins und leidenschaftlich botanisierend in Hamburg und Umgebung unterwegs – wieder neue Exkursionsziele kennengelernt und altvertraute Gebiete nach langer Zeit wieder einmal besuchen können. Beides hat sich gelohnt und mir gezeigt, wie wichtig es ist, raus in die Natur zugehen, zu schauen, wie es vor Ort aussieht. Und das nicht nur einmal, denn im Laufe eines Jahres gibt es immer wieder Neues und Unerwartetes zu entdecken: An den Blütenteppichen der Anemonen kann ich mich jeden Frühling aufs Neue erfreuen; wie üppig die Blüte der Schachblume ausfällt, schwankt von Jahr zu Jahr; im Sommer zieht es mich in die Wiesen der Alsterniederung, und im Herbst bin ich neugierig auf die Blüte des Lungenenzians …

Unsere Stadt hat sich in den letzten 50 Jahren weit ins Umland ausgedehnt. Feldmarken, durch die wir früher wanderten, sind heute bebaut. Und dennoch: es gibt immer noch viele lohnende Exkursionsziele! Der Botanische Verein zu Hamburg lädt sie mit diesem Wanderführer ein, auf eigenen Entdeckungsreisen Pflanzen und ihre Lebensräume in Hamburg kennenzulernen.

Denn nur was wir kennen und lieben gelernt haben, das können wir auch schützen.

Horst Bertram
Botanischer Verein zu Hamburg

AL	*Peter Aldenhoff*
AZ	*Andreas Zeugner †*
BD	*Barbara Denker*
BE	*Barbara Engelschall*
CW	*Christina Wolkenhauer*
DH	*Dorit Hauschildt*
DW	*Dieter Wiedemann*
FU	*Friedrich Ullrich*
GB	*Gisela Bertram*
GUK	*Gerd-Uwe Kresken*
HB	*Horst Bertram*
HHP	*Hans-Helmut Poppendieck*
HK	*Holger Kurz*
HM	*Helge Masch*
HP	*Helmut Preisinger*
IB	*Ingo Brandt*
JN	*Jacqueline Neubecker*
JS	*Jörn Schwarzstein*
JvP	*Jörg von Prondzinski*
MH	*Manfred Haacks*
NL	*Nikola Lenzewski*
OA	*Oliver Appel*
PG	*Peter Grundmann*
SR	*Stephan Rost*
UB	*Ulrike Balnojan*
WE	*Dirk Wesuls*
WH	*Werner Härdtle*
WS	*Wulf Schultze*

Bezirk Altona – Das Hohe Elbufer

Als Landschaftsschutzgebiet ist das Hohe Elbufer eine hamburgische Besonderheit. Hier wurde 1962 ein durchgehend, wenn auch locker bebautes Gebiet unter Schutz gestellt.

Das Hohe Elbufer reicht vom Rand der historischen Innenstadt mit dem Bismarck-Denkmal bis an die westliche Landesgrenze bei Wedel. Es bietet auf fünfzehn Kilometern eine touristische Erlebnislandschaft ersten Ranges, die vor allem durch den Kontrast zwischen Hafen und Industrie auf der Flussseite und den Herrenhäusern und Parks am Geesthang geprägt ist. Was man jedoch nicht vergessen sollte: Das Hohe Elbufer ist auch in naturkundlicher Hinsicht eines der attraktivsten Exkursionsgebiete Hamburgs. So wurde der Elbwanderweg von Neumühlen bis Blankenese schon 1876 von Otto Wilhelm Sonder als botanische Exkursion beschrieben, die dem auswärtigen Besucher die Eigenheit der Hamburger Flora besonders prägnant nahebringen sollte. Der Jenischpark ist seit über 200 Jahren Ausflugsziel für Pflanzenfreunde. Die reine Südlage am Strom schafft ein relativ warmes und mildes Klima. Der Hang am Rande des Urstromtales der Elbe bietet eine große geologische Vielfalt. Viele der Steilhänge, Trockentäler, Hohlwege, Quellen, Torflager und Sanddünen sind zwar inzwischen bebaut oder überformt. In Naturschutzgebieten wie Wittenbergen oder Schnaakenmoor lassen sich aber noch Reste der einstigen Moor- und Heidelandschaft erkunden. Und Industrie, Strom- und Hafenausbau, Siedlung und Gartenkultur haben mit ihrer spezifischen Pflanzenwelt auch zur Bereicherung der Flora beigetragen.

Elbufer bei Blankenese

Altona bis Neumühlen

Stadtnaher Elbspaziergang zu Stinsenpflanzen,
Hangquellen und urbanen Wiesen

Blick vom Altonaer Balkon auf die Köhlbrandbrücke

Lage
Altona-Altstadt und Ottensen
zwischen Elbchaussee und
Neumühlen / Kaistraße
Anfahrt
Bus 111 / 112 bis Elbberg.
Bus 113 oder Fähre 62 bis
Neumühlen / Övelgönne
Bus 111 / 112 bis Susettestraße
Weginformation
2,5 km auf befestigten Wegen
und Straßen, mit Steigungen
und Treppen
Naturschutz
Landschaftsschutzgebiet
Jahreszeit
Vom Frühjahr zur Blütezeit
vieler Stinsenpflanzen bis zur
ersten Wiesenmahd im Juni
Tipp
Zahlreiche Einkehrmöglich-
keiten in Altona und Neumühlen.
Wanderkarten des Vereins
Grüne Metropole am Wasser e.V.

Es beginnt mit einem spektakulären Blick. Vom Altonaer Balkon übersehen wir das Urstromtal der Elbe in
seiner ganzen Breite, vom Hafen über die Köhlbrandbrücke bis zu den acht Kilometer entfernten Harburger
Bergen am südlichen Geestrand. Wie diese Landschaft
vor 200 Jahren ausgesehen hat, bevor sie vom Menschen
radikal umgestaltet wurde, kann man auf Gemälden im
nahe gelegenen Altonaer Museum sehen. Es war eine
Auenlandschaft mit Röhrichten, Wiesen, Weiden und
Gebüschen, die heute ebenso Vergangenheit ist wie die
Segelschiffe auf der Elbe. Am Hang finden wir jedoch nach
wie vor auf kleinem Raum eine hohe Artenvielfalt, selbst
wenn die früher hier so reich vertretene »Hafenflora«
(► Adventivflora im Hamburger Hafen, S. 124) weitgehend
verschwunden ist.

Diese botanische Exkursion hat auch etwas von einer
kulturgeschichtlichen Spurensuche, denn von Neumühlen aus nahm um 1800 die Industrialisierung Norddeutsch-
lands ihren Ausgang, ebenso wie die Besiedlung des

Elbhanges mit herrschaftlichen Villen. So haben die heutigen Parks eine bewegte Geschichte, teils als Lustgärten, teils als Industriestandorte. Im Donners Park gab es beispielsweise eine Wassermühle mit Mühlenteich. Eine Besonderheit sind die vielen Hohlwege (5). Sie dienten der Erschließung des Geländes.

Zur Elbe hin hat sich in mehr als 50 Jahren spontan ein naturnaher, von Ahornen und Robinien beherrschter Stadtwald gebildet (1). Ein kleiner Pfad führt hinab zu einer künstlichen Grotte, wie sie im 19. Jahrhundert in Mode war. Hier haben sich Nickender Milchstern und Kaukasus-Vergissmeinnicht als Zeugen alter Gartenkultur erhalten (▶ Stinsenpflanzen, S. 232) (2). Nördlich der Kaistraße gibt es ein reiches, seit 1815 bekanntes Vorkommen von Wilder Tulpe und Gefingertem Lerchensporn (4) und ein Stück Grasland, das Ende Mai zur Blütezeit des Wiesen-Kerbels einen besonders schönen Anblick bietet (3). In den Gebüschen haben sich viele junge Ulmen spontan angesiedelt (7). Die früher reiche ▶ Ruderalvegetation (S. 140) entlang der Straße Neumühlen ist leider bis auf wenige Reste der Bebauung zum Opfer gefallen. Hangquellen, von denen eine mit Tuffstein gefasst ist (6), speisen die Gräben längs des Fußweges; hier finden wir einige Feuchtgebietsarten. *HHP*

Pflanzenliste
▶ Stinsenpflanzen, S. 232
Gefingerter Lerchensporn
  Corydalis solida
Herzgespann *Leonurus cardiaca*
Kaukasus-Vergissmeinnicht
  Brunnera macrophylla
Nickender Milchstern
  Ornithogalum nutans
Wilde Tulpe *Tulipa sylvestris*
Wiesen
Hunds-Quecke *Elymus caninus*
Mittlerer Wegerich *Plantago media*
Weg-Malve *Malva neglecta*
Wehrlose Trespe *Bromus inermis*
Wiesen-Kerbel *Anthriscus sylvestris*
Feuchte Standorte
Echte Brunnenkresse
  Nasturtium officinale-agg.
Glieder-Binse *Juncus articulatus*

Weg-Malve

Nickender Milchstern

Wilde Tulpe

Kalksteingrotte unterhalb des Altonaer Balkons

Gefingerter Lerchensporn

Waldrebe und Armenische Brombeere

Die beiden häufigsten Arten des Hohen Elbufers sind Neophyten
(▶ Adventivflora im Hamburger Hafen, S. 124), nicht heimische
Pflanzen, deren Geschichte auf besondere Weise mit Altona und
Neumühlen verbunden ist. Die Gewöhnliche Waldrebe *Clematis
vitalba* hat sich hier bereits um 1850 verwildert, blieb aber lange
auf elbnahe Standorte beschränkt und breitete sich erst nach 1980
in ganz Hamburg aus. Im Winter bieten ihre Fruchtstände als
»Weißes Gold am Elbufer« einen spektakulären Anblick. Die Armenische Brombeere *Rubus armeniacus* wurde zuerst 1837 durch die
Flottbeker Baumschulen Booth nach Europa eingeführt und dann
um 1900 von Donners Park aus als Sorte »Theodor Reimers« weltweit in den Handel gebracht. Theodor Reimers, nach dem die Sorte
benannt wurde, war Obergärtner des Donnerschen Besitzes.

Gewöhnliche Waldrebe

Armenische Brombeere

Von Oevelgönne zum Mühlenberg

Zwischen Parks und großen Pötten:
Geesthang und Elbufer

Die Wanderung beginnt am Westende der Siedlung Neumühlen/Oevelgönne und führt über Hans-Leip-Ufer und Elbuferweg immer am Strom entlang; verlaufen kann man sich auf der Strecke nicht. Gleich zu Beginn können wir unterhalb von Schröders Elbpark einen kleinen Erlenbruch mit Seggenbestand entdecken (1). Hier wird der Einfluss des geologisch vielfältigen Geesthangs auf die Vegetation deutlich. Schichtquellen und kleine Sümpfe, aber auch sandige und trockenere Bereiche prägen das Bild, das heute vielerorts durch Parks und Gartenanlagen bestimmt wird.

Das Elbufer ist über weite Strecken mit Schlacke-Schüttungen und Pflasterpackungen verbaut. Über der Hochwasserlinie ist es fast durchgängig mit verschiedensten Weidenarten bepflanzt, die regelmäßig »nieder-

Lage
Othmarschen und Nienstedten an der Elbe

Anfahrt
Bus 111/112 bis Liebermannstraße, zu Fuß Abstieg über Himmelsleiter zur Elbe. Bus 113 oder Fähre 62 bis Neumühlen/Oevelgönne und von dort zu Fuß entlang der sehenswerten alten Lotsenhäuser

Weginformation
6,5 km auf befestigtem Uferweg oder am Strand, Zugang über steile Treppen oder Wege

Naturschutz
Landschaftsschutzgebiet

Jahreszeit
Hochsommer zur Blütezeit der Uferstauden

Tipp
Zahlreiche Einkehrmöglichkeiten in Oevelgönne und entlang des Elbuferwegs sowie das »Witthüs« im Hirschpark. Wanderkarten des Vereins Hamburg – Grüne Metropole am Wasser e.V.

Weiden am Elbstrand

waldartig« auf den Stock gesetzt werden und inzwischen knorrige Gestalten ausgebildet haben [2]. Andere sind zu riesigen Bäumen herangewachsen, die in unverbauten Uferabschnitten auch umgestürzt sind und als Kletterbäume über das Wasser ragen [3]. Hier zeigt sich die ungeheure Regenerationskraft dieser Gattung. Wer einmal die schwierige Bestimmung der verschiedenen Weidenarten und ihrer Hybriden üben möchte, ist am Elbufer bestens aufgehoben.

Am kleinen Hafenbecken bei Teufelsbrück wird es elbseitig interessant. Hier lassen sich typische ▶ Stromtalpflanzen (S. 216) der Elbe wie Echte Engelwurz, Knolliger Kälberkropf und Weidenblättriger Ampfer entdecken [4]. Unmittelbar vor der Brücke des Fähranlegers beeindruckt in den Steinpackungen ein gut zugänglicher Bestand der Schlamm-Schmiele [5], die hier um 1850 als neue Art entdeckt wurde und nur am Elbufer zwischen Geesthacht und Brunsbüttel zu finden ist. (▶ Elb-Endemiten S. 109)

Im gesamten Verlauf der Strecke fallen am Weg immer wieder junge Ulmenschösslinge auf, wohingegen ältere Ulmen fast vollständig fehlen. Nur unterhalb von Teufelsbrück konnten zwei größere Flatterulmen dem ▶ Ulmensterben (S. 26) trotzen, von denen die größere beeindruckende Brettwurzeln ausgebildet hat [6]. Gleich darauf folgt eine große Feld-Ulme, unter der sich ein größerer Bestand des Knoten-Beinwells etabliert hat [7]. Weiter oben am Hang kann man hier den Weinberg-Lauch bestaunen.

Pflanzenliste

Elbufer
Gewöhnliche Teichsimse
Schoenoplectus lacustris
Schlamm-Schmiele
Deschampsia wibeliana
Strand-Simse
Bolboschoenus maritimus
Weidenblättriger Ampfer
Rumex triangulivalvis

Mauer
Gewöhnlicher Wolfstrapp
Lycopus europaeus
Mauerraute *Asplenium ruta-muraria*
Pfeilkresse *Lepidium draba*
Schwarzer Senf *Brassica nigra*

Hang
Gewöhnlicher Feldsalat
Valerianella locusta
Knoten-Beinwell
Symphytum tuberosum
Kratzbeere *Rubus caesius*
Kriechende Gemswurz
Doronicum pardalianches
Weinberg-Lauch *Allium vineale*
Weißer Mauerpfeffer *Sedum album*

Sumpf
Bachbungen-Ehrenpreis
Veronica beccabunga
Scharfer Hahnenfuß
Ranunculus acris

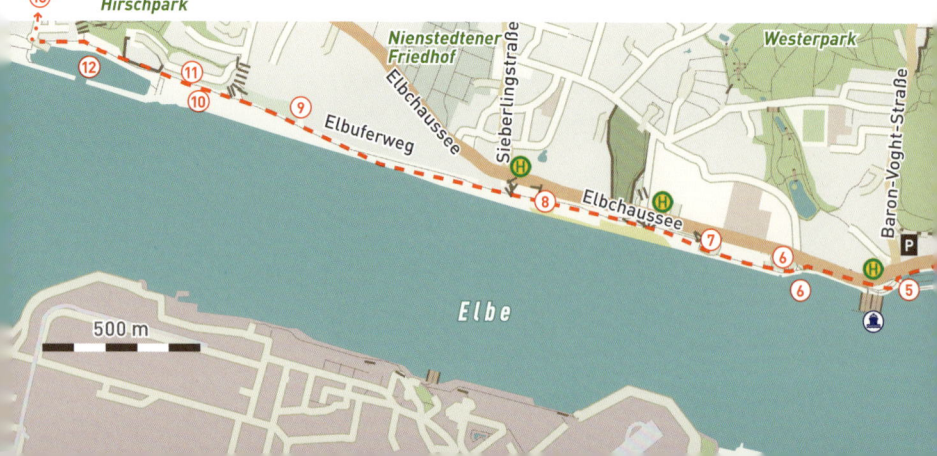

Am folgenden, trockeneren Hangabschnitt begegnen wir einem schönen Bestand von Wildem Feldsalat und Weißem Mauerpfeffer (8), und etwas weiter erfreut ein kleiner Sumpf mit Röhricht, Sumpfdotterblume, Scharfem Hahnenfuß und Bachbungen-Ehrenpreis (9).

Das letzte botanische Highlight der Tour erwartet uns mit dem Erreichen des Mühlenbergs. Kurz vor dem Hafenbecken des Segel-Clubs wächst in den ausgewaschenen Fugen einer alten Ziegelsteinmauer zwischen Gewöhnlichem Wolfstrapp und Sumpf-Helmkraut einer der größten Hamburger Bestände der ▸ Mauerraute (S. 29) – ein kleiner, in Norddeutschland gefährdeter Farn (10). Am Fuße der Mauer wachsen Pfeilkresse und Schwarzer Senf. Gegenüber dem Bootsstellplatz an einer Flutschutzmauer findet sich abermals ein ausgedehnter Bestand des blassgelb blühenden Knoten-Beinwells, unmittelbar neben seinem violett blühenden Verwandten, dem Gewöhnlichen Beinwell (11). Im Hafenbecken haben sich ausgedehnte Röhrichte gebildet (12), in denen neben der Gewöhnlichen Teichsimse auch die eher seltene Strand-Simse zu finden ist, eine weitere Stromtalpflanze.

Direkt hinter dem Hafenbecken geht es durch eine kleine Schlucht den Mühlenberg hinauf. Kurz vor Erreichen der Geestkante, dort, wo der Hang am steilsten ist, liegt linker Hand ein beeindruckendes Vorkommen der Kriechenden Gemswurz (13). An der Elbchaussee verkehren diverse Buslinien. *OA, HHP*

Schwarzer Senf

Gewöhnlicher Wolfstrapp, links Mauerraute

Kriechende Gemswurz

Knoten-Beinwell

Ulmensterben

Die drei in Deutschland heimischen Ulmenarten Berg-, Feld- und Flatter-Ulme erreichen Wuchshöhen von bis zu 40 m. Zu Beginn des letzten Jahrhunderts waren Ulmen allgegenwärtig und zierten manchen Dorfplatz. Ab 1918 breitete sich von Holland eine Pilzkrankheit aus, die über den Ulmensplintkäfer übertragen wird. Sie führte über mehrere Ausbreitungswellen zum Tode nahezu aller alten Ulmen Mitteleuropas. So finden wir heute fast ausschließlich junge Bäume, die von den Käfern nicht befallen werden. Als am widerstandsfähigsten erweist sich die Flatter-Ulme *Ulmus laevis*, die gegen den aktuell vorkommenden Stamm des Krankheitserregers weniger anfällig zu sein scheint.

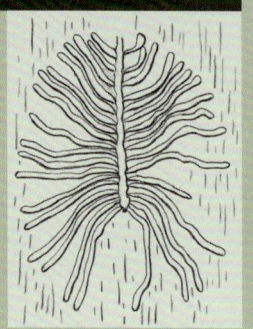

Fraßgänge des Ulmensplintkäfers unter der Rinde

Brettwurzeln einer alten Flatter-Ulme

Blätter der Flatter-Ulme

Von Blankenese bis Wittenbergen `3`

Strandspaziergang mit Urlaubscharakter
zu einem Hotspot der Artenvielfalt

Beim Abstieg durchs Blankeneser Treppenviertel lassen
sich neben altmodischen Gartenblumen kleine Wildpflanzen in den Fugen von Pflaster und Mauern entdecken. Es sind Arten wie Mauer-Zimbelkraut, Gelber
Lerchensporn und ▸ Mauerraute (S. 29). Am Fuße des
Blankeneser Fähranlegers fällt im Spätsommer sofort
das Seifenkraut in Auge (1), welches uns mit seinen hell-
rosafarbenen Blütenständen während der Wanderung
begleitet. In den Schlackeschüttungen entlang des Elbufers hat sich zwischen zahlreichen, regelmäßig auf den
Stock gesetzten Weiden der gelb blühende Topinambur
angesiedelt. Auf dem Sandstrand haben sich inselartig
Weidengebüsche und Fluren von Dünenpflanzen ausgebreitet. Besonders auffällig sind die umfangreichen Bestände von Großer Fetthenne, Dolden-Habichtskraut sowie
der blauviolett und hellgelb blühenden Saat-Luzerne (2).
Mit etwas Entdeckereifer lassen sich hier auch seltenere
▸ Stromtalpflanzen (S. 216) wie Elb-Spitzklette, Schwarzer Senf oder Weidenblättriger Ampfer aufspüren.

Hinter dem Leuchtturm Blankeneser Unterfeuer endet
die Uferbefestigung, und die Wellen der Ozeanriesen
branden direkt an den Strand. Nach einiger Zeit stoßen
wir auf die historischen Gebäude des ehemaligen Pump-
werks (3) mit den beiden Filterrückspülbecken (4). Bis in

Lage
Blankenese und Rissen an der
Elbe, Regionalpark Wedeler Au

Anfahrt
S1 / S11 bis Blankenese, dann mit
Bus 488 bis Blankenese-Fähre oder
zu Fuß 1,5 km über Blankeneser
Bahnhofstraße zur Elbchaussee,
dann Abstieg über das Blankeneser Treppenviertel. Parkplatz
am Strand von Wittenbergen

Weginformation
3,5 km am Strand entlang,
Zugang über steile Treppen oder
Wege. Erweitern lässt sich der
Spaziergang durch die Witten-
bergener Heide bis nach Tinsdal.

Naturschutz
NSG Wittenbergen und gesetzlich
geschützte Biotope

Jahreszeit
Hochsommer zur Blütezeit
der Uferstauden und Mauer-
pfeffer-Fluren

Tipp
Zahlreiche Einkehrmöglichkeiten
am Elbufer. Wanderkarten
des Vereins Hamburg – Grüne
Metropole am Wasser e.V.

Elbstrand bei Wittenbergen

die 1960er Jahre pumpte man hier Elbwasser zum Wasserwerk auf den Baursberg. Mit der Öffnung des östlichen Wasserbeckens zur Elbe konnte sich ein Süßwasserwatt mit einer interessanten Hochstaudenflur entwickeln, die leider nur über den Zaun betrachtet werden kann. Dafür bietet das Elbufer vor dem neu angelegten Elbpark bei Niedrigwasser botanische Begegnungen mit Einspelziger Sumpfsimse oder Gekielter Teichsimse. Im Bereich der Schlackeschüttung wachsen mannshohe Exemplare der Echten Engelwurz.

Weiter elbabwärts bietet sich die gute Gelegenheit, wenigstens den großen Zeh ins kühle Elbwasser zu halten, bevor wir uns dem Dünenstreifen vor dem Campingplatz zuwenden. Zwischen Strandroggen und Mäuseschwanz-Federschwingel hat sich eine kleinwüchsige Gesellschaft von fünf Dickblattgewächsen (Sedum-Arten) ausgebildet (5). Auch wächst hier die seltene kleinblättrige Kriech-Weide. Auf den Wiesen am feuchten Hangfuß finden sich weitere ▸ Stromtalpflanzen (S. 216) wie der Knollige Kälberkropf (6). Die Vielzahl der Lebensräume auf kleinem Raum macht diesen Abschnitt des Elbufers zu einem der artenreichsten Gebiete Hamburgs. Unsere Wanderung endet am Leuchtturm Wittenbergen-Unterfeuer, von wo aus man über den Wittenbergener Weg hangaufwärts zum Bus 286 und mit diesem zurück zum S-Bahnhof Blankenese gelangt. *OA, BE*

Echte Engelwurz

Topinambur

Echtes Seifenkraut

Saat-Luzerne

Scharfer Mauerpfeffer

Große Fetthenne

Mauerraute

Dieser in den Mittelgebirgen häufige Farn kommt in Norddeutschland nur als seltener Gast auf alten Mauern vor, die künstliche Felsen für ihn darstellen. Schwerpunkte in Hamburg sind das Treppenviertel von Blankenese, die Speicherstadt und die befestigten Ufer der Alster zwischen Eppendorf und Ohlsdorf. Viele Vorkommen befinden sich an Bauwerken, die unter Denkmalschutz stehen. Der am längsten bekannte Standort nördlich der Elbe ist der Ratzeburger Dom, wo die Mauerraute *Asplenium ruta-muraria* 1863 durch den Schüler Johannes Reinke (1849–1931) aus Ziethen erstmals dokumentiert wurde. Reinke wurde später Professor der Botanik in Kiel.

Mauerraute

Wittenbergener Heide

4

Heidelandschaft, Binnendünen, Kratteichen und weite Blicke über den Elbstrom

Der Blick über das Elbtal bis ins Alte Land inspirierte schon den in Wedel wirkenden Pastor und Dichter Johann Rist im 17. Jahrhundert zu seinen Landschaftsbeschreibungen. An der Landesgrenze zu Hamburg startet der Rundweg auf dem Otto-Schokoll-Höhenweg. Am Wegesrand breitet sich neben ▶ Waldrebe und Armenischer Brombeere (S. 22) auch Chinesischer Bocksdorn aus, der breitere Blätter als der Gewöhnliche Bocksdorn hat. Beide Arten erlangten in den letzten Jahren Popularität, denn ihre so genannten Goji-Beeren und deren Saft

Lage
Rissen, Regionalpark Wedeler Au

Anfahrt
S1/S11 bis Blankenese, dann Bus 189 bis Grenzweg, dann 500 m zu Fuß den Grenzweg Richtung Elbe. Die Buslinie führt am Nordrand des Naturschutzgebietes entlang, früherer Ausstieg ist möglich. Parkplatz am Grenzweg/Otto-Schokoll-Weg

Weginformation
Rundweg, 3 km, wassergebunden am Elbufer, unbefestigte Wege im Naturschutzgebiet

Naturschutz
NSG Wittenbergen, Betreuung durch die Gesellschaft für ökologische Planung (GÖP) und den NABU Hamburg

Jahreszeit
Mitte August bis Anfang September zur Heideblüte

Tipp
Wanderkarten des Vereins Hamburg – Grüne Metropole am Wasser e.V. und des Regionalparks Wedeler Au

Kratteiche am Rand der Großen Düne

Kratteichen
Krattwälder sind Relikte der alten, heute untergegangenen Heidelandschaft. Ihre Entstehung verdanken sie der Beweidung durch Schafe: Junge, austreibende Eichen wurden immer wieder verbissen, bis sie nur noch niedrige, oft nur hüfthohe Eichengestrüppe bildeten. Als die Schafbeweidung eingestellt wurde, konnten die krüppeligen Eichen wieder auswachsen. Ihre bizarren Baumgestalten mit gewundenen Stämmen und Ästen sind Zeugnisse ihrer eigenartigen Geschichte.

werden für Anti-Aging-Mittel verwendet. An einer Stelle ist der Hang mit einer Trockensteinmauer befestigt (1), an der man mit etwas Glück Wald- oder Zauneidechsen beim Sonnenbaden beobachten kann. Zwischen den Steinen hat sich die weiß blühende und nach Honig duftende Strandkresse angesamt – eine Gartenpflanze von der Mittelmeerküste. Nach moderatem Anstieg lohnt ein kleiner Abstecher nach Westen, der uns zu einem Aussichtsplatz oberhalb des letzten noch aktiv erodierenden Steilufers bringt (2). Alte Buchen und das Leuchtfeuer Wittenbergen bieten den perfekten Rahmen für den Blick auf vorbeiziehende Containerschiffe und die Elbinsel Neßsand. Dann führt der Spaziergang in den Laubmischwald des Naturschutzgebietes. Wo sich der Wald lichtet, blüht im Spätsommer die Heide. Es sind verbliebene und wiederbelebte Reste einer weitläufigen Heidelandschaft, die bis ins 19. Jahrhundert die Elbhänge prägte. Direkt am Wegesrand kann man typische Heidepflanzen wie Besenheide, Silbergras, Borstgras, Blutwurz oder den winzigen Vogelfuß entdecken (3). Ein weiterer Abstecher führt zur großen ▶ Binnendüne (S. 273) mit offenen Sandflächen, die von Westen her zunehmend von der Sand-Segge erobert wird (4). Beeindruckend sind hier die knorrig wachsenden Kratteichen. Der Weg führt an einer 2006 freigestellten Heidefläche entlang zurück in den Wald.

Schmalblättriges Weidenröschen

Besenheide

Gewöhnliche Waldrebe

Chinesischer Bocksdorn

Wilde Karde

Wiesen-Wachtelweizen

Drüsiges Springkraut

Pflanzenliste

Heide
Besenheide *Calluna vulgaris*
Blutwurz *Potentilla erecta*
Borstgras *Nardus stricta*
Gewöhnliches Leinkraut
    Linaria vulgaris
Kleiner Vogelfuß
    Ornithopus perpusillus
Kleines Habichtskraut
    Hieracium pilosella
Sand-Segge *Carex arenaria*
Schmalblättriges Weidenröschen
    Epilobium angustifolium
Silbergras
    Corynephorus canescens

Wald
Drüsiges Springkraut
    Impatiens glandulifera
Wiesen-Wachtelweizen
    Melampyrum pratense

Elbhang
Chinesischer Bocksdorn
    Lycium chinense
Gewöhnliche Waldrebe
    Clematis vitalba
Strandkresse
    Lobularia maritima
Wilde Karde
    Dipsacus fullonum

Über Gartenabfälle konnten sich im Naturschutzgebiet leider verschiedene Neophyten ausbreiten. Besonders auffällig ist das Drüsige Springkraut mit seinen rosa bis purpurfarbenen Blüten und prallen Samenkapseln, die bei Berührung aufplatzen und die Samen meterweit durch die Luft schleudern. Entlang eines Waldpfades fällt im Sommer der gelb blühende Wiesen-Wachtelweizen ins Auge (5), der auch am Rande der Heideflächen wächst. Die Gattung Wachtelweizen schmarotzt mit knotenartig geformten Saugorganen an den Wurzeln anderer Pflanzen. Der Rundweg führt vorbei an Privatgrundstücken, dem Oberfeuer Tinsdal und den Wiesen der Tinsdaler Feldmark zurück zum Parkplatz. *BE, OA*

Schnaakenmoor und Klövensteen

5

Kranich und Krähenbeere in Moor und Düne

Im Herzen des Klövensteen, einem der beliebtesten Ausflugsgebiete im Hamburger Westen, liegt das Schnaakenmoor. Bis Anfang des 20. Jahrhunderts bildete es zusammen mit dem nördlich gelegenen Buttermoor und Tävsmoor eine ausgedehnte Moor- und Heidelandschaft. Der Weg am Südrand bietet den besten Blick auf die offenen Moorflächen, auf denen Torfmoose und Wollgräser unbetretbare ▶ Schwingrasen (S. 174) bilden (1). Eingestreut sind seltene Arten wie Rundblättriger Sonnentau, Weißes Schnabelried und Gewöhnliche Moosbeere. Der Pfad, der mitten durchs Moor führte, ist zum Schutz des Kranichs und anderer Wildtiere mittlerweile gesperrt. Ein Ersatzweg führt am Wildgehege entlang zum nördlichen Teil

Lage
Rissen, Regionalpark Wedeler Au
Anfahrt
S1 bis Rissen, dann 2,5 km
Fußweg über Schöns Park,
Grot Sahl und Klövensteenweg.
Parkplatz am Klövensteenweg / Schnaakenmoor
Weginformation
Rundweg, 4 km, überwiegend
auf unbefestigten Wegen
Naturschutz
Naturschutzgebiet und FFH-Gebiet
Schnaakenmoor, Betreuung durch
die Gesellschaft für ökologische
Planung (GÖP), den Botanischen
Verein und den NABU Hamburg
Jahreszeit
Im Juni zum Fruchten der
Wollgräser und im Spätsommer
zur Heideblüte
Tipp
Wildgehege und Waldspielplatz.
www.hamburg.de/altona/
forst-kloevensteen/
Einkehrmöglichkeiten »Kleine
Waldschänke« und »Pony-Waldschänke« mit Ponyreiten
Mit der App »Natürlich Hamburg!« kann man sich durch das
Schnaakenmoor führen lassen
oder einer Schnitzeljad für
Kinder folgen. www.hamburg.de/
natuerlich-hamburg/

Rundblättriger Sonnentau

des Naturschutzgebiets. Hier ließ das Hamburger Naturschutzamt in den 1990er Jahren auf Ponyweiden den
Oberboden abschieben und ein Gelände mit Dünen und
feuchten Senken modellieren (2). Mit der Schließung von
Gräben versumpften große Teile der Fläche. Um die neu
entstehende Moorvegetation zu erhalten, müssen auf-
wachsende Kiefern, Weiden und Birken hier regelmäßig
entfernt werden. Nach Norden führt der Weg vorbei an
feuchten und trockeneren Heideflächen mit Besenheide
und Glocken-Heide (3). Eine Besonderheit im Schnaakenmoor ist die Krähenbeere, ein nadelblättriger Zwerg-
strauch mit schwarz glänzenden Beeren. Die Art bevorzugt
atlantisches Klima und ist vorwiegend in küstennahen
Hochmooren zu finden. Eingestreut zwischen Moor- und
Heideflächen sind Kiefern- und Birkenbruchwälder,
in denen die Bulte des ▶ Pfeifengrases (S. 80) dicht an
dicht stehen. In den nährstoffarmen Gräben und Tüm-
peln wächst der ▶ Gewöhnliche Wasserschlauch (S. 205)
– neben dem Sonnentau eine weitere fleischfressende
Pflanzenart im Schnaakenmoor. Mit etwas Glück kann
man im Sommer seine kleinen gelben Blüten erkennen,

Pflanzenliste

Moor und Heide
Besenheide *Calluna vulgaris*
Gewöhnliche Krähenbeere
  Empetrum nigrum
Gewöhnliche Moosbeere
  Vaccinium oxycoccos
Gewöhnlicher Wasserschlauch
  Utricularia vulgaris
Glocken-Heide *Erica tetralix*
Pfeifengras *Molinia caerulea*
Rundblättriger Sonnentau
  Drosera rotundifolia
Scheiden-Wollgras
  Eriophorum vaginatum
Schmalblättriges Wollgras
  Eriophorum angustifolium
Weißes Schnabelried
  Rhynchospora alba

Wald und Waldrand
Große Sternmiere *Stellaria holostea*
Großer Odermennig
  Agrimonia procera
Heidelbeere *Vaccinium myrtillus*
Wald-Sauerklee *Oxalis acetosella*

Großer Fischteich mit Seerosen im Klövensteen

Glocken-Heide

Gewöhnliche Krähenbeere

Schmalblättriges Wollgras

Wald-Sauerklee

Große Sternmiere

Scheiden-Wollgras

die an dünnen Stielen aus dem Wasser ragen (4). Zurück geht es durch Nadelforste über die Pony-Waldschänke zurück zum Klövensteenweg. Auf dem letzten Abschnitt ist das Dünenrelief im Kiefernwald gut zu erkennen (5). Am Waldrand wachsen Arten wie Heidelbeere oder Großer Odermennig.

Zur Verlängerung des Spaziergangs bietet sich das weit verzweigte Wegenetz im Klövensteen an. Hier trifft man immer wieder auf spannende Biotope, wie kleine Moorsenken, alte Knickstrukturen oder idyllische Waldteiche mit Seerosen. Ein besonders schönes Bild schafft im Mai die Große Sternmiere, die wahre Blütenteppiche auf den Waldboden zaubert. *BE*

Botanischer Garten – Loki-Schmidt-Garten

6

Vom Bauerngarten in die Rocky Mountains

Eine botanische Weltreise in einer Stunde – die Pflanzengeographie im Botanischen Garten bietet die Möglichkeit, in wenigen Schritten aus den Alpen nach China und Japan zu wechseln und von dort in die Amerikanische Prärie und die Rocky Mountains.

Je nach Jahreszeit gibt es verschiedene Schwerpunkte im Botanischen Garten. Der mitteleuropäische Wald bildet einen Höhepunkt im Frühjahr. Hohler und Gefingerter Lerchensporn kommen hier zur Blüte. Der Bärlauch – für Hamburg nicht ganz typisch – bildet hier flächige und kräftig duftende Bestände. Vorher blühen im Garten schon die Husumer Krokusse und Zaubernüsse.

Lage
Osdorf und Klein Flottbek, Ohnhorstraße gegenüber P&R Parkplatz
Anfahrt
S1 / S11, alternativ Bus 115 oder 21 bis Klein Flottbek / Botanischer Garten. Parkplatz und Parkhaus in der Ohnhorstraße
Tipp
Täglich geöffnet von 9–16 / 20 Uhr (je nach Jahreszeit), www.bghamburg.de. Einkehrmöglichkeit im Sommerhalbjahr im »Café Palme«

Prärie in Klein Flottbek

Norddeutsche Apfeltage im Botanischen Garten

Bambusausstellung

Für eine Exkursion in die Vegetation des Mittelmeeres bietet sich ab Juni ein guter Einstieg – eine Fläche mit vorwiegend einjährigen Pflanzen wie Klatschmohn, Kornrade, Kornblume oder Venus-Frauenspiegel ruft uns in Erinnerung, dass unsere Ackerbegleitflora aus diesem Raum stammt. Hier schließt der Bibelgarten an. Im Spätsommer ist die Amerikanische Prärie mit ihren vielen Korbblütlern ein botanisches Vergnügen. Das Pflanzensystem in der Mitte des Gartens ist nach aktuellen systematischen Erkenntnissen gestaltet, und es lohnt sich, dafür etwas Zeit einzuplanen. Der Bauerngarten zeigt eine Gartenform, die Zier- und Nutzgarten miteinander verbindet. Viel mehr Nutzpflanzen werden in der Nähe des Eingangs angebaut: Hier können jedes Jahr Getreide und Gemüse betrachtet werden – einige erkennt man sofort, bei anderen ist es hilfreich, dass sie beschriftet sind.

Am Eingang begrüßt eine Portraitbüste von Loki Schmidt (1919 – 2010) die Besucher in »ihrem« Garten. Ihren Kontakten verdankt der Botanische Garten auch die »Blauen Pyramiden«, in denen heute im Sommer Sukkulente Pflanzen aus dem südlichen Afrika gezeigt werden.

Im Botanischen Garten befindet sich ein Museum für Nutzpflanzen – das Loki Schmidt Haus – dessen Sammlungen einen engen Bezug zu Hafen und Wirtschaft in Hamburg haben. Blickfang ist die eindrucksvolle Würgefeige, die dem Vorläufer des Museums 1889 von der Hamburger Woermann-Reederei geschenkt wurde. *HHP, GB*

Jenischpark

7

Englischer Landschaftspark und Landschaftsmuseum für Wiesen, Wälder und alte Eichen

»Schön ist der Park immer; am lieblichsten aber wohl im Frühling, wenn die Natur nach langem Winterschlaf wieder zum Leben erwacht [...]«. So beschrieb D. N. Christiansen 1929 die Frühlingsflora im Jenischpark. Der Park war früher Teil eines weit größeren landwirtschaftlichen Mustergutes (»ornamented farm«), das der Kaufmann Caspar Voght um 1800 in der Flottbeker Feldmark anlegen ließ. Heute ist der englische Landschaftsgarten eines der bedeutendsten Gartendenkmäler Hamburgs. Zugleich zeigt er auf seinem abwechslungsreichen Gelände mit Quellen, Bächen und Waldpartien, alten Eichen und den bis heute gepflegten Wiesen das Bild einer traditionellen norddeutschen Kulturlandschaft, wie man es

Lage
Klein Flottbek
Anfahrt
S1 / S11, alternativ Bus 115 und 21 bis Klein Flottbek / Botanischer Garten, dann 1 km Fußweg durch den Westerpark. Begrenzte Parkmöglichkeiten rund um den Park
Weginformation
Rundweg, 2,5 km, wassergebunden mit moderaten Steigungen Rückfahrt ab Teufelsbrück mit der Hafenfähre möglich
Naturschutz
NSG Flottbektal, Landschaftsschutzgebiet
Jahreszeit
Zur Blüte der Frühblüher im April, zur Blüte der Wiesen im Mai / Juni
Tipp
Karte »Der Jenischpark« der Freunde des Jenischparks e.V. und Parkführungen siehe www.jenischparkverein.de. Museen wie »Jenisch Haus« und »Barlach Haus«, Einkehrmöglichkeiten im »Jenisch Haus« und in Teufelsbrück

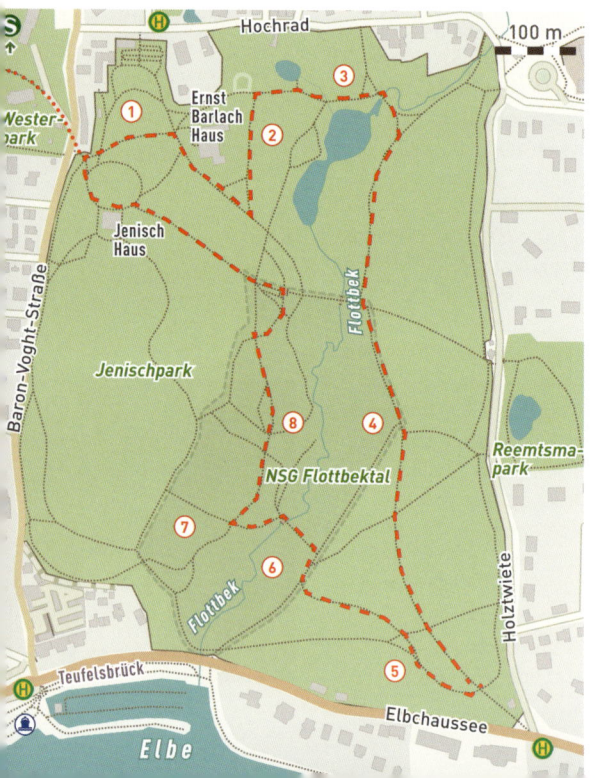

Alte Eichen vor dem Jenisch Haus

Schwarze Flockenblume

Mädesüß

Kuckucks-Lichtnelke

Wald-Gelbstern

Bärlauch

Wilde Tulpe

nur noch selten zu sehen bekommt. Auch verwilderte Zierpflanzen tragen zur Artenvielfalt des Gebietes bei.

Der Weg vom S-Bahnhof führt zwischen dem Derbyplatz und dem ehemaligem Baumschulgelände bereits durch einen Teil der »ornamented farm«. Durch ein schmiedeeisernes Tor betritt man den ehemaligen Süderpark und heutigen Jenischpark. Nördlich des Jenischhauses im so genannten »pleasureground« ließ Johan Martin Jenisch Anfang des 19. Jahrhunderts exotische Baumarten pflanzen [1]. Neben einem besonders alten Ginkgo stehen hier Magnolien, Mammutbäume und eine Hängeform des Japanischen Schnurbaumes. Der Rundweg führt rechts am Barlach Haus vorbei zu einer quelligen Hangwiese [2]. Hier wachsen Feuchtezeiger wie Bach-Nelkenwurz, Hohe Schlüsselblume, ▸ Mädesüß (S. 223) und Sumpf-Pippau. Am Waldrand nördlich der Rückhaltebecken blühen Ende April hunderte Wilde Tulpen

Birke in hohler Eiche

(3). Von dieser kleinen Tulpe gibt es im Jenisch Haus ein hinreißendes Porträt. Der Weg führt an einem 2015 renaturierten Abschnitt der Flottbek vorbei zum Naturschutzgebiet (4). In der Talaue zeigen sich im April zwischen Seggen und Schilf die gelben Blüten der Sumpfdotterblumen und im Mai die rosafarbenen Blütenstände des Schlangen-Knöterichs. Bei einem Abstecher nach Südosten riecht man im Frühjahr bereits aus der Ferne den Bärlauch. Hier steht mit der »Birke-in-der-Eiche« auch eine dendrologische Besonderheit (5). Im Frühjahr säumen blühende Schlehen die Gehölzränder, und unter den Solitäreichen breiten sich gelbgrüne Teppiche des Wald-Gelbsterns aus. Zurück am Flottbektal fallen große Bestände der Pestwurz ins Auge – im Frühjahr mit nackten Blütenständen, im Sommer mit riesigen Blättern (6). Der Weg auf den Geestrücken führt zu einer kleinen Holzhütte, der »Eierhütte«. Auf der Wiese davor blüht im Juni die Schwarze Flockenblume (7), die als »Verunreinigung« von Grassaaten in den Park gelangte (▶ Grassamenankömmlinge S. 52). Zurück geht es durch den alten Laubmischwald (8) mit Frühblühern wie Busch-Windröschen, Scharbockskraut und Bingelkraut. *BE, HHP*

Blick ins Flottbektal

Hohe Schlüsselblumen und Busch-Windröschen im Laubwald

Pflanzenliste

Wiesen
Bach-Nelkenwurz *Geum rivale*
Gewöhnliche Pestwurz
   Petasites hybridus
Hohe Schlüsselblume
   Primula elatior
Kohl-Kratzdistel *Cirsium oleraceum*
Kuckucks-Lichtnelke
   Lychnis flos-cuculi
Mädesüß *Filipendula ulmaria*
Schlangen-Knöterich
   Bistorta officinalis
Schwarze Flockenblume
   Centaurea nigra
Sumpf-Pippau *Crepis paludosa*

Wald und Waldrand
Ausdauerndes Bingelkraut
   Mercurialis perennis
Bärlauch *Allium ursinum*
Busch-Windröschen
   Anemone nemorosa
Gefingerter Lerchensporn
   Corydalis solida
Scharbockskraut *Ficaria verna*
Wald-Gelbstern *Gagea lutea*
Wilde Tulpe *Tulipa sylvestris*

Altonaer Volkspark

8

Mehr Wald als Park – und ein Dahliengarten

Lage
Bahrenfeld
Anfahrt
A1/S3/S21 oder Bus 22 und 180
bis Stellingen, 1 km langer Fuß-
weg Richtung Volksparkstadion.
Alternativ diverse Busse bis
Trabrennbahn
Tipp
Karte »Altonaer Volkspark«,
www.hamburg.de/karte-volkspark/

Der 205 Hektar umfassende Volkspark wurde 1920 nach Plänen von Gartenbaudirektor Ferdinand Tutenberg fertiggestellt. Ein weit verzweigtes Wegenetz führt durch eine hügelige und abwechslungsreiche Parklandschaft mit vielfältigen gärtnerischen Attraktionen. Sehenswert ist der Schulgarten mit Staudengärten und Rosenbeeten, in dem ursprünglich Anschauungsmaterial für den Schulunterricht angezogen wurde. Über 400 Dahliensorten zeigt der ebenfalls 1920 angelegte Dahliengarten. Zwischen Juli und Anfang Oktober geht es hier zu wie auf dem Hamburger Dom. Der größte Teil des Volksparks konnte sich in den letzten 100 Jahren zu einem naturnahen Stadtwald mit hohem Laubholzanteil entwickeln. Zwar ist die Krautschicht eher artenarm, dafür hat man im Sommer die Möglichkeit, sich im kühlen Schatten die Mehrzahl der heimischen Laub- und Nadelgehölze anzusehen. Eine botanische Rarität findet sich im Norden an der Max-Schmeling-Straße. Dort blüht im April/Mai ein ausgedehnter Bestand der Zwiebel-Zahnwurz mit ihren auffälligen Brutzwiebeln in den Blattachseln (S. 327). Für eine Runde durch den Park sollte man gut anderthalb Stunden veranschlagen. *NL, OA*

Im Schulgarten

Dahlien

Die ersten Dahlien, deren Samen um 1800 aus Mexiko nach Europa kamen, waren schlichte Wildblumen. Die große Formenvielfalt entstand erst, als man sie miteinander kreuzte: Seerosen-Dahlien, Pompon-, Halskrausen- oder Kaktus-Dahlien. An den üppigen Blüten scheiden sich die Geister. Viele Gartenfreunde lieben sie heiß und innig. Sensible Botaniker lehnen es dagegen rundweg ab, sich überhaupt mit diesen »gefüllten Scheusalen« zu befassen. Dennoch ist es faszinierend, was man alles aus einer Pflanzengattung herausholen kann. Eine schöne Sammlung von wilden Dahlien-Arten gibt es im Botanischen Garten (▶ Tour 6).

Wilddahlie *Dahlia australis*

Bezirk Bergedorf – Die Vier- und Marschlande

Die Vier- und Marschlande sind eine von Gräben durchzogene amphibische Kulturlandschaft, die ab dem 12. Jahrhundert eingedeicht wurde. Man kann ihre Geschichte von der Karte oder vom Luftbild ablesen: Alle gewundenen Wasserläufe wie die Dove und die Gose Elbe verdanken ihren Verlauf der natürlichen Dynamik des Elbstroms; alle geraden Gewässerstrukturen – Gräben und Wettern – sind Menschenwerk, bis zu 800 Jahre altes Menschenwerk. Die Vier- und Marschlande sind berühmt für Rhabarber, Maiglöckchen, Stiefmütterchen, Erdbeeren und Tomaten, aber auch für Fachwerk-Bauernhäuser und barocke Kirchen.

Jahrhundertelang wurde aller Verkehr übers Wasser abgewickelt, wurden Getreide, Obst, Gemüse und Blumen per Schiff nach Hamburg gebracht. Eine derart vom Wasser bestimmte Marschlandschaft lässt sich schwer erwandern. Kein Wunder, dass die Vier- und Marschlande erst im 20. Jahrhundert und auch dann nur zögernd für die Botanik entdeckt wurden. Der Wert der artenreichen Kirchwerder Wiesen wurde sogar erst in den 1980er Jahren erkannt, weswegen sie in der ersten Auflage des Wanderführers noch nicht enthalten waren.

Für die Außendeichsländer bei Overhaken und zwischen Zollenspieker und Borghorst schlagen wir Wanderungen vor. Die Wasserpflanzenvegetation der Gose Elbe erschließt sich am besten auf einer Paddeltour. Und wer die Landschaft der Vier- und Marschlande als Ganzes erleben und erfahren möchte, dem möchten wir eine Fahrradtour empfehlen.

Und dann ist da noch die Boberger Niederung, für viele die Nummer eins unter den Naturschutzgebieten der Stadt. Aber das ist ein Kapitel für sich.

Fruchtendes Wollgras in den Kirchwerder Wiesen

Boberger Niederung

9

Diese botanische Erlebniswelt ist kaum zu toppen: 480 Pflanzenarten auf einem Quadratkilometer

Am schönsten präsentiert sich die Landschaft um Boberg vom Geesthang aus, entweder beim Parkplatz an der Bergedorfer Straße (14) oder beim Groten Heesen (3). Ohne Übertreibung: Der Blick von hier über den 40 m hohen Hang auf die Düne, die Marsch, den Hafen und die Stadt ist einmalig – ein wunderbarer Ort für Sonnenuntergänge!

Am Geesthang finden wir auch die größten botanischen Kostbarkeiten. Aus zahllosen Quellen sickert hier Wasser aus dem Hang, oft sehr kalkreiches Wasser (4, 5, 17). Als man Ende des 19. Jahrhunderts den anstehenden Ton abbaute, siedelten sich auf den neu geschaffenen Terrassen Licht liebende Arten der Kalkflachmoore an. Viele davon haben heute in Boberg ihr letztes Refugium, denn Kalkflachmoore sind in Norddeutschland extrem

Lage
Lohbrügge, östlich der Autobahn (A1) zwischen Bergedorfer Straße und Bille

Anfahrt
U2 bis Mümmelmannsberg, dann Bus 12 bis Schulredder. Alternativ S21 bis Bergedorf, dann Bus 221 bis Boberger Furtweg. Zentral gelegener Parkplatz an Boberger Furt / Walter-Hammer-Weg

Weginformation
Rundweg ab Infohaus nach Osten 4,5 km, nach Westen über die Düne 6,5 km

Naturschutz
Naturschutzgebiet, betreut durch eine Gemeinschaft aus Botanischem Verein, BUND, Gesellschaft für ökologische Planung (GÖP), NABU und Loki Schmidt Stiftung

Boberger Düne

selten geworden. Ein berühmter Pflanzenstandort ist die Rodelbahn (5). Vorsicht, bei Nässe ist es hier glitschig. Wenn man sich niederhockt, kann man im Juni mitten auf dem Weg die Wenigblütige Sumpfsimse und das Flache Quellried finden – beides nur wenige Zentimeter große Minipflanzen. Auf der ständig feuchten Wiese östlich des Weges sind im Mai schon von Weitem die purpurnen Blütenstände des Gefleckten Knabenkrautes zu sehen. Der Weg führt durch Gebüsch mit Grau-, Purpur-, Kriech- und Ohr-Weide sowie der seltenen Bastard-Kriechweide und erinnert uns daran, dass Boberg auch ein Weiden- paradies ist: Alle in Hamburg heimischen Arten und viele ihrer Bastarde kommen hier vor.

Was Boberg vor allem prägt, ist der Sand. Am Ende der letzten Eiszeit war das Urstromtal der Elbe kaum bewachsen und füllte sich mit Steinen, Schotter und Kies. Lockeres Material wurde von den vorherrschen- den Winden nach Osten geblasen. Auf der Hochfläche lagerte sich Flugsand ab (Groten Heesen (3)), und vor dem Hang entstand die große Düne (9) (▶ Binnendünen

Jahreszeit
Optimal Anfang Mai bis September, landschaftlich reizvoll auch im Winter
Tipp
Sehr empfehlenswert ist ein Besuch des Infohauses Boberger Niederung (1). Einkehr im »Dorfkrug Boberg«, Boberger Furtweg 1. Infos und Apps:
www.hamburg.de/boberger- niederung
www.loki-schmidt-stiftung.de/ infohaeuser/boberger_niederung
www.hamburg.de/bodenlehrpfad/ bodenlehrpfad-boberg

S. 273), die früher viel größer war und vom Segelflugplatz bis zum Ladenbeker Furtweg (6) reichte. Aber sie ist immer noch ein großes Erlebnis und lehrreich dazu! Auf den frei betretbaren Flächen ist der Sand in Bewegung. Aber in den abgezäunten Bereichen sieht man, dass sich auf der Düne ohne diese Störungen wieder Pflanzenwuchs einstellt, zunächst mit Silbergras und Sand-Segge, später mit Strandhafer, der hier vor vielen Jahren angepflanzt wurde. Dass sie früher bewachsen war, zeigen die harten braunen Schichten im weißen Dünensand: Reste eines Heidepodsols, eines Bodentyps, der sich nur unter Heide gebildet haben kann. Nördlich und südlich des Segelflugplatzes gibt es Heideflächen mit Besenheide, Borstgras, Glocken-Heide und Sparriger Binse (10, 16).

Auf den armen Sandböden der Düne wachsen Kalk meidende Pflanzen. Im Osten auf basenreicheren Sandböden finden wir dann artenreiche Trockenrasen, mit Karthäuser-Nelke, Golddistel, Gewöhnlichem Thymian und Kleinem Augentrost (6, 7). Boberg ist auch der westlichste Vorposten des Blaugrünen Schillergrases, das nach europäischem Recht geschützt und so selten geworden ist, dass die letzten Exemplare in einem kleinen Drahtzaungehege gehältert werden müssen (6).

Pflanzenliste
Quellbereiche
am Hang
Breitblättriges Knabenkraut
Dactylorhiza majalis
Flaches Quellried
Blysmus compressus
Wenigblütige Sumpfsime
Eleocharis quinqueflora
Weidenarten bei der
Rodelbahn
Bastard-Kriechweide
Salix x ambigua (= S. aurita x repens)
Grau-Weide *Salix cinerea*
Kriech-Weide *S. repens*
Ohr-Weide *S. aurita*
Purpur-Weide *S. purpurea*
Kalkfreie Dünensande
Heide-Nelke *Dianthus deltoides*
Französische Segge *Carex ligerica*
Sand-Segge *Carex arenaria*
Silbergras *Corynephorus canescens*
Basenreiche Sande
Blaugrünes Schillergras
Koeleria glauca
Gewöhnlicher Thymian
Thymus pulegioides
Golddistel *Carlina vulgaris*
Karthäuser-Nelke
Dianthus carthusianorum

Erlenbruchwald im Achtermoor

Golddistel

Karthäuser-Nelke

Heide
Borstgras *Nardus stricta*
Glocken-Heide *Erica tetralix*
Sparrige Binse *Juncus squarrosus*
Hundsberg und
Haarteich
Echte Hundszunge
   Cynoglossum officinale
Nickende Distel *Cirsium nutans*
Reichenbachs Segge
   Carex pseudobrizoides
Niedermoor
Färber-Weide *Salix x meyeriana*
Geflügelte Braunwurz
   Scrophularia umbrosa
Kleiner Baldrian *Valeriana dioica*
Sumpffarn *Thelypteris palustris*
Marschengrünland
Froschbiss
   Hydrocharis morsus-ranae
Straußblütiger Gilbweiderich
   Lysimachia thyrsiflora

Borstgras

Silbergras-Rasen

Blaugrünes Schillergras

Nickende Distel

Echte Hundszunge, Blüte

Echte Hundszunge, Früchte

Straußblütiger Gilbweiderich

Breitblättriges Knabenkraut

Gewöhnlicher Thymian

Kleiner Baldrian

Eine kleine Sandinsel in der Marsch ist der Hundsberg (11), eine aus Dünensand errichtete Warft. Nickende Distel und Echte Hundszunge erinnern als typische Dorfpflanzen daran, dass hier früher eine Hofstelle war. Beim Haarteich (12) finden wir unter Bäumen größere Flächen der seltenen Reichenbachs Segge mit ihren wie gekämmt wirkenden Blättern.

Die Flussmarschen im Süden sind relativ jung. Sedimente und Schwebstoffe, die der Fluss aus seinem Oberlauf mit sich führte, lagerten sich ab und füllten vor 3.000 Jahren die Elbaue aus. Dadurch konnte das aus den Quellen hervorsickernde Hangwasser nicht mehr abfließen; hier bildeten sich Flachmoore wie das Achtermoor (15). Die fruchtbaren Marschländer wurden vom Menschen besiedelt, zuerst auf Warften. Erst nach der Eindeichung um 1100 entstand das typische Marschengrünland mit den schmalen Beeten und Entwässerungsgräben (12, 13) und der reichen Marschgrabenflora, wie wir sie auch am Ufer der Bille finden (18), auf einem schönen Weg mit Blick auf die Landschaft Billwerder mit ihren Bauernhäusern und der klassizistischen Kirche St. Nikolai von 1739 (19).

In den letzten 200 Jahren hat der Mensch das Gebiet immer wieder umgestaltet. Die Hänge wurden beweidet, zum Teil beackert, in den Mooren wurde Torf gestochen, und Ziegeleien brannten den anstehenden Ton zu Backsteinen. Aus dem Sand der Düne wurde der Damm der Bergedorfer Eisenbahn gebaut; der zurückgelassene Sand setzte sich wieder in Bewegung. Für die Pflanzenwelt waren all diese Eingriffe günstig, denn es entstanden immer wieder offene Standorte für Licht liebende und konkurrenzschwache Arten.

Als nach dem Zweiten Weltkrieg die Nutzungen sukzessive eingestellt wurden, begannen sich die Hänge mit Pappeln, Birken und Eichen zu bewalden. Der Pionierwald ist eine echte Wildnis, mit wunderbaren Baumgestalten und reicher Pilzflora, aber er bedrängt nun die Offenlandflora, die den eigentlichen Wert Bobergs ausmacht. Seit der Ausweisung als Naturschutzgebiet bemüht man sich daher, den Wald zurückzudrängen (2) und die offenen Bereiche durch Beweidung frei zu halten.
IB, HHP

Färber-Weide

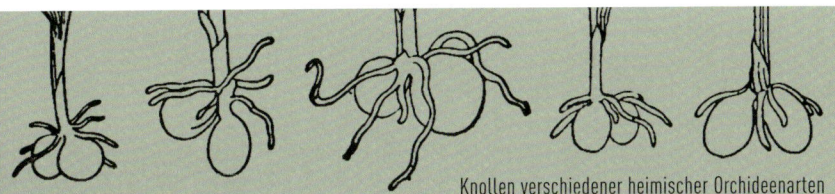

Knollen verschiedener heimischer Orchideenarten

Knabenkräuter

Warum heißen Orchideen auf Deutsch Knabenkräuter? Mit dieser Frage konnten Schüler in der prüden Kaiserzeit ihre Biologielehrer in Verlegenheit bringen. *Orchis* ist das griechische Wort für Hoden, und der Familienname bezieht sich auf die hodenähnlichen Knollen einiger Orchideen. Auch die Worte Knabe oder Knebel hatten früher diese Nebenbedeutung. Orchideenknollen galten lange Zeit als Aphrodisiakum und wurden als *tubera salep* teuer gehandelt. Und auch der Name Ständelwurz für die Gattung *Epipactis* ... aber genug davon: Die Biologie der Orchideen ist viel interessanter. Da gibt es prachtvolle Blüten, Kapseln mit Millionen von staubfeinen Samen, biologische Partnerschaften mit Wurzelpilzen und eine merkwürdige Fortpflanzung mit Pollenpaketen anstelle von Blütenstaub.

Bahndamm Billwerder

10

Viele seltene Gräser auf einem Kulturrelikt in der Billwerder Marsch

Bahndamm Billwerder im westlichen Abschnitt

Lage
Billwerder, umgeben von Kleingärten und Industriegebieten
Anfahrt
S21 bis Mittlerer Landweg, dann auf dem Mittleren Landweg in südlicher Richtung. Nach 500 m quert der Bahndamm die Straße. Ab hier Stichwege auf dem westlichen oder östlichen Abschnitt des Bahndamms
Weginformation
westlicher Abschnitt 3 km
östlicher Abschnitt 1,5 km
Naturschutz
Seit 2017 Naturschutzgebiet als Teil des NSG Allermöher Wiesen
Jahreszeit
Mai und Juni

Ein Gebiet mit einer interessanten Baugeschichte: Ab 1890 wurde hier die 1842 eingerichtete Bahnlinie Hamburg – Bergedorf – Berlin auf einen Damm verlegt, der gleichzeitig als Deich zum Schutz der neuen Stadtteile in Hammerbrook und Billwerder diente. Schon in den 1920er Jahren wurden die Geleise wieder entfernt. Der Bahndamm besteht überwiegend aus Sand; an den Außenkanten ist Klei aufgetragen. Der Sand wurde aus den nahe gelegenen Boberger Dünen herangeschafft, und mit ihm wurden auch Pflanzen der Trockenrasen sowie deren Samen verschleppt.

Im Verlauf der Jahrzehnte drangen immer mehr Gehölze auf den Damm vor, speziell die ▶ Armenische Brombeere (S. 22). Um die offene Magerrasensituation zu erhalten, wurden in den Jahren 2011 und 2012 die Gehölze weitgehend entfernt.

Kriechende Hauhechel

Auf dem westlichen Teil des Bahndammes finden sich Relikte der ehemals ausgedehnteren Magerrasen mit Silbergras, Feld-Beifuß, Berg-Sandglöckchen, Kriechendem Hauhechel, Feld-Kresse und vor allem großen Beständen der Karthäuser-Nelke. Die kontinental verbreitete Fieder-Zwenke bildet hier eine ausgedehnte Population. Weitere bemerkenswerte Süßgräser sind Echter Wiesenhafer und Goldhafer. Nach etwa 1,5 km überquert man Richtung Süden auf einer ehemaligen Eisenbahnbrücke den parallel zum Bahndamm verlaufenden Wassergraben und geht an ihm entlang zurück. Auffällig ist das Orientalische Zackenschötchen, während das Erdbeer-Fingerkraut direkt am Wegrand nur eine kleine Population bildet. Kurz bevor man wieder auf die Straße gelangt, achtet man am Uferhang auf das Berg-Rispengras, das im Schatten der Gehölze gut gedeiht.

Auf dem östlichen Teil des Bahndammes ist der Weg asphaltiert. Unter den Gräsern ist die Aufrechte Trespe nicht selten. Die Rauhaarige Gänsekresse hat hier ihr einziges Vorkommen auf Hamburger Gebiet. Auch Ruderalarten wie Loesels Rauke und Rispige Flockenblume treten auf. Im Frühjahr ist ein Feldstecher hilfreich, um die Vögel der angrenzenden Wiesen beobachten zu können. Nach etwa 1,5 km kommt man auf den Walter-Rudolphi-Weg, der zum S-Bahnhof Allermöhe führt. *DW*

Pflanzenliste

Süßgräser
Aufrechte Trespe *Bromus erectus*
Berg-Rispengras *Poa chaixii*
Echter Wiesenhafer
  Helicotrichon pratense
Fieder-Zwenke
  Brachypodium pinnatum
Goldhafer *Trisetum flavescens*
Silbergras
  Corynephorus canescens
Trockenrasen
Berg-Sandglöckchen
  Jasione montana
Feld-Beifuß *Artemisia campestris*
Karthäuser-Nelke
  Dianthus carthusianorum
Kriechende Hauhechel
  Ononis repens
Weitere Arten
Erdbeer-Fingerkraut
  Potentilla sterilis
Loesels Rauke
  Sisymbrium loeselii
Orientalisches Zackenschötchen
  Bunias orientalis
Rauhaarige Gänsekresse
  Arabis hirsuta
Rispige Flockenblume
  Centaurea stoebe

Goldhafer

Echter Wiesenhafer

Glatthafer

Aufrechte Trespe

Fieder-Zwenke

Berg-Rispengras

Grassamenankömmlinge

Brot, Bier, Reis, Bambus, Rasen, Wiesen, Weiden, Viehzucht – all das würde es ohne Gräser nicht geben. Ökonomisch gesehen sind Gräser die wichtigste Pflanzenfamilie. Schwer zu sagen, welche Gräser natürlich bei uns vorkommen und welche durch den Menschen zu uns kamen. Die seltenen Grasarten auf dem Billwerder Bahndamm wie die Fieder-Zwenke haben ihre Hauptvorkommen in Mitteldeutschland. Daher ist es wahrscheinlich, dass sie vor vielen Jahren hier angesät wurden mit Saatgut, das aus Mitteldeutschland stammte. Solche Vorkommen bezeichnet man als Grassamenankömmlinge.

Charakteristische Horste der Fieder-Zwenke

Overhaken

11

Alles was die Elbe an Pflanzenvielfalt bietet:
Hier kann man es sehen und erleben

Was man in unserer Hamburger Tide-Wildnis, dem Heuckenlock, nicht zu sehen bekommt, ist hier die Hauptsache: die Verbindung zur Elbe. Man quert den Deich im Norden und wandert dann links am Ufer entlang nach Süden. Das Vorland ist Landschaftsschutzgebiet und darf nur bei Niedrigwasser auf dem freiliegenden Ufer- bzw. Strandbereich direkt an der Stromelbe betreten werden. Vom sandigen Elbufer aus erscheint das Gehölz im Vorland wie ein tropischer Urwald.

Lage
Ochsenwerder, Marschlande westlich von Fünfhausen, direkt an der Elbe
Anfahrt
Ab Hauptbahnhof / ZOB mit Bus 120 bis Oortkatenufer. Parkplatz Overwerder Hauptdeich in Ochsenwerder, direkt am Ufer des Hohendeicher Sees
Weginformation
Uferweg, 1,5 km
Gummistiefel empfehlenswert
Nur bei Niedrigwasser begehbar!
Naturschutz
LSG Hamburger Elbe, FFH-Gebiet Hamburger Unterelbe. Das Sammeln von Pflanzen ist hier untersagt
Jahreszeit
Sommer zur Blütezeit der Hochstauden, auch Anfang Mai zu Austrieb und Blüte der Weiden
Tipp
Kiosk mit Imbiss am Parkplatz Overwerder Hauptdeich

Hohendeicher See

Overwerder Hauptdeich
Overwerder Bogen

Overhaken

Elbe

Das Loch

250 m

Schierlings-Wasserfenchel

Freigespülte Schilfzone am Elbufer

Neu austreibender Weidenast

Schilfröhricht

Blutweiderich

Weidenblättrige Aster

Am Fuß des Deiches wächst im Sand einer der beiden ▶ Elb-Endemiten (S. 109), die Schlamm-Schmiele. Am Ufer folgt ein für den Tidebereich typischer Algenteppich aus *Vaucheria*-Arten auf einer dünnen Lage Elbschlick, dann Schilftreibsel und ein Hochstaudenried, das hier von Neophyten wie der Weidenblättrigen Aster dominiert wird, sowie ein hoch gelegenes Rohr-Glanzgras-Röhricht (1). Die Weiden sind zum Teil angepflanzt, hier wachsen verschiedene Arten. Am Elbstrand werden die Wurzeln der Weiden durch die starke Strömung unterspült. Am Ende des Auwäldchens mündet ein künstlich angelegter Priel (2).

Das schlickige Ufer des Priels sollte nicht betreten werden, aber mit etwas Glück sieht man hier den anderen Elb-Endemiten, den ▶ Schierlings-Wasserfenchel (S. 109). Für seine Erhaltung wurde der Priel im Jahre 2000 im Rahmen eines Naturschutzvorhabens ausgebaggert und die Pflanze hier angesiedelt. Projektträger war der Botanische Verein zu Hamburg.

Pflanzenliste
Blutweiderich *Lythrum salicaria*
Echte Schwarzpappel
 Populus nigra
Großes Flohkraut
 Pulicaria dysenterica
Hybridpappel *Populus x canadensis*
Knolliger Kälberkropf
 Chaerophyllum bulbosum
Rohr-Glanzgras
 Phalaris arundinacea
Schierlings-Wasserfenchel
 Oenanthe conioides
Schilf *Phragmites australis*
Schlamm-Schmiele
 Deschampsia wibeliana
Schwarzfrüchtiger Zweizahn
 Bidens frondosa
Weidenblättrige Aster
 Symphyotrichum salignum

Zurück am Elbufer, überqueren wir die Mündung des Priels und wandern an Schilfröhricht und Auwald entlang nach Süden bis zu einem breiten naturnahen Priel, genannt »Das Loch« (3).

Die Schilfrhizome am Prielufer sind freigespült. Auch im weiteren Verlauf des Elbufers zeigen sich starke Erosionserscheinungen am Schilf und an den Bäumen, mehrere Weiden sind bereits umgefallen. Der alte Kleiboden mit seiner reichen Uferflora erodiert. Auch der darunter liegende anstehende Sand wird weggespült und bei Hochwasser in die Schilfzone hinein verlagert. Diese Uferschäden haben nach der Elbvertiefung im Jahr 2000 deutlich zugenommen und setzen sich weiter fort. Am Ende des Sandstrandes, dort wo die Wochenendhäuser beginnen, die ganz dicht an den Priel mit seinen Auwald- und Röhrichtbereichen heran gebaut wurden, muss man umkehren und denselben Weg an der Elbe zurückgehen.

Ein Blick auf die Auwaldgehölze bietet sich von hinten. Der Weg führt von der Bushaltestelle Overhaken über den Deich und durch das Holztor des Bergedorfer Schüler-Segel-Vereins geradeaus über eine Wiese Richtung Elbe. Da man Vereinsgelände betritt, sollte man hier vorher um Erlaubnis bitten. Am Südostrand der Wiese (4) stehen mindestens acht große und in Hamburg seltene Echte Schwarzpappeln, daneben auch Hybridpappeln. *JN*

Ebbe und Flut

An der Nordsee gibt es bekanntlich Ebbe und Flut. Diesen Wechsel der Gezeiten (niederdeutsch: Tiden) gibt es auch an der Elbe bis hin zum Stauwehr in Geesthacht, mit einem wichtigen Unterschied: Das Salzwasser der Nordsee reicht nur bis etwa Glückstadt. Der Elbestrom ändert etwa alle sechs Stunden seine Flussrichtung: Er fließt während der Flut, also bei auflaufendem Wasser »stromauf«. Schlickflächen, die bei Niedrigwasser (Ebbe) trocken fallen und bei der nächsten Flut wieder überspült werden, bezeichnet man als Watten. Während es an der Nordsee riesige Salzwasser-Wattflächen gibt, sind die Süßwasserwatten wie hier um Hamburg ein europaweit sehr seltener Lebensraum. Als Tidenhub bezeichnet man den Unterschied zwischen Niedrig- und Hochwasser; er beträgt in Hamburg am Pegel St. Pauli 3,81 m. Bei Touren in das Deichvorland in diesem Bereich lohnt ein Blick in den Tidenkalender.

Der neue, vom Botanischen Verein angelegte Priel

Paddeltour auf der Gose Elbe 12

Wasser- und Ufervegetation mit Amazonasflair

Schwimmblattpflanzen auf der Gose Elbe

Die Gose Elbe ist ein ehemaliger Nebenarm der Stromelbe in den Vier- und Marschlanden, der bereits seit dem
Bau der Reitschleuse 1924 den Charakter eines Stillgewässers hat. Da es keine Uferwege gibt, kann man die
Gose Elbe nur vom Wasser aus mit dem Boot erkunden,
wobei Motorboote nicht zugelassen sind. Am einfachsten
ist es, sich bei »Paddel-Meier« ein Kanu oder Kajak zu
mieten und dann Richtung Osten zu paddeln. Bis zum
Kirchwerder Landweg dauert es hin und zurück etwa
3 bis 4 Stunden. Eine Rundtour über den Neuengammer
Durchstich und die Dove Elbe ist außer von Mitte April bis
Mitte Juni möglich. Diese Tour dauert aber einen ganzen
Tag. Der Schwerpunkt liegt bei der Gose Elbe auf den
Wasserpflanzen, über die man mit dem Boot geradezu
schweben kann. Die Kanus sind auch für Anfänger gut
zu handhaben, und schon eine kurze Strecke nach Osten
ermöglicht schöne Einblicke in die Wasserpflanzen-
botanik.

Lage
Neuengamme, im Herzen
der Vierlande
Anfahrt
S21 bis Bergedorf, dann Bus 122
bis Wulffsbrücke, dann 300 m
zu Fuß nach Südosten bis
»Paddel-Meier Bootsvermietung«,
Heinrich-Osterath-Straße 256,
www.paddel-meier.de,
Tel. 040 / 737 22 70. Bootsverleih
geöffnet vom 1. Mai bis 30. September. Einsatzmöglichkeit für
eigene Boote am Allermöher Deich
am Ostende der Regattastrecke

Prägend ist die üppige Unterwasserflora mit zahlreichen Laichkrautarten, Hornblatt, Tausendblatt, Wasserpest, Krebsschere und Pfeilkraut. Darüber hinaus sind weite Teile von einer breiten Schwimmblattvegetation aus See- und Teichrose sowie Froschbiss geprägt. Selten findet sich das Pfeilkraut in seiner Unterwasserform mit riemenförmigen Blättern. Wo die landwirtschaftliche Nutzung und die Privatgärten nicht direkt bis an das Ufer reichen, gibt es artenreiche Uferstaudensäume aus Schilf, Schwanenblume, Seggenarten, Sumpf-Calla, Mädesüß oder Blut-Weiderich. Teilweise besteht die Ufervegetation aus dichten Erlen und Weidengebüschen und wirkt wie ein Urwald. Beeindruckend sind auch die zahlreichen Libellenarten, die sich vom Boot aus hervorragend beobachten lassen. *MH, GB*

Weginformation
Bis Neuengammer Durchstich 4,5 km (ganzjährig), Rundtour 20 km (nicht von April bis Juni)
Naturschutz
LSG Kirchwerder, LSG Neuengamme und LSG Reitbrook. Ein Teil der Gose Elbe gehört zum NSG Kirchwerder Wiesen und zum gleichnamigen FFH-Gebiet. Betreuung durch den NABU Hamburg
Jahreszeit
Mitte Juni bis Mitte Juli sind für Wasserpflanzen optimal, auch frühere und spätere Exkursionen sind ein Erlebnis

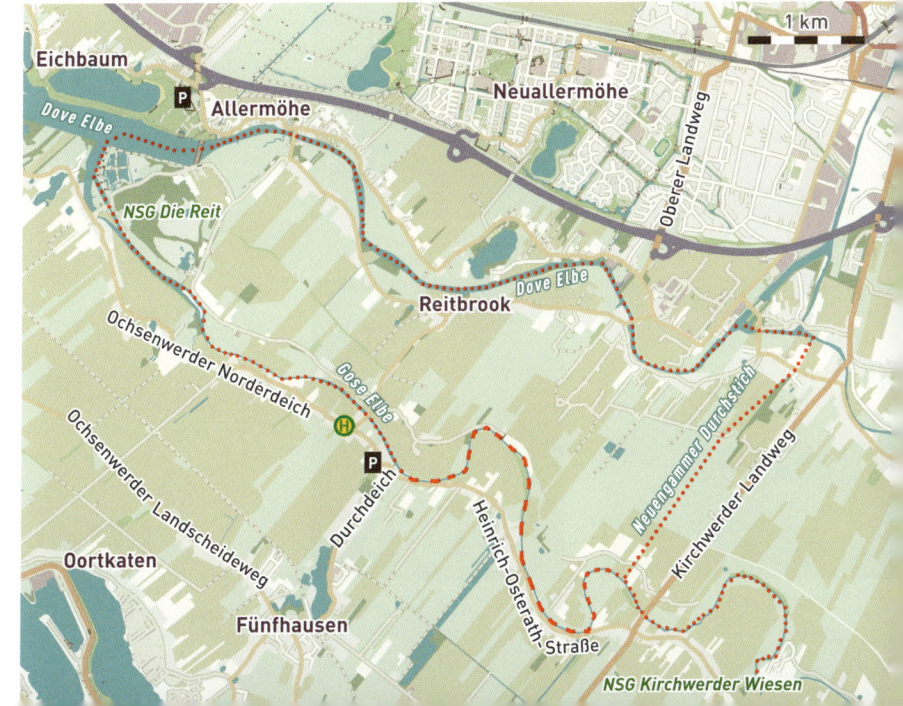

Uferstaudenflur

Pfeilkraut

Durchwachsenes Laichkraut

Schwanenblume

Gelbe Teichrose

Vierlande-Radtour

Auf dem Marschenbahndamm zu botanischen
Attraktionen in einer alten Kulturlandschaft

Wir folgen Tour 35 »Rund um den Holzhafen« bis zur Tatenberger Schleuse und fahren dann weiter auf dem Marschbahndamm. Die Hamburger Marschbahn existierte nur 40 Jahre zwischen 1912 und 1952 und verband die Vier- und Marschlande und das damals hamburgische Geesthacht mit Hamburg und Bergedorf. Die schönen Bahnhöfe im sogenannten Heimatstil sind erhalten geblieben. Auf dem Marschbahndamm fährt es sich im Schatten der Bäume sehr angenehm, aber botanisch ist zunächst wenig los. Kirche und Kirchhof beim alten Ortskern Ochsenwerder lohnen allerdings einen Abstecher. Überhaupt sind die Kirchen der Vier- und Marschlande allesamt

Lage
Bezirke Mitte und Bergedorf, Tour durch die Vier- und Marschlande von Rothenburgsort über Zollenspieker und Altengamme bis S-Bahnhof Bergedorf

Anfahrt
Start am S-Bahnhof Rothenburgsort (S21 und S2)

Weginformation
Fahrradtour, 42 km

Tipp
Einkehr in der »Bahnhofsgaststätte Fünfhausen«, Lauweg 4, mit idyllischem Blick auf das Sandbrack. Abstecher zum Freilichtmuseum »Rieck Haus«, Curslacker Deich 284, in Curslack

sehenswert und ihre Friedhöfe alle bunt und blumenreich – kein Wunder in einer Gegend, in der viele Menschen vom Gartenbau leben. Es folgt Ackerland, denn die Böden sind hier in den Marschlanden sehr schwer und ungeeignet für Gemüse oder Blumen. Am Rande von Roggenäckern wurde in den letzten Jahren mehrfach die seltene Roggen-Trespe gefunden. An den Straßenböschungen und Altdeichen ist der Gewöhnliche Feldsalat nicht selten. Auch das Orientalische Zackenschötchen ist hier häufig. Östlich von Fünfhausen beginnt das NSG Kirchwerder Wiesen (▶ Tour 14), das wir auf zwei alternativen Wegen durchqueren können, über den Fersenweg im Norden oder den Marschbahndamm im Süden. Danach geht es immer noch auf der Marschbahntrasse nach Süden bis zum Zollenspieker Fährhaus. Der weitere Verlauf ist unter ▶ Tour 15 Zollenspieker beschrieben. Ein alternativer

Pflanzenliste
Auf Äckern und
an Böschungen
Gewöhnlicher Feldsalat
 Valerianella locusta
Roggen-Trespe *Bromus secalinus*
Orientalisches Zackenschötchen
 Bunias orientalis
Frühjahrsblüher
(Stinsenpflanzen)
Kleine Traubenhyazinthe
 Muscari botryoides
Nickender Milchstern
 Ornithogalum nutans
Wilde Tulpe *Tulipa sylvestris*
Wiesen-Gelbstern *Gagea pratensis*

Naturschutzgebiet Kiebitzbrack

Rückweg führt über Altengammer Hausdeich, Curslacker Deich, Auf der Böge und Curslacker Neuen Deich nach Bergedorf. Selbst wenn hier auf den engen und gewundenen Deichstraßen viele Autos unterwegs sind – die Tour führt uns durch einen besonders schönen Teil der Vierländer Kulturlandschaft und ist attraktiv wegen der vielen alten Bauernhäuser und im Frühjahr wegen der ▶ Stinsenpflanzen (S. 232). Am Altengammer Hausdeich blühen an den Böschungen vor stattlichen alten Fachwerkhäusern Wilde Tulpe und Nickender Milchstern, auf dem Friedhof bei der Curslacker Kirche Wiesen-Gelbstern und Kleine Traubenhyazinthe. Ein besonders schönes Vorkommen der Wilden Tulpe gibt es bei der aus dem Jahre 1594 stammenden, denkmalgeschützten Kate Auf der Böge 30. Über den Curslacker Neuen Deich geht es dann Richtung Norden zurück nach Bergedorf. *IB, HHP*

Orientalisches Zackenschötchen

Wiesen-Gelbstern

Nickender Milchstern

Denkmalgeschützte Kate mit blühenden Wilden Tulpen

Kirchwerder Wiesen

Marschengrünland vom Feinsten

Lage
Kirchwerder und Neuengamme
Anfahrt
S21 bis Bergedorf, dann Bus
124 / 127 bis Heinrich-Osterath-Straße, dann 500 m Fußweg nach
Süden. Alternativ Bus 223 bis
Fersenweg. Parkplatz am Hower
Teich gegenüber Kirchwerder
Landweg 454
Naturschutz
Naturschutzgebiet, Betreuung durch
den NABU Bergedorf

Dies ist mit 25 bundesweit geschützten Pflanzenarten
die Schatzkammer des Hamburger Marschengrünlandes
und ein Paradies für Seggen (Gattung Carex, 19 Arten)
und Laichkräuter (Gattung Potamogeton, 12 Arten). Das
abgelegene Gebiet fehlte in der ersten Auflage des
Wanderführers von 1991, denn seine herausragende Bedeutung war erst in den späten 1980er Jahren erkannt
worden. Die Ausweisung als Schutzgebiet war kontro-
vers und wurde 2005 gerichtlich bestätigt. Zwei parallele
Wege führen hindurch. Der schattige Marschbahndamm
ist bei heißem Wetter angenehmer. Grünland und Gräben, die den Wert des Naturschutzgebietes ausmachen,
sind vom Fersenweg aus besser erlebbar. Für den Botaniker lohnt es sich sehr, einen Blick in die äußerst ver-
schiedenartigen Gräben zu werfen: Die Wasserpflanzen-
gesellschaften und sogar kleine Übergangsmoore und
▶ Schwingrasen (S. 174) bergen die eigentliche Artenvielfalt des Gebietes. Von Weitem sind im Frühjahr Sumpfdotterblumen und Wollgräser an den Grabenrändern
erkennbar. Leider ist fast das gesamte Grünland durch
intensive Nutzungen der vergangenen Jahrzehnte sehr
artenarm geworden. Wertvolle Feuchtgrünlandvegetati-
on hat sich fast überall auf die Grabenböschungen zu-
rückgezogen. Es gibt im Marschengrünland keine Wege,
sondern nur Beete und Gräben, immerhin 50 km Graben-
strecke auf einem Quadratkilometer. Für den Normal-
besucher mit botanischem Interesse sind das schwer
zu überwindende Hindernisse; er muss sich auf gelegentliche Abstecher vom Hauptweg aus oder auf Blicke
mit dem Fernglas beschränken. *IB, HHP*

Von Zollenspieker nach Borghorst

Seerosenteiche und Feldmannstreu –
dieser Teil der Vierlande-Fahrradtour ist
auch zu Fuß ein Erlebnis

Am südlichsten Punkt Hamburgs hat man einen weiten Blick über die Elbe. Dort steht eines der ältesten Gebäude der Stadt: Das Zollenspieker Fährhaus (1). Schon um 1600 wurde hier eine Zoll- und Wehranlage gebaut und eine Fähre betrieben. Die Hafenmauern bieten im Hochsommer bunte Blühaspekte mit gelbem Wasser-Greiskraut, purpurfarbenem Blut-Weiderich und rosa Sumpf-Ziest. Am Rand der regelmäßig überschwemmten Pflasterfugen wächst die Echte Brunnenkresse, eine Charakterpflanze der Tideröhrichte. Bunt und artenreich ist auch die Flora in den Fugen der Deichbefestigung.

Das östlich liegende NSG Zollenspieker (2) hat sich seit der Unterschutzstellung 1988 zu einem der artenreichsten Außendeichs-Naturschutzgebiete entwickelt. In Höhe des Riepenburger Bracks führt der Weg dicht genug ans Ufer, um sich einen Eindruck von der Flora der Tideröhrichte und des Grünlandes vor dem Deich zu verschaffen. Sonst ist das Gebiet nicht zugänglich.

Lage
Im äußersten Südosten Hamburgs zwischen Zollenspieker (Kirchwerder) und Borghorst (Altengamme)

Anfahrt
S21 bis Bergedorf, dann Bus 120 / 124 bis Zollenspieker-Fähre, alternativ Bus 228 bis Borghorst. Parkplatz beim »Fährhaus Zollenspieker« am Kirchenheerweg

Weginformation
11 km, überwiegend entlang des Hauptdeichs

Naturschutz
NSG Zollenspieker / Kiebitzbrack und Borghorster Elblandschaft, FFH-Gebiet Hamburger Unterelbe, Betreuung durch den NABU

Jahreszeit
Hoch- und Spätsommer

Tipp
Einkehr im »Fährhaus Zollenspieker«, in der »Riepenburger Mühle« (3), einer alten, noch funktionsfähigen Windmühle mit Café und Hofladen. Lohnend ist ein Abstecher zum Hofladen von Biohof Eggers in der Ohe (4).

Wilde Möhre

Wasser-Greiskraut

Bunte Außendeichsvegetation

Echte Brunnenkresse

Feld-Mannstreu

Vom Deich hier bietet sich jedoch ein Blick in eine wilde Naturlandschaft: Seitdem Lücken in den Buhnen geschaffen worden sind, entwickelt die Elbe eine große natürliche Dynamik mit neuen Prielbildungen und Uferabbrüchen: ein Paradies für Vögel. Im Westen gibt es eine große Kormorankolonie.

In Höhe des West-Krauler Bogens verlassen wir das Elbufer und kehren auf den Marschbahndamm zurück. Wie man am hellen Sandboden sehen kann, befinden wir uns hier in Kirchwerder (5) auf einem alten Strandwall der Elbe, dessen leichter Boden ideal für den Blumenanbau ist. Das Kiebitzbrack (6) mit seinen schönen Seerosenbeständen ist nur von dieser Seite zugänglich. Sechs weitere Bracks gibt es hier auf nur einem Kilometer, alle im ehemaligen Flussverlauf der Gose Elbe. Sie wurde 1390 durch einen Deich von der Elbe abgetrennt und ist heute nur noch als schmaler Graben zu erkennen. Der leichte Boden wurde hier zum Fluch, denn die Sanddeiche brachen bei Sturmfluten häufiger ein als die Kleideiche an anderer Stelle.

Beim Neuengammer Hausdeich geht es zurück auf den Elbdeich. Das weite Vorland des Altengammer Hauptdeiches gehört bereits zum NSG Borghorster Elblandschaft. Hier können wir am Deichfuß entlangfahren und ein paar Schritte vom Weg ab auf Brenndolde und Feld-Mannstreu treffen (7). Weiter zur Elbe hin wurde ein künstlicher Priel als Ausgleich für den Bau des Kohlekraftwerks Moorburg geschaffen. In Borghorst können wir mit dem Bus zurückfahren, einen Abstecher zu den Besenhorster Wiesen (▶ Tour 16) machen oder über den Kreisverkehr nach Westen auf den Horster Damm (8) fahren – ein alter Deich, der den Norden von Altengamme vor dem Wasser der Geestrandmoore schützen sollte. Landschaftlich erinnert er stellenweise an ostfriesische Fehnkolonien. Wir müssen uns die schöne Straße durch wenig zersiedeltes ländliches Gebiet leider mit dem Autoverkehr teilen. Nach etwa neun Kilometern sind wir am S-Bahnhof Bergedorf. *IB, HHP*

Hamburg-Francop: Deichlinie und heutige Straße werden um das Gutsbrack herumgeführt

Bracks

Bracks oder Wehlen sind kleine Teiche in der Marsch, die durch Deichbruch entstanden sind. Die Kraft des einströmenden Wassers war so groß, dass im Polder hinter dem Deich tiefe Löcher ausgespült wurden. Früher konnte man die Deiche oft erst nach langer Zeit wieder schließen, sodass nachfolgende Sturmfluten die Bracks oft noch erweiterten. Der neue Deich musste in der Regel um das Brack herum gebaut werden. Die zahlreichen Bracks in den Hamburger Marschgebieten zeigen, wie häufig solche Deichbrüche gewesen sein müssen. Bracks sind nährstoffreiche Stillgewässer und haben oft eine schön ausgebildete Uferflora; viele sind als Naturdenkmäler oder Naturschutzgebiete ausgewiesen.

Naturschutzgebiet Zollenspieker

Borghorster Elblandschaft und Besenhorster Sandberge

16

Der äußerste Osten Hamburgs: Die Stromtalwiesen hier sind besonders reich an seltenen Arten

Unsere Wanderung beginnt nördlich der Bushaltestelle und des Kreisverkehrs auf dem Altengammer Hauptdeich (1), der uns einen weiten Blick über die Borghorster Elbwiesen erlaubt. Der Deich, auf dem wir stehen, hat eine auffällig breite Kuppe. Hier hat man in den 1970er Jahren einen neuen Deich vor den alten gesetzt. Reste des alten Deiches sind noch an der Nordseite zu den älteren Gebäuden hin erhalten geblieben, wie man an der sehr steil geneigten Böschung erkennen kann. Hier finden sich Reste der alten Deichvegetation mit arten- und blütenreichen Wiesen und floristischen Besonderheiten wie dem Echten Labkraut und der Grasnelke (1).

Bis zum Bau der Geesthachter Elbschleuse 1955 war das Gebiet der natürlichen Dynamik und dem Tideeinfluss der Elbe ausgesetzt. Die lang gestreckten, in Ost-West-Richtung verlaufenden sandigen Höhenrücken sind ehemalige Uferwälle der Stromelbe. Noch unruhiger ist das kleinteilig kuppige Dünengelände nördlich davon:

Lage
Altengamme, an der Elbe im äußersten Osten von Hamburg und im benachbarten Geesthacht
Anfahrt
S21 bis Bergedorf, dann Bus 228 bis Borghorst
Weginformation
Rundweg, 6 km
Naturschutz
Länderübergreifendes Schutzgebiet. In den ehemaligen Außendeichsflächen grenzen zwei Naturschutzgebiete und zwei FFH-Gebiete aneinander. Das Hamburger Naturschutzgebiet umfasst außerdem das Borghorster Brack und das Altengammer Vorland westlich der hier beschriebenen Flächen. Betreuung der Borghorster Elblandschaft durch eine Gemeinschaft aus Botanischem Verein, BUND, Gesellschaft für ökologische Planung (GÖP) und NABU.
Jahreszeit
Mai bis August
Tipp
Faltblatt »Besenhorster Sandberge und Elbtalwiesen« (auch als pdf) beim Landesamt für Landwirtschaft, Umwelt und ländliche Räume Schleswig-Holstein (LLUR) www.botanischerverein.de/ aktionen-und-projekte/gebietsbetreuung-durch-den-botanischen-verein

Altengammer Hauptdeich

Brenndoldenwiesen
Im Grünland vor den Deichen wurde früher Heu gemacht. Hier brauchte nicht gedüngt zu werden, denn die Elbhochwasser brachten jedes Jahr neue Nährstoffe. Im Sommer fielen die Wiesen trocken. Stromtalpflanzen aus den wärmeren Gebieten Mitteldeutschlands konnten sich hier ansiedeln. So auch die Brenndolde, eine in Deutschland stark gefährdete Art, deren Erhaltung für den Naturschutz eine Herausforderung ist. Die Nutzung der Wiesen ist heute nicht mehr rentabel. Außerdem müssten die Wiesen wegen des hohen Nährstoffeintrags heutzutage früher gemäht werden. Aber das würde die Vögel in ihrer Brutzeit stören. Und wenn gar nicht gemäht wird, verbuscht das Gelände – und das wäre das sichere Aus für die Brenndoldenwiesen.

Ähnlich wie in Boberg sind die ursprünglich bis 20 m hohen Dünen am Ende der letzten großen Inlandvereisung vor rund 10.000 Jahren entstanden. Bis auf wenige offene Stellen (4, 9, 10, 11) sind sie von einem Wald aus Birken, Eichen und Kiefern bedeckt. Das gleichmäßige Alter der Kiefern zeigt an, dass der Wald zum großen Teil auf forstliche Pflanzungen zurückgeht.

Wir folgen vom Deich aus dem Schwarzen Weg nach Osten. Nördlich stehen Reste von Hartholzauwäldern mit ökologisch wertvollen knorrigen Eichen, von denen leider viele der Wegesicherungspflicht und forstlichen Ordnungsmaßnahmen zum Opfer gefallen sind (5). Südlich finden wir überaus artenreiche Wiesen und Weiden mit den westlichsten Vorkommen der Brenndolde (3). Auf sonnigen Abschnitten am Wegrand können floristische Besonderheiten wie Feld-Mannstreu, Französische Segge und seltene Rosen entdeckt werden (2).

Arten- und blütenreiche Lebensräume mit Berg-Sand-glöckchen, Sand-Segge und Silbergras finden wir auf kleineren Dünen entlang des Weges, die durch Pflege-maßnahmen offen gehalten werden (4, 10, 11).

Im Wald finden sich zahlreiche Reste von Bunkern, die zu einer Munitionsfabrik aus dem Zweiten Weltkrieg gehörten. Im Osten des Gebietes (8) sind direkt am Weg artenreiche Trockenrasen zu erleben, die auch für Insek-ten und Zauneidechsen große Bedeutung haben.

Ehemaliger Bunker der Munitionsfabrik aus dem Zweiten Weltkrieg

Wiesen-Margerite

Spießblättriges Helmkraut

Sumpf-Platterbse

Behaarter Ginster

Schild-Ehrenpreis

Graben-Veilchen

Aufrechte Grasnelke

Der kurze Weg zurück führt über den Schwarzen Weg entlang sehr artenreicher, magerer Grünlandflächen (6, 7). Wer mag, geht entlang der neuen Straße den langen Weg über den Leitdamm an der Elbe zum alten Borghorster Hafen (13). Dieser Leitdamm wurde 1970 gebaut und sperrte das Gebiet vom Tideeinfluss ab. Erst das Durchlassbauwerk von 2016 lässt die Tide der Elbe hier wieder kontrolliert einschwingen. Der Weg bietet weite Ausblicke über die neu geschaffenen Wattflächen (12), auf denen die natürliche Vegetationsentwicklung von Schlammuferfluren über Schilfröhricht hin zu Weidenauwald beobachtet werden kann. Am Ufer zwischen den Steinbefestigungen können viele elbetypische Arten entdeckt werden, darunter der Katzenschwanz. Es bleibt abzuwarten, wie sich die Vegetation im Verlauf der Jahre entwickelt. *IB/HHP*

Bezirke Eimsbüttel und Hamburg-Nord – Stadtlandschaften im Wandel

Die beiden großen grünen Attraktionen sind der Ohlsdorfer Friedhof und der Hamburger Stadtpark – der größte Parkfriedhof der Welt und der beispielgebende Volkspark des frühen 20. Jahrhunderts. Sie sind allerdings vor allem attraktiv für Gartenbotaniker, Dendrologen und Freunde historischer Gärten, und natürlich für alle, die in der Stadt wohnen und sportliche oder beschauliche Erholung im Grünen suchen.

Den Wildpflanzenbotaniker zieht es dagegen eher ins Niendorfer Gehege, einen historisch alten Wald auf der Altmoräne mit schöner Frühlingsflora, oder in die erstaunlich intakt wirkende Niendorfer Feldmark mit ihren Wiesen, Knicks und Bächen. Der Lärm der Großstadt und ihrer Flugzeuge, Bahnlinien und Schnellstraßen dringt allerdings auch in diese idyllischen Relikte aus vorindustrieller Zeit, die sich mit viel Glück in die moderne Großstadtlandschaft hinübergerettet haben. Auch das Eppendorfer Moor, das Raakmoor und das nicht zugängliche Rothsteinsmoor am Flughafen sind Relikte – die letzten kleinen Reste der großen und heute untergegangenen Moor- und Heidelandschaft zwischen Eppendorf und dem Ochsenzoll.

Die Bezirke Nord und Eimsbüttel zählen zu den am dichtesten besiedelten Gebieten Hamburgs. Wie überall in der Stadt gehen auch in diesen Bezirken die Ruderalflächen und damit die städtische Spontanvegetation rapide zurück. Die Güterbahnhöfe in Barmbek und Ochsenzoll wurden bebaut, und dem früher so artenreichen Güterbahnhof Lokstedt – den wir in der ersten Auflage ausführlich beschrieben hatten – steht das gleiche Schicksal bevor.

Waldpartie beim Gleisdreieck Ohlsdorf

Niendorfer Gehege und Niendorfer Feldmark

17

Mitten in der Großstadt: Ein historisch alter Wald, Felder und Pferdeweiden, Knicks und der Bachlauf der Kollau

Das Niendorfer Gehege und die angrenzende Niendorfer Feldmark bieten für Pflanzenfreunde ein schönes Wandergebiet – und das, obwohl sie umgeben sind von dichter Bebauung, dem Hamburger Flughafen, der Autobahn 7 und der Güterumgehungsbahn.

Das Niendorfer Gehege ist ein historisches Waldgebiet, dessen Flächen nach dem Zweiten Weltkrieg von der Stadt aufgekauft wurden und heute einen zusammenhängenden Baumbestand mit über 200 Jahre alten Eichen und Buchen bietet. Nach dem grauen Winter erfreuen hier im Frühjahr flächendeckende Bestände von Busch-Windröschen und Scharbockskraut das Herz. Sie nutzen wie andere Frühjahrsgeophyten das noch vorhandene Licht, bevor die Laubbäume ihr Blätterdach entfalten und alles beschatten (1). Besonders interessant ist das hier sehr häufige, in Hamburg sonst selten anzutreffende ▶ Moschuskraut (S. 74) mit seinem kuriosen Blütenstand.

Am südlichen Ende des Waldgebietes lohnt wegen der interessanten Uferflora ein Abstecher an die Kollau (2). Besonders auffällig sind hier die großen Bestände von Bitterem Schaumkraut entlang des südlichen Ufers und

Lage
Niendorf zwischen Autobahn (A7), Güterumgehungsbahn und Kollaustraße

Anfahrt
U2 bis Niendorf Markt, Eingang bei der Niendorfer Kirche, oder bis Hagenbecks Tierpark, dann Bus 181 bis Niendorfer Gehege

Weginformation
Rundweg, 7 km

Naturschutz
Landschaftsschutzgebiet

Jahreszeit
Das ganze Jahr über interessant, besonders schön im April und Mai

Tipp
Restaurant »Waldcafe Corell«, über Abstecher in die Feldmark oder auf dem Rückweg in wenigen Gehminuten zu erreichen. Die Schutzgemeinschaft Deutscher Wald (SDW) bietet Führungen an, www.sdw-hamburg.de

Pracht-Himbeere

Zweiblättrige Schattenblume

Scharbockskraut

Niendorfer Feldmark

Pflanzenliste
Frühblüher
Ausdauerndes Bingelkraut
Mercurialis perennis
Busch-Windröschen
Anemone nemorosa
Gefingerter Lerchensporn
Corydalis solida
Pracht-Himbeere
Rubus spectabilis
Moschuskraut *Adoxa moschatellina*
Scharbockskraut *Ficaria verna*
Zweiblättrige Schattenblume
Maianthemum bifolium
Acker
Giftbeere *Nicandra physalodes*
Grüne Borstenhirse *Setaria viridis*
Hundspetersilie *Aethusa cynapium*
Gewässerufer
Bitteres Schaumkraut
Cardamine amara
Kriechender Baldrian
Valeriana exelsa
Wasser-Minze *Mentha aquatica*

Wieddüp

Garstedter-Weg

Sootbörn

Kirchpark

Kollau

P

Wald-
cafe-
Corell

P

Niendorfer Gehege

Niendorfer Gehege

Kollaustraße

Schmiede koppel

Niendorfer-Straße

Alte Kollau

Vogt-Kölln-Straße

Kollau

A7

500 m

die ausgedehnten Vorkommen des Gefingerten Lerchensporns am Nordufer.

Weiter geht es noch einmal kurz durch Waldgebiet, bis
die Wanderung für eine ganze Weile dem Lauf der Kollau
folgt. Der Bach ist in diesem Abschnitt nur wenig be-
schattet, weshalb sich hier ansehnliche Uferröhrichte [3]
ausgebildet haben, mit Arten wie Kriechender Baldrian,
Gelbe Schwertlilie, Blut-Weiderich, Gewöhnlicher Gilbweiderich und Wasser-Minze.

Die landwirtschaftlich genutzte Niendorfer Feldmark
bietet schlagartig ein ganz anderes Bild. Die Großstadt
scheint weit weg zu sein. Pferdeweiden wechseln mit
Heuwiesen und Ackerflächen ab. Auf einer in Parzellen
aufgeteilten Ackerfläche, die von Freizeitgärtnern bewirtschaftet wird, kann man viele ländliche »Unkräuter«
wie Hundspetersilie oder Grüne Borstenhirse finden,
aber auch verwilderte Zierpflanzen wie die Giftbeere [4].
Diese Zierpflanze aus den Andenregionen Südamerikas
wird gelegentlich auch zur biologischen Schädlings-
bekämpfung angebaut, da ihr hoher Gehalt an giftigen
Alkaloiden den Schädlingsbefall an den umstehenden
Nutzpflanzen reduzieren kann.

An einem Rückhaltebecken [5] des Brookgrabens, einem
Nebenfluss der Kollau, hat sich eine bemerkenswerte
Ufervegetation mit ausgedehntem Röhricht gebildet. Man
erreicht es über einen kleinen Trampelpfad, der rechts
hinter das Rückhaltebecken führt. Hier finden sich Arten
wie Wasser-Greiskraut sowie Quirl- und Wasser-Minze.
Von hier führt der Weg vorbei an Wiesen und durch Waldgebiet zurück zum Niendorfer Markt. *NL, OA*

1 mm

Moschuskraut
Die Zahl der Blütenblätter
ist ein wichtiges Merkmal
für Pflanzenfamilien. Lilien-
gewächse haben sechs,
Rosengewächse fünf und alle
Kreuzblütler vier. Aber was ist
mit dem Moschuskraut? Die
5 mm großen würfelförmigen
Blütenstände haben oben eine
Blüte mit vier Blütenblättern
und an den Seiten vier Blüten
mit jeweils deren fünf. Die
Botaniker haben sie deswegen
in eine eigene Familie gestellt.
In den letzten Jahren haben
genetische Analysen aber
gezeigt, dass Holunder und
Schneeball eng verwandt sind
und auch zu den Moschus-
krautgewächsen gehören – und
das, obwohl diese Sträucher
mit dem Moschuskraut kaum
ein morphologisches Merkmal
gemeinsam haben. Die Zeit, in
der Botaniker Pflanzen nach
ihrer äußeren Ähnlichkeit klas-
sifiziert haben, ist offenbar
vorbei.

Giftbeere

Grüne Borstenhirse

Eppendorfer Moor

18

Mitten in der Großstadt: Heute ein verwunschenes Stück Natur, früher das berühmteste aller Hamburger Exkursionsgebiete

Auf den ersten Blick ein verwunschener Stadtwald mit Brennnessel und Kleinblütiges Springkraut am Wegrand. Auf den zweiten Blick eine idyllische Teich- und Sumpflandschaft, die bei näherem Hinsehen botanisch durchaus interessant ist. Von den Wegen aus zu sehen sind Gagel- und Grau-Weidengebüsche, Sumpf-Blutauge, Sumpffarn (1), Wasserfeder und mit etwas Glück der seltene Straußblütiger Gilbweiderich. Nicht zugänglich ist der wertvollste Teil des Gebietes, ein kleiner Rest Anmoorheide mit Pfeifengras, Rasenbinse, Glocken-Heide und Lungenenzian. Der Bezirk Nord lässt ihn seit ein paar Jahren mit gutem Erfolg durch Schafe und Ziegen beweiden.

Lage
Groß Borstel zwischen Alsterkrugchaussee, Klotzenmoor, Weg 173 und Kleingartengelände

Anfahrt
U1 bis Lattenkamp, dann Bus 114 bis Rosenbrook, alternativ Bus 392 bis Alsterkrugchaussee 244

Weginformation
Rundweg, 2 km

Naturschutz
Naturschutzgebiet, betreut durch den NABU Hamburg

Jahreszeit
Ganzjährig, besonders schön Anfang Mai zum Austrieb von Gagel und Grau-Weide

Tipp
Das Kleingartengebiet nördlich des Moors entstand im und nach dem Zweiten Weltkrieg. Die alten, bunten und blumenreichen Gärten lohnen einen Abstecher.

Gelbe Schwertlilie

Sumpffarn

Kaum zu glauben, dass das früher völlig baumfreie Eppendorfer Moor unter Botanikern bis zum Ersten Weltkrieg das berühmteste aller Hamburger Exkursionsgebiete war. Eine schier unglaubliche Zahl von Raritäten kam hier vor: Blasenbinse und Sumpf-Glanzkraut, Strandling und Gewöhnlicher Moorbärlapp, Sumpf-Ständelwurz, alle drei heimischen Sonnentauarten und alle vier ▶ Wasserschlaucharten (S. 205). All dies ist heute verschwunden. Der Mittlere Sonnentau wurde hier 1798 von Friedrich Georg Hayne für die Wissenschaft entdeckt und neu beschrieben. Der Naturwissenschaftliche Verein erforschte das Gebiet von 1905 bis 1908 und fasste die Ergebnisse in einem »Nekrolog« zusammen, aber die damals befürchtete Bebauung blieb aus. Dennoch gin-

Pflanzenliste

Sumpfwälder (1, 3, 5)
Gagel *Myrica gale*
Gelbe Schwertlilie *Iris pseudacorus*
Grau-Weide *Salix cinerea*
Sumpffarn *Thelypteris palustris*

Niedermoor (2, 3, 4)
Bastard-Segge *Carex x elytroides*
   (C. nigra x C. acuta)
Straußblütiger Gilbweiderich
   Lysimachia thyrsiflora
Sumpf-Blutauge *Comarum palustre*
Wasserfeder *Hottonia palustris*

Anmoorheide
(nicht einsehbar)
Glocken-Heide *Erica tetralix*
Lungen-Enzian
   Gentiana pneumonanthe
Rasenbinse
   Trichophorum cespitosum

Neophyten
Garten-Goldnessel
   Galeobdolon argentatum
Kleinblütiges Springkraut
   Impatiens parviflora
Rote Heckenkirsche
   Lonicera xylosteum

Gagel, männliche Blütenstände

Gagel, weibliche Blütenstände

Bastard-Segge

Sumpf-Blutauge, Blätter

Gagel

Ein kleiner Strauch mit aromatisch duftenden Blättern, der in Heidemooren wie dem Eppendorfer Moor, dem Raakmoor oder dem Fischbeker Moor vorkommt. Die ätherischen Öle können Kopfschmerzen und Allergien verursachen. Dennoch wurde der Gagel im Mittelalter als Bierwürze verwendet, bevor er schließlich durch den Hopfen abgelöst wurde. Er wird auch als Bindegrün für Ostersträuße verwendet. Der Strauch ist zweihäusig, aber es gibt zuweilen Ausreißer, also männliche Pflanzen mit weiblichen Blüten und umgekehrt.

gen die meisten Licht und Feuchtigkeit liebenden Arten verloren, denn durch die Kanalisierung der Alster und den Ausbau der Alsterkrugchaussee wurde der Grundwasserstand abgesenkt. Außerdem wurde Ende der 1940er Jahre aufgeforstet mit allem, was die Baumschulen bieten konnten. Dann wurde das Gebiet zum Naherholungsgebiet ausgebaut und als Naturschutzgebiet wieder zurückgebaut. Der zunehmende Stickstoffeintrag tat ein Übriges. Trotz all dieser Veränderungen ist dieses Naturschutzgebiet immer noch wertvoll als Standort vieler gefährdeter Pflanzen und darüber hinaus ein wunderbarer Ort für das Naturerleben inmitten der Großstadt. *HHP*

Raackmoor

19

Die Renaturierung dieses alten Moores
macht gute Fortschritte

Von den vielen Mooren, die es früher in Langenhorn gab, ist nur das Raackmoor übrig geblieben, und auch hier nehmen die offenen Moorflächen nur relativ kleine Bereiche im Zentrum und im Norden ein. Aufgrund von Wiedervernässungsmaßnahmen sind sie nicht zugänglich, aber von außen gibt es reizvolle Blicke auf die Moorlandschaft. Die NABU-Ortsgruppe sorgt mit regelmäßigen Arbeitseinsätzen dafür, dass die Freiflächen entkusselt und die gefährdeten Moorpflanzen nicht überwachsen werden. Das 38 ha große Naturschutzgebiet wird von Nord nach Süd vom Hummelsbütteler Moorgraben durchzogen.

Neben typischen Waldzeigern wie Waldmeister und Einblütiges Perlgras finden sich in den aufgeforsteten Bereichen viele Gartenflüchtlinge wie Zwiebel-Zahnwurz, Gefingerter Lerchensporn oder Straußfarn.

Lage
Langenhorn und Hummelsbüttel
im Bezirk Wandsbek
Anfahrt
U1 bis Langenhorn-Nord, dann
Bus 192 bis Immenhöven, Wattkorn oder Hohe Liedt, dann jeweils
etwa 1 km Fußweg nach Osten
Weginformation
Rundweg, 3 km
Bitte halten Sie sich an den
vorgeschlagenen Weg. Viele im
Gelände vorhandene Trampelpfade
dürfen nicht begangen werden.
Naturschutz
Naturschutzgebiet, betreut durch
die Schutzgemeinschaft Deutscher Wald (SDW) und den NABU
Hamburg

Pflanzenliste
Besenheide *Calluna vulgaris*
Gagel *Myrica gale*
Glocken-Heide *Erica tetralix*
Kleiner Baldrian *Valeriana dioica*
Knöterich-Laichkraut
    Potamogeton polygonifolius
Moorlilie *Narthecium ossifragum*
Pfeifengras *Molinia caerulea*
Schmalblättriges Wollgras
    Eriophorum angustifolium
Sumpf-Calla *Calla palustris*
Torfmoose *Sphagnum spp.*

Erfolgreich vernässte Fläche

Auf Höhe der östlich gelegenen Straße Dweermoor blüht im Mai ein relativ großer Bestand des Kleinen Baldrians, der vom Weg aus gut zu erkennen ist (1). Weiter südlich erinnern Apfelbäume an eine kleine Siedlung, die vor ein paar Jahren abgebrochen wurde (2). Entlang des aufgestauten Hummelsbütteler Moorgrabens gelangt man zum Raackmoorgraben. Nach Süden führt der Weg weiter zu einer Aussichtskanzel (3), die eigentlich den Blick auf die Moorfläche freigeben soll. Aufgrund des immer wieder hoch aufwachsenden Schilfbestandes sieht man aber von dieser nicht viel, sondern neben dem Schilf nur ▶ Gagel (S. 77) und vereinzelt etwas Wollgras.

Weiter südlich findet sich eine Infotafel des NABU zum Gebiet. Östlich des lang gezogenen Rückhaltebeckens führt der Weg direkt an der aufgestauten Moorfläche vorbei. Hier sind große Bestände der Sumpf-Calla zu sehen. Weiter östlich kommt man zu einer weiteren Aussichtskanzel (4), die einen Blick auf die wiedervernässte Moorfläche ermöglicht. Die Aussicht wird von Gagelsträuchern umrahmt und man bekommt einen Eindruck

Moorlilie

Kleiner Baldrian, Dweermoor

Kleiner Baldrian, Blütenstand

Trockenen Fußes durchs Moor

Bulte des Pfeifengrases

vom eigentlichen Moorcharakter. Zahllose Fruchtstände des Wollgrases bilden weiße Tupfen. Man sieht Besenheide und Pfeifengras und offene Gewässer, in denen man vom Weg aus Knöterich-Laichkraut erkennen kann.

Nach Süden verläuft der Weg über einen Holzbohlensteg und gibt nach einigen Metern den Blick auf eine Pfeifengrasfläche frei, in der 2014 zwei neue Gewässer angelegt wurden. Ostwärts geht es über den Hummelsbüttler Moorgraben und dann auf einem schmalen Waldweg wieder zum Wanderweg »Wildes Moor«, der nach Norden zur Ostkanzel führt (5). Von hier hat man einen sehr schönen Blick auf die östliche Moorfreifläche. Im Juli/ August kann von hier aus die gelb blühende Moorlilie bewundert werden. *MH*

Pfeifengras

Das Pfeifengras *Molinia caerulea* ist ein häufiges Gras auf Moorwiesen, Birkenbruchwäldern und Feuchtheiden. Es profitiert von der Trockenlegung der Moore und kommt an geeigneten Stellen – etwa im Wittmoor oder im Duvenstedter Brook – flächendeckend vor. Hier prägt es im Winter mit seinen strohgelben Blättern das Bild der Landschaft. Mit Hilfe eines symbiotischen Wurzelpilzes kann das Pfeifengras saure und nährstoffarme Böden besiedeln. Die zwiebelähnlichen Speicherorgane sind eine perfekte Anpassung an wechselnasse Böden und helfen dem Pfeifengras, sich nach Beweidung, Mahd oder Feuer rasch zu regenerieren. Die langen, glatten und knotenlosen Halme wurden früher zum Reinigen langer Pfeifen verwendet – daher der Name.

Stadtpark

20

Der Hamburger Stadtpark ist ein großes Stück vom grünen Hamburg

Der 148 Hektar große Park wurde 1914 eröffnet. Bis heute ist er eine einzigartige Erlebnislandschaft für Sport und Geselligkeit, mit Freilichtbühne und Festwiese, Planschbecken und Planetarium. Und eines unserer bedeutendsten Gartendenkmäler des 20. Jahrhunderts: die weite Stadtparkachse als geometrisches Grundgerüst, umgeben von freien Wald- und Wiesenpartien im Norden und Westen sowie formalen Sondergärten im Osten.

Aber was hat der Stadtpark dem Botaniker zu bieten? So viel, dass wir hier nur eine kleine subjektive Auswahl bringen können: (1) Waldspaziergänge unter 130 Jahre alten Bäumen im Sierichschen Gehölz, dem ältesten Teil des Stadtparks. Im Frühjahr blühen hier Busch-Windröschen und Vielblütige Weißwurz, im Sommer Stickstoff liebende Kräuter wie Kleinblütiges Springkraut, Echte Nelkenwurz und Knoblauchsrauke. (2) Exotische Gehölze in reizvoller Umgebung. So vor allem im Rosengarten nördlich des Stadtparksees und drum herum. Der große Kreis alter Blutbuchen mit dem Pinguinbrunnen in der Mitte dient zur Orientierung. (3) Am Rande der gro-

Lage
Winterhude, südlich der City Nord

Anfahrt
U3 bis Borgweg oder Saarlandstraße, alternativ S1 bis Alte Wöhr oder Bus 6, 20, 23, 26 und 179

Tipp
Das zum 100-jährigen Parkjubiläum 2014 von Heino Grunert herausgegebene Buch »Betreten erwünscht« liefert umfassende Informationen über den Stadtpark und seine Geschichte. Faltplan »Hamburger Stadtpark« bei der Behörde für Umwelt und Energie (BUE) oder unter www.hamburg.de/parkanlagen/ Zahlreiche Einkehrmöglichkeiten im Park.

Pflanzenliste
Amerikanischer Amberbaum
Liquidambar styraciflua
Herbstzeitlose *Colchicum autumnale*
Kastanienblättrige Eiche
Quercus castaneifolia
Schindel-Eiche *Quercus imbricaria*
Ungarische Eiche *Quercus frainetto*

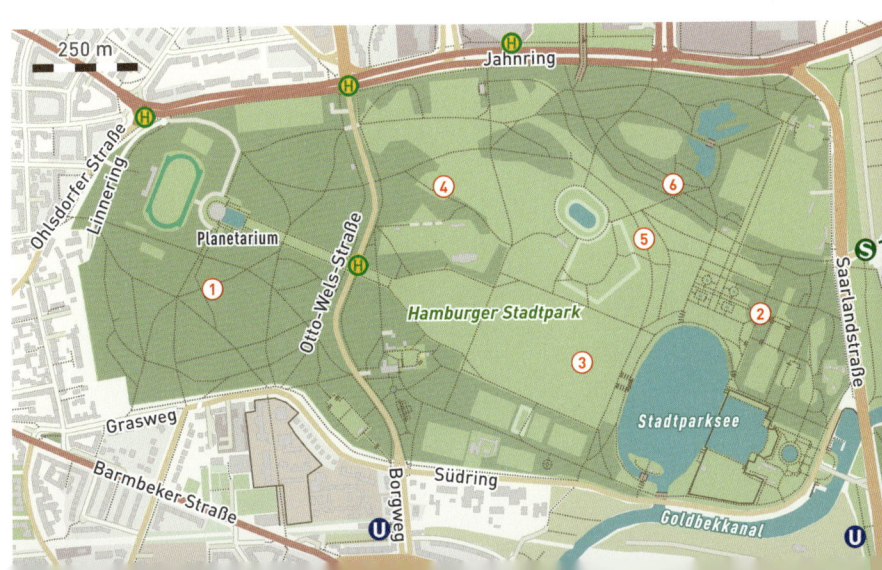

ßen Spielwiese stehen stramm in Reih und Glied über 100 gleich große, gleichmäßig gewachsene Ulmen wie Baumsoldaten – eine Seltenheit, weil Ulmen wegen des ▶ Ulmensterbens (S. 26) sonst in der Stadt nicht mehr gepflanzt werden. (4) Frei stehende Bäume, die sich voll entfalten können, wie die Walnussbäume am oberen Ende der Spielwiese und die Baumhaseln und auch der Amerikanische Amberbaum daneben. Seine Laubfärbung im Herbst vermittelt uns ein wenig vom Indian Summer. (▶ »Indianersommer« S. 85) (5) Einsame Riesen, die man gern immer wieder besucht und sich vergewissert, dass es ihnen nach einem Sturm gut geht: Die Schindel-Eiche, die Kastanienblättrige Eiche und die Ungarische Eiche. Alle drei stehen nordöstlich des Planschbeckens in der Nähe der Skulptur »Badende« von Begas. (6) Die Rhododendronsammlung im östlichen Parkteil beim Eingang Alte Wöhr. Die Schatten spendenden Lärchen von damals sind zum Teil schon dahin, aber die Rhododendren sind stark.

Leider fehlt es im Stadtpark an Namensschildern. Man will kein Botanischer Garten sein. Ich empfehle daher, sich kundig zu machen bei den regelmäßig angebotenen Führungen des Botanischen Vereins und des Stadtparkvereins. Es lohnt sich! *AZ*

Sumpfzypressen und ihre Verwandten
Sumpfzypressen *Taxodium distichum* stehen gern am oder sogar im Wasser, wie am Ufer des Stadtparksees. Sie gehören zu den sommergrünen Nadelbäumen. Bitte nicht verwechseln mit dem Urwelt-Mammutbaum (Chinesisches Rotholz, *Metasequoia glyptostroboides*), der ebenfalls schlankwüchsig ist und seine Nadeln im Herbst abwirft. Doch hier ist im Gegensatz zur Sumpfzypresse alles gegenständig: Nadeln und Zweiglein. Dritter im Bunde ist der Riesen-Mammutbaum *Sequoiadendron giganteum*, der allerdings immergrün ist und auch sonst leicht zu unterscheiden. Achten Sie auf seine dicke Rinde!

Herbstzeitlosen im Nordosten des des Parks

Friedhof Ohlsdorf

21

»Ohlsdorf geht immer!«

Das ist bei der Exkursionsplanung für den Botanischen Verein ein geflügeltes Wort. Im Winter stehen die Nadelbäume im Vordergrund, im Sommerhalbjahr Laubbäume und Sträucher. Moosforscher und Pilzfreunde kommen das ganze Jahr über auf ihre Kosten. Und Flechtenkundler wissen, dass auf Grabsteinen aus kalkhaltigem Marmor ganz andere Arten wachsen als auf kalkfreiem Granit. Verwildernde Frühblüher (▶ Stinsenpflanzen, S. 232) sind zwar nicht so prominent wie auf Friedhöfen in Berlin oder Frankfurt, aber der seltene Scheiden-Gelbstern kommt an mehreren Stellen vor. Und sogar die Unkräuter sind friedhofstypisch: Wald-Schaumkraut und Roter Gänsefuß sind hier häufiger als sonst in Hamburg, denn sie werden durch das vorbildliche Recycling immer wieder vom Kompostplatz auf die Grabstellen und zurück gebracht.

Lage
Ohlsdorf zwischen S1 und Bramfelder Chaussee
Anfahrt
U1 oder S1 bis Ohlsdorf, alternativ S1 bis Kornweg oder Hoheneichen. Alternativ Bus 8, 23, 172, 177 und 179. Im Friedhof verkehren die Busse 170 und 270.
Weginformation
Entfernung West–Ost-Eingang 3,5 km, gut ausgebautes Wegenetz
Jahreszeit
Das ganze Jahr über sehenswert, Höhepunkte sind die Rhododendronblüte im Mai und die Herbstfärbung im Oktober
Tipp
Führungen, Friedhofsplan und Faltblatt »Reizvolle Spaziergänge über den Ohlsdorfer Friedhof« bei der Friedhofsverwaltung, www.friedhof-hamburg.de/ohlsdorf. Wichtiges Buch für jeden, der die Bäume kennenlernen möchte: Helmut Schoenfeld, »Bäume in Ohlsdorf – von Gurken-Magnolien, Tränen-Kiefern und Scheinzypressen«. Einkehrmöglichkeit im »Café Fritz« beim Bestattungsforum.

Pflanzenliste
Baumaralie *Kalopanax septemlobus*
Chinesische Buche
   Fagus engleriana
Hainbuche
   Carpinus betulus 'Pendula'
Japanische Kerb-Buche
   Fagus crenata
Kolchischer Goldahorn
   Acer cappadocicum 'Aureum'
Tulpen-Magnolie
   Magnolia × soulangeana

Ein Höhepunkt in Ohlsdorf ist die Rhododendronblüte

Der Friedhof Ohlsdorf ist mit 391 Hektar der größte Parkfriedhof der Welt. 1877 war es in der Hamburger Innenstadt zu eng für Gräber geworden. Man musste auf die armen Sandäcker des Dorfes Ohlsdorf ausweichen. Alte mehrstämmige Eichen sind heute noch Zeugen der früheren Knicklandschaft. Der Gartenarchitekt Johann Wilhelm Cordes (1840–1917) hat den älteren landschaftlichen Teil im Westen mit geschwungenen Wegen gestaltet, sein Nachfolger Otto Linne (1869–1937) den formaleren Ostteil mit rechtwinkligem Wegenetz. Beim Blick auf den Gartenplan werden die unterschiedlichen Konzepte deutlich. Der Friedhof ist mit seinen Kapellen, Mausoleen, Prominentengräbern und zahlreichen Engeln (»Der Park der Engel«) ein Gesamtkunstwerk und als stille Erlebnislandschaft unvergleichlich.

Halbkugelige Hainbuche

Durch den alten Friedhofsteil führt ein romantischer Pfad, der »Stille Weg«. Viele besondere Gehölze gibt es im Osten, wo die Straßen nach den Bäumen heißen. An der Bushaltestelle vor Kapelle 11 tut sich ein kleiner botanischer Garten auf: Ecke Sorbus- und Kirschenallee steht das einzige Exemplar der halbkugelig wachsenden Hainbuche auf dem Friedhof. Wohlgemerkt: nicht geschnitten, sondern so gewachsen, aber auf einem Hochstamm veredelt. Gegenüber leuchtet der Kolchische Goldahorn. Seltene Buchen wie die Japanische Kerb-Buche und die Chinesische Buche mit gewelltem Blattrand stehen nicht von ungefähr hier. Nehmen Sie sich Zeit, vielleicht sogar eine Lupe, achten Sie auf die Rinde jedes Baumes und seine Früchte! Noch ein Stück aus der Raritätensammlung: die Baum-Aralie mit markanten Blättern und einer ebenso eindrucksvollen Bestachelung des Stammes. *AZ*

Tulpen-Magnolie

Die Schrift besteht aus dem Mauer-Drehzahnmoos *Tortula muralis*

Kirschenallee

»Indianersommer«

Wenn im Herbst die Tage kürzer werden, färben sich die Blätter der Laubgehölze gelb, orange und rot. Eiweißstoffe, Phosphate und Stickstoff werden in den Stamm verlagert und dort bis zur nächsten Vegetationsperiode gespeichert. Auch das grüne Chlorophyll wird abgebaut. Andere Farbstoffe wie Carotinoide, Anthocyane und Melanine bleiben zurück und bestimmen durch ihrer Vielfalt und ihre unterschiedlichen Abbauraten die Herbstfarben. Besonders spektakuläre rote Herbstfärbungen gibt es bei amerikanischen Gehölzen wie beispielsweise den Ahornarten, den Eichen und dem Wilden Wein. Allerdings konnte bislang nicht geklärt werden, warum dies so ist.

Drei Geheimtipps für Gehölzfreunde

Marienhof in Poppenbüttel

Hier gibt es Gingkos, Magnolien, Tulpenbäume, Bambusarten und den Taschentuchbaum zu bewundern. Die meisten Gehölze sind zum Glück mit einem Namensschild ausgestattet. Spektakulär ist eine alte Blutbuche, deren untere Äste auf dem Boden aufliegen, sich dort bewurzeln und einen Kranz junger Bäume um die alte Mutter in der Mitte bilden. Auch Buchsbäume oder der im Mai blühende Berglorbeer *Kalmia latifolia* erreichen erstaunliche Dimensionen. Der Park wurde 1855 von Albert Cäsar Henneberg gegründet und nach seiner Frau Marie benannt. Sein Nachfahre Otto Henneberg-Poppenbüttel errichtete eine Stiftung zu dessen dauerhaftem Erhalt. Der Reichtum an Arten wurde Ende des 20. Jahrhunderts von Johannes Donath, Gärtner im Hamburger Botanischen Garten, noch vergrößert und gepflegt. Eine Burgruine, die früher zum Park gehörte, schimmert als Kulisse durch die Bäume.
Arboretum Marienhof, Poppenbüttler Markt 10, 22399 Hamburg. Zutritt nur nach Anmeldung und im Rahmen von Führungen. Kontakt: Richard Bischoff, info@arboretum-marienhof.de, Tel.: 0176 - 20 03 40 28.

Goldbuche *Fagus sylvatica ›Zlatia‹*

Korallenstrauch *Erythrina crista-galli*

Ginkgo *Ginkgo biloba*

Arboretum Lohbrügge

Ein Dorado seltener Gehölze auf einem Campusgelände. Erwarten Sie keinen Landschaftspark! Hier stehen zwischen den Institutsgebäuden auf 9 Hektar mehr als 1.500 Gehölzarten und Formen aus 126 Familien und 427 Gattungen. Eine Übersicht bietet der Katalog von Seehann und Hamann aus dem Jahre 1995. Viele der hier zu bestaunenden Arten gibt es sonst nirgends in Hamburg, so die Ohio-Rosskastanie *Aesculus glabra* und *Pinus pseudostrobus var. oaxacana*, eine seltene Form der Falschen Weymouths-Kiefer. Lassen Sie sich nicht durch die Fülle abschrecken, sondern nehmen Sie sie als lebenslangen Ansporn!
Thünen-Institut, Leuschnerstraße 91, 21031 Hamburg. Zutritt nur nach vorheriger Anmeldung per E-Mail: mirko.liesebach@thuenen.de

Arboretum Tannenhöft

Der Hamburger Reeder George Henry Lütgens hat dieses Arboretum 1910 gegründet. Seine Motivation: »Liebe zur Natur, für Bäume und Blumen, die zeigen wie klein die Menschen in ihrer Kraft sind und wie groß die Kraft der Natur ist«. Er sammelte Nadelbäume aus aller Welt, vor allem solche mit besonderen Wuchsformen und »Fehlfarben«, wie der Briefmarkensammler sagen würde. Scheinzypressen in vielen Arten, Varietäten und Sorten, aber auch Mädchen-Kiefern *Pinus parviflora*, immergrüne Turners Eichen *Quercus x hispanica 'Pseudoturneri'* und eine prächtige Eichenblättrige Hainbuche *Carpinus betulus 'Quercifolia'*. In dem Villenpark erwartet Sie ein bunter Baumbestand mit dem Charme des Verfalls. Rechnen Sie nicht mit einem gepflegten Wegenetz. Im Park wird kaum gemäht, und es kann durchaus matschig sein. Der Vorteil des abgeschlossenen Geländes: Hier können Bäume sich bis unten breit machen und ihr natürliches Erscheinungsbild bis ins hohe Alter entfalten. Die Reste alter Gartenarchitektur sind noch zu ahnen, Sichtachsen sind nachvollziehbar. An den Gehölzen sind in der Regel Namensschilder angebracht. Seit 1948 ist auf dem Gelände das Thünen-Institut für Forstgenetik ansässig, das den Baumbestand des Parks in seine Forschungen einbezieht.

Thünen-Institut, Institut für Forstgenetik, Sieker Landstraße 2, 22927 Großhansdorf. Zutritt nur nach vorheriger Anmeldung per E-Mail: mirko.liesebach@thuenen.de

Goldlärche *Pseudolarix amabilis*

Strauch-Rosskastanie
Aesculus parviflora

Japanische Weißbirke
Betula platyphylla

Prachtglocke
Enkianthus campanulatus

Bezirk Harburg – Marsch, Moor und Heide

Südlich der Elbe ist die ursprüngliche Landschaftsgliederung des Elbe-Urstromtals noch gut zu erkennen. Direkt am Strom liegt die Marsch, dahinter der sogenannte Moorgürtel mit seinen armen, sauren Böden. Auf der nun folgenden Geest steigt das Gelände rasch an und erreicht in den Harburger Bergen mit 116 m über dem Meeresspiegel den höchsten Punkt Hamburgs, den Hasselbrack. Die Harburger Berge erinnern ein wenig an Mittelgebirgswälder und weisen eine artenreiche Farnflora auf – eine echte botanische Besonderheit! Ein Teil der Geest wird hier von Heideflächen eingenommen, die sich in den Landkreis Harburg erstrecken. Sie haben sich vor Jahrhunderten durch Beweidung und Übernutzung auf den armen Sandböden der Geest etabliert. In der Fischbeker Heide werden die großen Heideflächen heute maschinell freigehalten.

Auf der Geest versickerte das Regenwasser in den durchlässigen Sandböden und trat am Geestrand am Übergang zur Marsch wieder aus. Da das Gelände hier tiefer lag als direkt an der Elbe, konnte das Wasser nur schlecht abfließen. Es entstanden Niedermoore, die sich später zu Hochmooren entwickelten. All diese Geestrandmoore sind zum großen Teil zerstört oder von Nutzungen überprägt. Im heutigen NSG Moorgürtel oder am Fürstenmoordamm sind noch Relikte erkennbar. Kleine Torfstiche mit moortypischer Vegetation sind Zeugen früherer Nutzung.

Die Niedermoore wurden großflächig mit Gräben durchzogen, um sie als Grünland nutzen zu können. Auf diesen Standorten wurde meist eher extensiv gewirtschaftet – viele grünlandtypische Tiere und Pflanzen kommen hier vor.

Moor und Marsch – Grünland mit Hafen im Hintergrund

Altenwerder

22

Kleine grüne Insel am Containerterminal

Das untergegangene Dorf Altenwerder ist heute Containerhafen und nicht begehbar. Die Terminals wurden ab Mitte der 1990er Jahre erbaut und haben Altenwerder mit seinen artenreichen Feuchtwiesen, Marschgräben und Obstplantagen unter sich begraben. Von der damaligen Kulturlandschaft sind heute nur Reste erhalten – sie sind einen (wehmütigen) Besuch wert.

Von der Busstation Altenwerder Hauptstraße (Süd) führt ein Abstecher auf den Moorburger Berg (1); dieser Hügel besteht aus Hafensedimenten und hat eine Höhe von gut 20 m. Der Blick von der Kuppe zeigt nach Norden den Containerterminal Altenwerder, nach Nordwesten bei den großen Windrädern die Kirchturmspitze von Altenwerder. Nach Süden blickt man über das ▶ Spülfeld (S. 143) in Moorburg bis zur Harburger Geestkante. Nach Osten schieben sich Kattwykbrücke und Kohlekraftwerk in den Blick.

Lage
Altenwerder, zwischen Autobahn (A7) und Hafengebiet

Anfahrt
Bus 151 von Wilhelmsburg über die Köhlbrandbrücke zur Haltestelle Altenwerder Hauptstraße (Süd), alternativ Bus 150 oder 250 bis Haltestelle BAB-Auffahrt Waltershof. Parkmöglichkeit an der Kirche Altenwerder

Weginformation
5 km, auf teilweise verfallenen Straßen

Jahreszeit
Im Mai zur Obstbaumblüte, aber das ganze Jahr über reizvoll

Tipp
In den Sommermonaten gibt es an jedem 1. Sonntag im Monat in Altenwerder die »Offene Kirche«; von 13–18 Uhr sind Kirche und Kirchen-Café geöffnet, eine Fotodokumentation über das Dorf Altenwerder wird gezeigt.

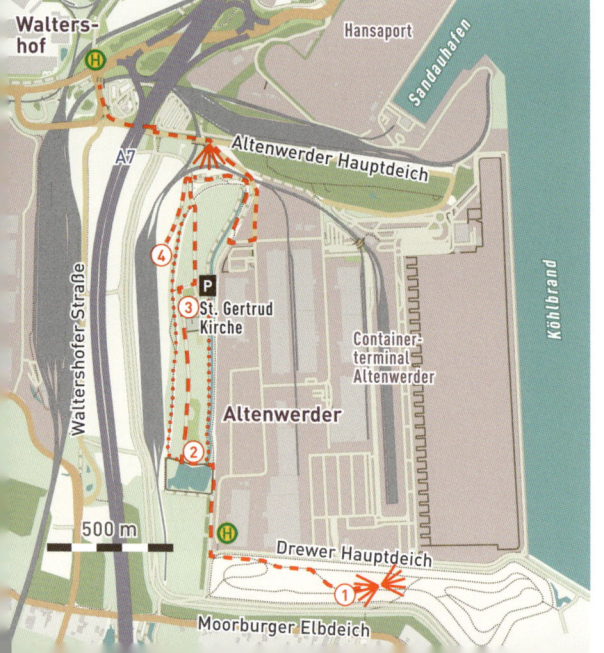

Froschbiss

Ehemalige Dorfstraße

Über den alten Süderdeich betreten wir einen Rest von Altenwerder. Die meisten Flächen wurden bei der Herrichtung für Hafenzwecke um 8,5 m aufgespült. Nur der Bereich hier, der heute Altenwerder Kirchtal genannt wird, hat das Ursprungsniveau behalten. Vor 1996 stand die Kirche (3) auf dem höchsten Punkt der Elbinsel. Am Süderdeich (2) stehen alte knorrige Rosskastanien, die das Dorf Altenwerder noch kennen.

Der schmale asphaltierte Weg war früher die Dorfstraße. Durchgewachsene Hecken, Grabenüberfahrten und Obstbäume sind letzte Anzeichen der aufgegebenen Nutzung. Hier kann man sehen, wie sich die Natur Flächen zurückerobert. Silber-Weiden und Brombeeren sind hier prägend. Offenlandflächen sind heute mit Röhrichten aus Wasser-Schwaden bestanden, sie ähneln mehr und mehr der Vegetation eines Auwaldes. Der Hauptgraben, der am Ostrand des Kirchtales verläuft, bietet typische Marschgrabenvegetation und ist stellenweise dicht mit Froschbiss bedeckt.

Altenwerder Kirchtal

Trockenrasenflur auf sandigem Spülfeld

Blick auf den Containerterminal Altenwerder

Die mit Sand aufgespülte Fläche neben den Bahngleisen (4) an einer der beiden Windkraftanlagen bietet großflächige, halb offene Sandflächen. Natternkopf, Scharfer
Mauerpfeffer, Silbergras, Filzkraut und Heuschrecken
wie die Blauflügelige Ödlandschrecke und die ebenfalls
blauflügelige Sandschrecke kommen hier vor.
    Der Weg zurück führt zum Finkenwerder Knoten, ab
Busstation BAB-Auffahrt Waltershof fahren regelmäßig
Busse durch den Elbtunnel Richtung Altona. *GB*

Harburger Stadtpark

23

Quellwiesen im Reformpark: Über den Alten
Harburger Friedhof bis zum Außenmühlenteich

Das Gelände des Harburger Stadtparks liegt auf dem
Höhenzug der Harburger Berge. So führen die Wege durch
eine hügelige Parklandschaft, in deren Mitte eingebettet
der Außenmühlenteich liegt. Der Weg führt am Harburger Rathaus vorbei, einem Bau der Neorenaissance.
An der Johanniskirche steigt man links auf das Areal des
Alten Friedhofs (1) hinauf.

Lage
Stadtpark im Herzen von
Harburg, Wilstorf
Anfahrt
S3 bis Harburg Rathaus. Park-
plätze am Außenmühlendamm
Weginformation
Rundweg, 6 km
Jahreszeit
Frühling / Sommer
Tipp
Restaurant »Leuchtturm« und
»Bootshaus Außenmühle«
am Außenmühlenteich, beide
mit Außenbereich. Besuch des
Freizeitbads »MidSommerland«.
Faltplan »Harburger Stadtpark«
bei der Behörde für Umwelt
und Energie (BUE) oder unter
www.hamburg.de/parkanlagen/

Der Alte Friedhof ist heute ein Park.

Der Alte Friedhof Harburg liegt auf einem Höhenrücken, dem Krummholzberg, und wurde 1828 eingeweiht. Der Friedhof wurde 1937 stillgelegt und ist heute öffentlicher Park. Im Frühling blühen hier Blaustern und Scharbockskraut. Eine Fußgängerbrücke führt in das Gelände des Harburger Stadtparks. Dieser geht auf den preußischen Gartenbaudirektor Georg Hölscher und seinen Sohn Ferdinand zurück und wurde in Teilen bereits 1926 angelegt. Auf dem 90 Hektar großen Areal wechseln formale Elemente aus der Zeit der Reformgärten (wie Freilichttheater, Gymnastikplatz oder Schulgarten) mit großzügigen, landschaftlich gestalteten Partien.

Bitteres Schaumkraut

Der Weg führt zuerst durch eine symmetrische Heckenanlage. Zur Linken liegt hinter Hecken der prachtvolle Azaleengarten (2), gefolgt vom abgesenkten Oval des Gymnastik- und Tanzplatzes (3) und dem Schulgarten (4). Hier formen Buchshecken geometrische Muster. Etwas versteckt in der südwestlichen Ecke befindet sich der Nachtfaltergarten des Naturschutzbundes (NABU) (5). Im Frühling bestechen die Nachtviolen mit ihrer Blütenpracht. Die frei stehende Anhöhe mit der ovalen Kuppe (6) ist ein erst kürzlich wiederhergestelltes Gartenelement, welches in der zentralen Sichtachse zwischen Schulgarten und Außenmühlenteich liegt und sehr schöne Ausblicke bietet. Der Holzsteg in der Marmstorfer Bucht (7) liegt im weniger formalen Teil des Harburger

Breitblättriges Knabenkraut

Schulgarten

Pflanzenliste
Azaleen und Rhododendron
Bitteres Schaumkraut
  Cardamine amara
Breitblättriges Knabenkraut
  Dactylorhiza majalis
Busch-Windröschen
  Anemone nemorosa
Echter Baldrian
  Valeriana officinalis agg.
Gelbe Schwertlilie
  Iris pseudacorus
Mädesüß *Filipendula ulmaria*
Sibirischer Blaustern
  Scilla siberica

Stadtparks und spiegelt die natürliche Vegetation wider. Im Mai blüht hier das Breitblättrige Knabenkraut. Der Weg steigt nun an, und bald erreicht man das versteckte Areal des Freilichttheaters (8) und den Aussichtspunkt Eichenhöhe. Am ehemaligen Hockeyplatz mit der Büste Hölschers (9) geht es zum Außenmühlenteich hinab. Bald quert man den kleinen Bach Engelbek. In den bruchwaldartigen Bereichen blüht im Unterwuchs das Bittere Schaumkraut, welches gut an seinen dunklen Staubbeuteln zu erkennen ist (10). An den Teichen sind Gelbe Schwertlilie, Mädesüß und Baldrian im Uferbereich zu finden. Für den großen Teich ließ der Harburger Herzog Otto II. im Jahr 1656 die Engelbek aufstauen und eine Wassermühle errichten. Da diese Mühle außerhalb des Stadtgebiets von Harburg liegt, wird sie auch Außenmühle und das Gewässer somit Außenmühlenteich genannt. Im Jahr 1890 wurde die Badeanstalt am Ostufer eröffnet – seitdem ein fester Bestandteil für Freizeit und Erholung der Harburger. *CW*

Im Harburger Stadtpark

Der Außenmühlenteich

Spaziergang durch den Moorgürtel 24

Blühende Gräben, artenreiches Grünland und
dichte Bruchwälder im Geestrandmoor

Die Elbe-Randmoorgebiete erstrecken sich wie ein Gürtel
entlang der Geestkante von Hausbruch bis hinter Buxtehude. Die Moore entstanden nach der letzten Eiszeit aus
der Verlandung abflussloser Senken: Das aus den Harburger Bergen einströmende Wasser wird von den undurch-
lässigen Kleischichten der Hohen Marsch im Norden am
Abfließen gehindert, daher tritt es im Moorgürtel zutage.

Der Moorgürtel wurde bereits im ausgehenden Mittelalter vom Alten Land aus trockengelegt und kultiviert. Es
entstand ein Mosaik aus Wiesen und Weiden mit einigen
Ackerflächen in Geestnähe. Mit der sukzessiven Aufgabe
der Bewirtschaftung seit der zweiten Hälfte des 20. Jahrhunderts veränderte sich die Gestalt – Flächen fielen

Lage
In der Süderelbmarsch im
Westen Harburgs
Anfahrt
S3 bis Fischbek.
Parkmöglichkeit im Ohrnsweg
Weginformation
8 km lange Wanderung auf
meist breiten, ebenen Wegen
Naturschutz
NSG Moorgürtel, betreut
vom NABU
Jahreszeit
Juni bis August

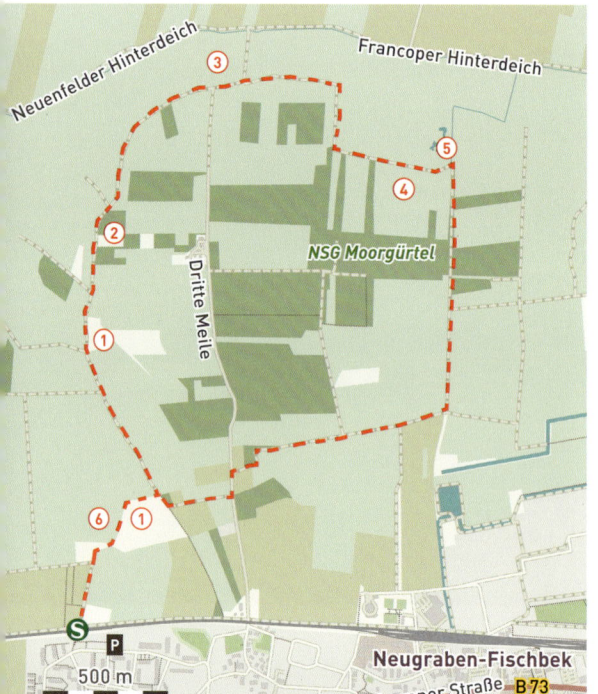

Horst der Rispen-Segge

Typischer Graben im Moorgürtel – Blüte der Wasserfeder Ende Mai

brach. Neben Wiesen und Weiden entstanden vermehrt Grünlandbrachen, Hochstauden, Weidengebüsche und Bruchwälder, der Offenlandcharakter verschwand teilweise. Auch ging der natürliche Wasserüberschuss im Gebiet durch die vermehrte Entwässerung und Trinkwasserförderung stark zurück.

Früher sehr häufige Arten des feuchten Grünlands sind mit zunehmender Austrocknung des Gebiets selten geworden, im Naturschutzgebiet liegen noch Wiesen (3, 6), die im Juli schon von Weitem rosa bis rot leuchten, von Kuckucks-Lichtnelke, Großem Sauerampfer und Schlangen-Knöterich. Der botanisch interessierte Blick fällt unterwegs immer mal wieder in einen der längs des Weges verlaufenden Gräben (1): Über dem stehenden Wasser schweben im Frühling die weißen bis zartrosafarbenen Blüten der Wasserfeder, oft begleitet von Froschbiss und Wasserlinsen. An den Grabenrändern blühen Wasser-Ehrenpreis, Sumpf-Schafgarbe, Sumpf-

Wasserfeder

Sumpf-Schafgarbe

Bachbungen-Ehrenpreis

Froschbiss

Ziest, Blut-Weiderich, Mädesüß sowie Gilbweiderich, und locken eine Vielzahl Bestäuber an, darunter zahlreiche seltene Falterarten.

Vor der Kultivierung war das Gebiet durch baumbestandene Niedermoore und eingestreute, baumfreie Hochmoorinseln bestimmt. Durch den bis in die 1950er Jahre betriebenen manuellen Torfabbau sind die eigentlichen Moore nur noch in Relikten erhalten. Die alten Torfabbaustellen sind in den Bruchwäldern immer noch als rechteckige, nasse Senken zu erkennen (2). Heute wird auf einigen Arealen (u.a. 4) durch Überstauung versucht, Hochmoor zu regenerieren – ein Prozess, der noch viele Jahrzehnte in Anspruch nimmt.

Es lohnt auch, einen Blick in die angrenzenden Birken- und Erlenbruchwälder zu werfen. Hier ist die Atmosphäre plötzlich eine ganz andere: Es ist schattig und feucht. Offenes Wasser steht in Senken, und die Vegetation wird im Unterwuchs von ▶ Farnen (S.112) und Seggen dominiert. Man findet hier den seltenen Königsfarn, und am Boden wächst das zarte Hunds-Straußgras.

In den Hochmoor-Regenerationsflächen (4) ragen die abgestorbenen Stümpfe der Moor-Birken fahl aus dem Moor, was der Landschaft einen etwas unheimlichen Charakter verleiht. Am Ende des Kofferdamms, auf dem der Weg hier verläuft, und der dazu dient, das Wasser im Moor zu halten, sind zur Linken Teiche mit einem Beobachtungsstand (5) zu sehen. Hier bietet sich eine kleine Rast an, bevor es auf einem Pfad zur S-Bahn zurückgeht. *CW, HP*

Pflanzenliste
Gräben und
feuchtes Grünland
Bachbungen-Ehrenpreis
Veronica beccabunga
Blut-Weiderich *Lythrum salicaria*
Froschbiss
Hydrocharis morsus-ranae
Kuckucks-Lichtnelke
Lychnis flos-cuculi
Mädesüß *Filipendula ulmaria*
Schlangen-Knöterich
Bistorta officinalis
Sumpf-Haarstrang
Peucedanum palustre
Sumpf-Reitgras
Calamagrostis canescens
Sumpf-Schafgarbe
Achillea ptarmica
Sumpf-Ziest *Stachys palustris*
Wasserfeder *Hottonia palustris*
Bruchwald
Hunds-Straußgras *Agrostis canina*
Königsfarn *Osmunda regalis*
Moor-Birke *Betula pubescens*
Rispen-Segge *Carex paniculata*
Schwarz-Erle *Alnus glutinosa*

Bruchwald im Vierzigstückenmoor

Grünland-Exkursion – hier mit Genehmigung, sonst bitte auf den Wegen bleiben.

Fischbeker Heide

25

Weite Heideflächen und viele kleine Heidemoore

Die Wanderung beginnt vom Scharlbarg nach Westen und folgt der Nordkante des großen Altmoränenzuges, der Teil der Harburger Berge ist. Die im Süden bis 100 m hohe saalezeitliche Endmoräne fällt hier auf 20 m ab und geht als sandiger Schwemmfächer in das Elbtal über. Die Kiefernwälder (1) sind aus forstlichen Anpflanzungen hervorgegangen. Vor rund 100 Jahren war das gesamte Gebiet noch Teil der Lüneburger Heide und durch jahr-

Lage
Altmoränenlandschaft der Saale-Eiszeit auf 770 Hektar an der süd-westlichen Landesgrenze Hamburgs
Anfahrt
S3 oder S31 bis Neugraben, dann Bus 240 oder 251 bis Fischbeker Heuweg, dann 1,5 km zu Fuß über Scharlbarg
Weginformation
Rundweg, 9 km
Naturschutz
Naturschutzgebiet, FFH-Gebiet, Betreuung durch eine AG unter Leitung der Loki Schmidt Stiftung

Besenheide prägt die großen Offenflächen

hundertelange Übernutzung waldfrei. Der Waldboden ist meist von Heidelbeere, Draht-Schmiele, Harzer Labkraut und Moosen bewachsen. In der Strauchschicht treten die amerikanischen Neophyten Späte Traubenkirsche und Felsenbirne auf.

Unter Moor-Birken zeigen ▶ Gagel (S. 77), Pfeifengras und Torfmoose ein am Hang liegendes Quellmoor (2) an. Hier tritt auf großer Fläche regelmäßig Quellwasser aus und speist ein Moor, in dem Weißes Schnabelried (3), Moorlilie und Sonnentau zu finden sind.

Eine artenreiche Offenfläche (4) wird durch gelegentliche Schafbeweidung offen gehalten. Beweidung und eine gewisse Grundfeuchte haben hier zur Entwicklung einer Borstgraswiese geführt: Neben Borstgras kommen Sparrige Binse, Glocken-Heide und Dreizahn vor.

Zauneidechse

Am früheren Ausgang der Röttiger-Kaserne liegt die nächste vermoorte Talniederung. In diesem kleinen Moor (5) an der Landesgrenze treten Seltenheiten wie Mittlerer und Rundblättriger Sonnentau, Schmalblättriges Wollgras, Moorlilie, Weißes Schnabelried und Gewöhnliche Moosbeere auf.

Am Segelflugplatz Fischbeker Heide (6) wird seit rund 15 Jahren die Heide intensiv gepflegt. Beim maschinellen Schoppern werden alle oberirdischen Pflanzenteile und ein Teil des Humus, der sich im Verlauf der Jahre gebildet hat, großflächig entfernt. Es bleiben kahle Flächen zurück, deren Wiederbesiedlung mit Besenheide wir in verschiedenen Stadien auf dem Flugplatz beobachten können. So entstehen zum Teil Reinbestände aus Besenheide, zwischen denen am Boden oft nur noch Moose und Flechten wachsen. Die Pflege hat dazu geführt, dass die Heide heute üppiger blüht als noch vor Jahrzehnten. An einigen Stellen wächst ein feines rötliches Geflecht im Heidekraut. Hier parasitiert die Quendel-Seide auf den Sträuchern.

Ganz vereinzelt kommen Seltenheiten wie die Echte Bärentraube oder verschiedene gelb blühende Ginsterarten vor. Die größte Artenvielfalt ist oft am Wegrand zu finden, weil hier durch Tritt und Bodenanrisse auf kleins-

Englischer Ginster

Übergang von Heide zu Wald

Pflanzenliste

Heide
Besenheide *Calluna vulgaris*
Borstgras *Nardus stricta*
Draht-Schmiele
　Deschampsia flexuosa
Dreizahn *Danthonia decumbens*
Englischer Ginster
　Genista anglica
Heidelbeere
　Vaccinium myrtillus
Quendel-Seide
　Cuscuta epithymum

Heidemoore
Gagel *Myrica gale*
Gewöhnliche Moosbeere
　Vaccinium oxycoccos
Glocken-Heide *Erica tetralix*
Moorlilie *Narthecium ossifragum*
Schmalblättriges Wollgras
　Eriophorum angustifolium
Sonnentau-Arten
　Drosera intermedia,
　D. rotundifolia
Weißes Schnabelried
　Rhynchospora alba

tem Raum Übergänge zwischen offenen Sandflächen, Trockenrasen und Heide entstehen.

Südöstlich vom Flugplatz steigen wir im Wald (7) einen Hang hinab, hinein in das Tal der Fischbek, die zuletzt Anfang des letzten Jahrhunderts Wasser führte. Am Hang sind auffällige vielstämmige Eichen zu erkennen, die in den vergangenen Jahrhunderten als ▸ Kratteichen (S. 30) zur Brennholzgewinnung mehrfach gestutzt wurden.

Die Täler im Gebiet (8) zeigen eine kleinräumige Vegetationsdifferenzierung: Die besonnten, trockenen Südhänge werden von Besenheide eingenommen, der zeitweilig feuchte Talgrund wird meist von Glocken-Heide bewachsen, und im Schatten der Nordhänge und am Übergang zum Wald ist die Heidelbeere prägend.

Auf dem Rückweg gehen wir durch das Fischbektal (10). Hier muss einmal der Quellbereich des kleinen Baches gewesen sein. Von seinem Wasser ist heute nur ein aufgestauter Teich geblieben (11). Das dunkelbraune klare Wasser und das Schnabelseggenried, zusammen mit flutenden Torfmoospolstern am Ufer, zeigen das Potenzial für die Moorentwicklung. Der besonnte Teich ist im Sommer Tummelplatz von Amphibien und Libellen. *IB*

Bewirtschaftung von Heiden

Heiden entstanden durch bäuerliche Nutzung und prägten bis ins 19. Jahrhundert das Landschaftsbild Nordwestdeutschlands. Als Einstreu für die Ställe stachen die Bauern die Besenheide mitsamt ihrer Wurzeln ab. Diese mühselige Handarbeit nannte man »Plaggen«. Den Böden wurden dadurch fortwährend Nährstoffe entzogen und die Heide ständig verjüngt. Auch Schafe hielten die Heidepflanzen vital und verhinderten das Aufwachsen von Gehölzen. Mit Einfuhr des mineralischen Düngers rentierte sich die Heidewirtschaft nicht mehr, und die Flächen verbuschten oder wurden aufgeforstet. Um die verbliebenen Heideflächen zu erhalten, wird das Plaggen heutzutage als Pflegemaßnahme fortgeführt, allerdings unter Einsatz von Maschinen.

Heideweiher

Fürstenmoordamm

26

Ländliches Moorburg vor industriellem Hintergrund. Dieser Raum ist für verschiedene Projekte überplant – machen Sie die Tour möglichst bald ...

Lage
Moorburg
Anfahrt
Bus 157 bis Moorburger Kirche, Rückfahrt alternativ mit Bus 146, 250 oder 251 ab Gewerbegebiet Heykenkamp bzw. ab Heyken-kampweg. Tour gut möglich im Anschluss an ▶ Tour 27 Alter Moorburger Hafen
Weginformation
4 km, meist asphaltierte Wege,
Jahreszeit
Mai für Grünland,
ab Juni für Gräben

Brachgefallene Feuchtwiesen am Fürstenmoordamm

Von der Kreuzung am Kraftwerk führt der Weg nach Süden und quert mit dem Obenburger Querweg die eingleisige Hafenbahn. Wenn kein Betrieb ist, kann ein Blick auf die Trockenflächen an den Gleisen lohnend sein: Frühe Haferschmiele, Schaf-Schwingel und Kleines Filzkraut treten hier auf (1). Nördlich des Weges liegt ein alter Apfelhof (2), zur Blütezeit Anfang Mai ein schöner Aspekt. Am Ortsende von Moorburg (3) fällt ein großes Rohr auf, das die Straße unterquert: Die Spülrohrleitung führt zum weiter westlich gelegenen Moorburger ▶ Spülfeld (S. 143).

Im Mai/Juni schlägt man den Untenburger Querweg ein, da er uns durch seggenreiche Wiesenbereiche führt, in denen vor der ersten Mahd schöne Bestände des Schlangen-Knöterichs rosa leuchten (4). In den kleineren Gräben treten Sumpf-Blutauge und Wasserfeder auf. Kurz vor der Autobahn endet der Weg zur Zeit als Sackgasse. So ermöglicht der Rückweg weitere Einsichten in Gräben und Grünland.

Entlang des Moorburger Hinterdeiches ist zum einen die Vegetation der breiten Gräben mit Schwimmendem Laichkraut, Pfeilkraut und Uferstauden markant, weiter kann man auch hier Einblicke nehmen in zumeist brachgefallene Grünländer des Fürstenmoors mit Schlangen-Knöterich. Durch diese Bereiche (6) ist der Trassenverlauf der Autobahn A 26 Ost geplant.

Pflanzenliste

Wiesen und Gräben
Kohl-Kratzdistel *Cirsium oleraceum*
Krebsschere *Stratiotes aloides*
Mädesüß *Filipendula ulmaria*
Schlangen-Knöterich
  Bistorta officinalis
Schwanenblume
  Butomus umbellatus
Schwimmendes Laichkraut
  Potamogeton natans
Sumpf-Blutauge,
  Comarum palustre
Wasserfeder *Hottonia palustris*
Sandflächen
Berg-Sandglöckchen
  Jasione montana
Silbergras *Corynephorus canescens*

Sumpf-Blutauge

Schlangen-Knöterich

Kohl-Kratzdistel

Im Bereich des Rückhaltebeckens (7) taucht an den Wegrändern immer wieder Wiesen-Storchschnabel auf. An einer Brücke kann man sehr schön in den breiten Graben schauen: Gelbe Teichrose, Froschbiss, Wasserstern, Schwanenblume, Igelkoben und Krebsschere bilden hier ein buntes Mosaik.

Auf dem Weg zur Bushaltestelle können wir im Gewerbegebiet Heykenkamp noch gut eine Trockenfläche (8) erkunden. Auf den mit Sand aufgeschütteten Flächen haben sich Silbergras, Berg-Sandglöckchen, Scharfer Mauerpfeffer und Kleines Filzkraut etabliert. *GB*

Krebsschere

Zypressen-Wolfsmilch

Gewöhnliche Ochsenzunge

Trockenrasen in der Marsch

Das gesamte heutige Hafengebiet war früher Marschengrünland. Davon ist fast nichts übrig geblieben. Nach dem großen Brand von 1842 wurden zunächst Steinwerder und Hammerbrook mit Schutt und Sand aufgeschüttet. Heute reicht das künstlich aufgehöhte Gelände von Billbrook bis Finkenwerder und Harburg. Mit dem fremden Sandboden kamen viele Pflanzenarten in das Gebiet, die es hier vorher nicht gegeben hatte. Zwischen Bahngleisen und in der Umgebung von Raffinerien bildeten sich ausgedehnte Trockenrasen mit Pflanzen, die an ihren ursprünglichen Standorten bereits sehr selten geworden waren wie Zypressen-Wolfsmilch *Euphorbia cyparissias* oder Gewöhnliche Ochsenzunge *Anchusa officinalis*. Aber leider sind auch diese wertvollen Standorte bereits wieder durch den Umbau des Hafens bedroht.

Alter Moorburger Hafen 27

Nicht schön im romantischen Sinne:
Tidebeeinflusstes Trittsteinbiotop im Hafen
hinter dem Kohlekraftwerk

Der Alte Moorburger Hafen birgt einen kleinen Schatz
elbtypischer Arten. So wächst in den Schüttungen der
Ufer vereinzelt die Schlamm-Schmiele, weiter treten
Sumpf-Greiskraut, Sumpfdotterblume und seit Kurzem
auch wieder – gezielt angepflanzt – der ► Schierlings-
Wasserfenchel (S.109) auf. Es handelt sich um einen
kurzen Sack-Elbarm. Seine Ufer sind durch Einschüt-
tungen mit Bauschutt und anderem überprägt. Der bei
Niedrigwasser trockenfallende Boden zeigt mit Beton-
resten und Schienenstücken deutlich, dass wir im Hafen
sind. Der westlich angrenzende Abwrack-Betrieb wurde
vor kurzem geschlossen und geräumt. Reste seiner Tätig-
keit sind im Gelände noch erkennbar. Der Botanische Verein hat immer wieder auf die Bedeutung dieses Biotops
hingewiesen und dadurch zu seinem Erhalt beigetragen.

Früher war hier ein Anlegesteg für Fährschiffe von und
nach Moorburg. Davon ist heute nichts mehr zu erkennen. Der Osten von Moorburg ist Industrieanlagen gewi-
chen, von diesen kann eine starke Geruchsbelästigung
ausgehen.

Lage
Moorburg, versteckt östlich
des Kraftwerks
Anfahrt
S3 oder S31 bis Harburg
Rathaus, dann Bus 157 bis
Moorburger Kirche
Weginformation
Stichweg 1,5 km,
Ufer mit Vorsicht begehen und
auf Tidestände achten!
Jahreszeit
Ab Juni, aber auch zu
anderen Jahreszeiten reizvoll

Tidelebensraum und Hafennutzung

Der Weg von der Bushaltestelle führt auf das mittlerweile stillgelegte Kohlekraftwerk Moorburg (1) zu, welches die Gebietskulisse noch dominiert. Am Wegrand kann ein Blick auf die Ruderalflora interessant sein. Kurz hinter dem Kraftwerk beginnt eine Metallspundwand, durch die unser Weg nach kurzer Strecke hindurchführt (2). Angler fahren meist mit ihren Autos den ganzen Weg hinein.

Von mehreren Stellen (3) sind zurzeit gute Einblicke in den kleinen Bereich des Tideröhrichts möglich. Das dürfte sich in den nächsten Jahren durch das Aufkommen von Gehölzen wieder ändern. An der Südseite (4) ist das schlammige Ufer bei Ebbe betretbar. Neben Schierlings-Wasserfenchel wachsen hier Elb-Spitzklette, Wasser-Miere und Echte Brunnenkresse. Alle Pflanzen sind meist mit einer feinen Schlammschicht aus früheren Überflutungen bedeckt.

Auch am Kopfende ist das Ufer nur mit Vorsicht betretbar. Die Steine liegen zum Teil nur lose in der Böschung. Hier bietet sich ein Ausblick auf Süderelbe und Hafenbereiche (5). *GB*

Wasser-Miere

Schierlings-Wasserfenchel

Bei Ebbe ist der Hafen begehbar

Pflanzenliste
Bleicher Ehrenpreis
  Veronica catenata
Echte Brunnenkresse
  Nasturtium officinale
Elb-Spitzklette *Xanthium albinum*
Gewöhnliche Pestwurz
  Petasites hybridus
Gewöhnlicher Wolfstrapp
  Lycopus europaeus
Schierlings-Wasserfenchel
  Oenanthe conioides
Sumpf-Greiskraut
  Senecio paludosus
Sumpfdotterblume *Caltha palustris*
Schlamm-Schmiele
  Deschampsia wibeliana
Wasser-Miere *Stellaria aquatica*

Elb-Endemiten

Endemiten sind Pflanzen oder Tiere mit einem eng umgrenzten Verbreitungsgebiet. Elb-Endemiten sind Organismen, die nur an der Elbe vorkommen und zwar nur im Süßwasser-Tidegebiet der Elbe zwischen Glückstadt und Geesthacht. Es geht hier um zwei Arten, den Schierlings-Wasserfenchel *Oenanthe conioides* und die Schlamm-Schmiele *Deschampsia wibeliana*. Was zeichnet sie aus? Sie leben an Orten, die zweimal täglich von Süßwasser überflutet werden und haben sich diesen Bedingungen in ganz besonderer Weise angepasst.

Schierlings-Wasserfenchel

Die prominenteste Pflanzenart Hamburgs. Es gibt sie tatsächlich nur an der Elbe zwischen Glückstadt und Geesthacht und sonst nirgends auf der Welt. Und dann noch im Schlick an Stellen, die man besser nicht ohne Gummistiefel aufsuchen sollte, wie überschwemmte Weidengebüsche und Schilfröhrichte. Eine Herausforderung für den Naturschutz: Wie schützt man eine seltene Pflanze in einem dynamischen und stetigen Veränderungen ausgesetztem Lebensraum wie dem Elbufer? Und eine politische Pflanze: Sie ist nach europäischem Recht geschützt, und Deutschland und die Elbanrainer Hamburg, Schleswig-Holstein und Niedersachsen sind dafür verantwortlich, dass sie trotz Hafenausbau und Elbvertiefung nicht ausstirbt. Weitere Informationen unter www.botanischerverein.de Suche: Schierlings-Wasserfenchel

Schlamm-Schmiele

Weniger prominent und weniger gefährdet, aber dennoch eine hamburgische Spezialität. Dieses Gras kam ursprünglich am Hohen Elbufer vor, zwischen Neumühlen und Blankenese, dort wo das Mittlere Tidehochwasser den Geesthang erreichte. Ein unsicherer Lebensraum, der ständig in Bewegung war, eigentlich lebensfeindlich, aber die Schlamm-Schmiele kam damit zurecht. Und nicht nur das: Sie hat es auch geschafft, sich an den Hafen- und Stromausbau anzupassen. Heute ist der größte Teil der Elbufer durch Steinpackungen geschützt, und in eben diesen Steinpackungen hat die Schlamm-Schmiele eine neue Heimat gefunden, von Geesthacht bis Glückstadt. Die meisten Pflanzen kann man zwischen Teufelsbrück und Blankenese finden.

Hasselbrack und Harburger Berge 28

Durch das Tal der Farne auf Hamburgs
höchsten Gipfel

Die Harburger Berge liegen auf der Altmoräne und bil-
den den nördlichsten Ausläufer der Lüneburger Heide.
Das bewegte Relief entstand während der letzten Eiszeit.
Damals waren die Gletscher zwar nicht mehr bis in die
Harburger Berge vorgedrungen, jedoch war der Boden
dauergefroren und taute im Sommer nur in den obersten
Schichten auf, die dann, dem Gefälle folgend, Richtung
Elbtal abrutschten. So entstanden die typischen Steil-
hänge und engen Trockentäler.

Lage
Harburger Berge im Süden
Hamburgs
Anfahrt
S3 oder S31 bis Neugraben,
dann Bus 240 bis Endhalte-
stelle Waldfrieden.
Parkplätze vorhanden
Weginformation
Rundweg, 7 km, der Weg führt
in Teilen durch das NSG Fisch-
beker Heide
Jahreszeit
Mai bis Juli
Tipp
Gaststätte »Waldschänke« am
Heidefriedhof. Lohnend ist auch
ein Ausflug in die nah gelegene
Neugrabener Heide mit dem
sagenumwobenen Falkenberg.

Waldweg in den Harburger Bergen

Wald-Sauerklee

Auf den mageren Böden stocken gut ausgeprägte Buchen- und Mischwälder, teils auch Reste dichter Nadelforste. In feucht-schattigen Tälchen gedeihen Farne in faszinierender Vielfalt und Üppigkeit, dazu kann man seltene Johanniskräuter finden.

Unser Weg beginnt an der Kehre des Falkenbergwegs und führt über eine ehemalige Ackerfläche, auf der man heute oft der Schnuckenherde des benachbarten Schafstalls bei der Arbeit begegnen kann, in den Wald hinein. Hier treffen wir bereits auf Adlerfarn, der aus dem Wald in die Wiese vordringt. Der Moisburger Stein (1) wurde 1750 von Georg II., König von Irland und England und Kurfürst von Braunschweig-Lüneburg, aufgestellt, um einen Teil des Waldes von dem Gemeinwald, der allen zugänglich war, abzugrenzen. Er zeigt neben dem königlichen Wappen eine Wolfsangel, ein auf Grenzsteinen häufig zu findendes, als Warnung dienendes Symbol. Am Rand des breiten Waldweges blüht Fingerhut, und der Waldboden ist dicht mit Blaubeeren bewachsen. Bald folgen wir dem gut zu gehenden Reitweg nach links. Auf dem Boden und den angrenzenden Schultern wachsen die zarten Triebe des Niederliegenden Johanniskrautes (2). Dann wird der Weg enger und führt merklich bergan. Weiter gehen wir in einem kleinen Einschnitt, der immer üppiger mit Farnen bewachsen ist. Kurz nach einer Weggabelung ist rechts der seltene Buchenfarn (3) mit seinen abgespreizten Endfiedern zu entdecken, nach wenigen Hundert Metern gefolgt von den zarten Wedeln des ebenfalls sehr seltenen Eichenfarns (4). Auf beiden Böschungen ist der

Hamburgs höchster Punkt

Eichenfarn

Baumpilze an stehendem Totholz

Buchenfarn

Farne

Die meisten Farne lieben es feucht und schattig, das hängt mit ihrer Fortpflanzung zusammen. Sie vermehren sich nicht durch Samen, sondern durch staubfeine Sporen, die auf der Unterseite der Blätter in braunen Sporenlagern gebildet werden. Nur auf feuchtem Boden keimen diese Sporen zu mikroskopisch kleinen geschlechtsreifen Pflanzen aus, und nur auf feuchtem Boden findet eine Befruchtung statt, durch die sich dann wieder neue Farnpflanzen bilden. Der komplizierte Vorgang wurde erst im Jahre 1851 durch den Heidelberger Buchhändler Wilhelm Hofmeister entdeckt. Vorher glaubte man, dass Farnsamen ausschließlich am Vorabend des Johannistages gebildet würden; wer sie sammelte, konnte sich damit unsichtbar machen …

Rippenfarn (5) zahlreich vertreten. Der Rippenfarn hat zwei verschiedene Typen von Farnwedeln: die immergrünen, breit gefiederten sterilen Wedel, die den Winter überdauern, und daneben die hellgrünen, kammfein geschlitzten und aufrecht wachsenden Wedel, die Sporen tragen und für die Fortpflanzung zuständig sind. Dazu findet man ein dichtes Gewirr von Dornfarn, Wurmfarn und Frauenfarn.

Auf einer kleinen Terrasse führt der Weg an einer Traubeneichenschonung vorbei. Immer wieder kommen wir an kleinen Beständen des Schönen Johanniskrauts vorbei. Wir steigen nun steiler bergan und erreichen schließlich den Gipfel des Hasselbracks (6), der mit 116 m über NN höchsten Erhebung auf Hamburger Gebiet. Hier kann, wer möchte, seinen Namen im Gipfelbuch verewigen oder eine kleine Gipfelrast einlegen. Kurioserweise steigt der Weg hinter dem Hasselbrack auf niedersächsischem Gebiet weiter an. Im Frühling ist der Boden bedeckt mit den zarten weißen Blüten des Siebensterns (7), der sich im Rohhumus der Nadelwälder sehr wohlfühlt.

Bald darauf halten wir uns links und kommen an stehendem Totholz, dicht bestanden mit malerischen Baumpilzen, vorbei. Der breite Waldweg, auf den wir stoßen, führt uns in Schleifen gemütlich zum Ausgangspunkt zurück. *CW*

Pflanzenliste
Farne
Adlerfarn *Pteridium aquilinum*
Buchenfarn *Phegopteris connectilis*
Eichenfarn *Gymnocarpium dryopteris*
Gewöhnlicher Frauenfarn
  Athyrium filix-femina
Gewöhnlicher Wurmfarn
  Dryopteris filix-mas
Rippenfarn *Blechnum spicant*
Kräuter
Niederliegendes Johanniskraut
  Hypericum humifusum
Roter Fingerhut *Digitalis purpurea*
Schönes Johanniskraut
  Hypericum pulchrum
Siebenstern *Trientalis europaea*
Wald-Sauerklee *Oxalis acetosella*

Siebenstern
Sieben ist eine magische Zahl. Es gibt sieben Sakramente, Freie Künste, Weltwunder, Tugenden, Laster, Wochentage und nach alter Zählung sieben Planeten. Und es gibt darüber hinaus den Siebenstern als ein dunkles und schwer zu deutendes alchemistisches Symbol. Die bescheidene Pflanze, die bei uns in der Laubstreu von sauren Laub- und Nadelwäldern wächst, hat mit all dem wenig zu tun. Aber hübsch ist sie, und es lohnt, sie aus der Nähe anzuschauen. *Trientalis europaea* ist ein Primelgewächs, bei dem die Blütenblätter nur am Grunde verwachsen sind; man kann die Blumenkrone zusammen mit den Staubblättern im Ganzen abzupfen. Im Pflanzenreich sind sieben Blütenblätter eine große Besonderheit. Die meisten heimischen Pflanzen haben nur drei, fünf oder sechs. Zählen Sie nach!

Bezirk Hamburg-Mitte:
Elbe und Hafen – Gegensätze am Fluss

Elbe, Hafen, Verkehr und Industrie prägen den Bezirk Mitte. Ein Bezirk der Gegensätze! Nur wenige Kilometer entfernt von Hafenbecken und Containerstellflächen gibt es Marschwiesen und Äcker. Und wieder ein paar Kilometer weiter tauchen wir im Heuckenlock in eine urwaldhafte Weiden- und Pappelwildnis ein.

Die Elbe bei Hamburg ist ein Süßwasserfluss, aber sie steht doch unter dem Einfluss der Nordsee. Bis zum Sperrwerk Geesthacht wirken Ebbe und Flut, es gibt zweimal am Tag Hoch- und Niedrigwasser. Die Ufervegetation ist diesem Wechsel zwischen Überflutung und Trockenfallen angepasst. Süßwasserwatten, Tideröhrichte oder Tideauenwälder sind typische Lebensräume für die Tide-Elbe, und im Bezirk Mitte lassen sie sich ohne großen Aufwand auf Exkursionen erkunden. Ein Blick in den Tide-Kalender ist vor Exkursionsstart Pflicht. Eine Besonderheit ist der Schierlings-Wasserfenchel, der nur schlickige Standorte um den mittleren Tide-Wasserstand besiedelt. Er kommt nur an der Elbe bei Hamburg vor. Aktuell hat er im Bezirk Mitte seine größten Vorkommen.

Die Elbe ist Verkehrsweg für Güter und so auch für Pflanzen. Im Hafen kommen – früher mehr als heute – Pflanzen aus aller Welt an. Einige trifft man, wenn man durch das Hafengebiet stromert. Veränderungen sind hier an der Tagesordnung. Gibt es auch eine Charakterpflanze für Hafen und Verkehr? Wie wäre es mit dem Schmalblättrigen Greiskraut (▶ S. 123), das wohl mit Schafswolle aus Südafrika nach Deutschland kam und sich in Hamburg zuerst auf trockenen Standorten im Hafen ausbreitete, bevor es nach und nach fast alle Autobahnen und Eisenbahnlinien eroberte?

Das Klebrige Greiskraut besiedelt Schuttplätze, Wegränder und Bahngelände

Bezirk Hamburg-Mitte

Elbufer bei Cranz mit Blick auf Neßsand

29

Rund um das Mühlenberger Loch: Tideauen und Süßwasserwatten auf Sand und Schlick

Südlich der Hauptfahrrinne der Unterelbe zwischen Wittenbergen und Wedel erstreckt sich eine Insel, die seit 1941 durch Aufschüttung und Aufspülung von Flusssedimenten aus den ehemals getrennten Inseln Schweinesand, Neßsand und Hanskalbsand entstanden ist. Die Insel, von Cranz aus gut zu erkennen, ist Naturschutzgebiet und darf nur teilweise betreten werden. Sie ist mit naturnaher, tidebeeinflusster Auenvegetation bestanden und ist Lebensraum sowie Rast- und Brutplatz zahlreicher Vogelarten. Die Sedimentations- und Erosionsdynamik des Tideflusses Elbe kann hier anschaulich erlebt werden: Vor einigen Jahren bildete sich zwischen Neßsand und Schweinesand eine Erosionsrinne, sodass Schweinesand heute wieder eine getrennte Insel ist.

Lage
Elbufer bei Cranz, Deichvorland des Cranzer und Neuenfelder Hauptdeichs

Anfahrt
Bus 150 oder Fähre ab Blankenese bis Sperrwerk Estemündung oder Cranzer Elbdeich. Zu den Inseln Neßsand, Schweinesand und Hanskalbsand gibt es keine öffentliche Verkehrsanbindung; hin und wieder gibt es organisierte Exkursionen nach Neßsand.

Weginformation
4,5 km am Deichfuß entlang. Auf Tidenstände achten!

Naturschutz
NSG Mühlenberger Loch / Neßsand und FFH-Gebiet, Betreuung durch die Gesellschaft für ökologische Planung (GÖP) und den NABU Hamburg.

Durch Erosion entstandene Abbruchkante am Nordufer von Neßsand (Fahrwasserseite)

Ein Teil des Baumbestandes der Insel, wie die euro-amerikanischen Pappel-Hybriden, entstammt Anpflanzungen, während sich der krautige Artenbestand der Aue spontan entwickelt hat. Südlich von Neß- und Schweinesand befinden sich ausgedehnte Schlickwattflächen, Rohrkolben-Röhrichte und Dotterblumen-Schilf-Röhrichte. Das Südufer von Hanskalbsand ist mit Weidengebüschen und Röhrichten bewachsen. Letztere bestehen vorwiegend aus Strand-Simse und Salz-Teichsimse.

Die hoch gelegenen Sandflächen der Insel sind von artenarmen Trockenrasen und Land-Reitgrasbeständen bewachsen, stellenweise treten hier bodenlebende Flechten mit zahlreichen Arten auf, u.a. *Cladonia furcata* und *Cl. portentosa* sowie *Peltigera rufescens* und *P. canina*.

Strand-Simse

Auenwald und Rohrglanzgras-Röhricht am Sandufer

Weiden-Auenwald auf Neßsand

Pflanzenliste
Echte Engelwurz
Angelica archangelica
Geflügelte Braunwurz
Scrophularia umbrosa
Gewöhnlicher Wolfstrapp
Lycopus europaeus
Knotige Braunwurz
Scrophularia nodosa
Land-Reitgras
Calamagrostis epigejos
Rohr-Glanzgras
Phalaris arundinacea
Salz-Teichsimse
Schoenoplectus tabernaemontani
Schilf *Phragmites australis*
Strand-Simse
Bolboschoenus maritimus
Sumpfdotterblume
Caltha palustris
Wasser-Greiskraut
Senecio aquaticus
Wiesen-Bärenklau
Heracleum sphondylium

Die Uferstandorte bei Cranz und Neuenfelde (1, 2) entstanden vorwiegend durch Sedimentvorspülungen, hier im Zusammenhang mit der Vorverlegung des Landesschutzdeiches und der Abdämmung der Alten Süderelbe nach der Sturmflut von 1962. Das Deichvorland wurde mit Pappeln und Weiden bepflanzt. Vor allem das Vorland des Cranzer Hauptdeiches westlich des neuen Estesperrwerks ist einen Besuch wert, weil hier – wie auf Neßsand – eine naturnahe Tideaue entstanden ist, in der die meisten der dafür charakteristischen Pflanzenarten vorkommen. Beeindruckend sind vor allem die üppigen Hochstaudenfluren mit über mannshohen Exemplaren der Küsten-Engelwurz. *HP*

Strandsimsenröhrichte, im Hintergrund das Hohe Elbufer bei Wittenbergen

Wie unterscheide ich Schilf von Rohr-Glanzgras?

Ganz einfach: Beim Rohr-Glanzgras *Phalaris arundinacea* finden wir an der Basis des Blattes am Übergang zum Stängel ein sogenanntes Blatthäutchen (Ligula) vor, das zwischen 3 und 10 mm lang sein kann. Beim Schilf *Phragmites australis* gibt es keine Ligula, sondern nur einen Wimpernkranz aus etwa 1 mm langen, dünnen Haaren. Beide sind hochwüchsige Gräser, und beide kommen im Röhricht an Gewässern vor. Üblicherweise ist das Schilf wuchskräftiger und höher (oft über 3,5 m), aber gerade an den Ufern der Tide-Elbe kann auch das Rohr-Glanzgras erhebliche Höhen erreichen. Da lohnt es sich, genauer hinzusehen.

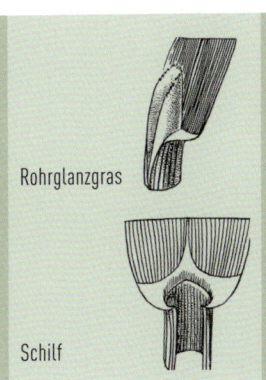

Rohrglanzgras

Schilf

Halbinsel Entenwerder

30

Ideal für eine stadtnahe Kurzexkursion
zur Elbbotanik

Anfahrt
Bus 3, 119, 130 bis Billhorner
Mühlenweg oder Bus 530 bis
Entenwerder Stieg
Tipp
Einkehrmöglichkeit im »Café
Entenwerder« am Anleger an der
Elbe und im »Entenwerder Fähr-
haus«, Entenwerder Stieg 6-8

Entenwerder oder Pferdewerder lag früher als Insel
(Werder) im Fluss und wurde damals auch als Weide-
fläche für Pferde genutzt.

Nach Überqueren der Straße Billwerder Neuer Deich
erreicht man eine Sandfläche, die von zahlreichen Kanin-
chenbauten durchsetzt ist. Sehr früh im Jahr blüht das
Frühlings-Fingerkraut, es hat hier einen seiner wenigen
Fundorte auf Hamburger Gebiet. In den Sommermonaten fallen besonders Gewöhnliche Ochsenzunge, Acker-
Krummhals und Gewöhnlicher Natternkopf auf.

Über den Alexandra-Stieg gelangt man zum östlichen
Ende des Hakens, ein teilweise zugeschüttetes Hafenbe-
cken. Dort bietet der tidebeeinflusste flache Uferbereich
Raum für viele interessante Arten wie Braunes Zypergras,
Elbe-Liebesgras, Einjährigen Beifuß, Fremden Ehren-
preis, Schlammling und diverse Zweizahn-Arten. Neben
dem Gemeinen Wasserfenchel keimen vereinzelt auch
Exemplare des ▸ Schierlings-Wasserfenchels (S. 109).

Überquert man die Wiesenflächen der Entenwerder-
Halbinsel nach Süden, gelangt man an das Ufer der
Norderelbe. Es ist dicht mit Weiden bestanden, darunter
auch die eingeführte Sandbank-Weide. Auffällige Arten
sind hier ▸ Schlamm-Schmiele (S. 109), Orientalisches
Zackenschötchen, Gelbe Wiesenraute, Knolliger Kälber-
kropf, Echte Engelwurz, Wasser-Greiskraut, Schlangen-
Lauch sowie verschiedene Seggenarten. *DW*

Blick in den Haken

Uferröhricht und Schlickfäche im
Haken bei Ebbe

Hamburger Hafen

31

Trotz steten Wandels: Immer noch gibt es Vieles
zwischen Gleisen und Brachen zu entdecken

Der Hafen ist eines der ungewöhnlichsten botanischen
Exkursionsgebiete Hamburgs, für das sich im Laufe der
letzten 100 Jahre viele Botanikergenerationen interes-
siert haben. Besonders ältere Hafenanlagen mit ihren
Kanälen, Hafenbecken, Speichern, kleinen Werften und
Gewerbegebieten lassen Platz für kleinflächige Brachen.
Hier finden sich zuweilen auch heute noch artenreiche,
kurzlebige Ruderalgesellschaften wie die farbenfrohen
Natternkopf-Steinklee-Fluren mit bis zu 60 Pflanzenarten pro 25 m². Hier gibt es viele Neophyten, also Pflanzenarten, die aus anderen Erdteilen eingeschleppt wurden
und die sich einbürgern konnten. Dazu zählt auch der aus
Nordamerika stammende Weidenblättrige Ampfer, der
häufig an Uferverbauungen der Kanäle und Hafenbecken

Anfahrt
S1, S2, S3 oder U3 bis Landungs-
brücken, dann zu Fuß oder besser
per Rad durch den Alten Elbtunnel
bis zum Tunnelausgang in Steinwerder. Oder bis S-Veddel oder
S-Wilhelmsburg

Weginformation
Fahrrad- oder Wanderroute, 12 km

Tipp
Wegen des starken Lkw-Verkehrs
im Hafen empfiehlt es sich,
die Tour am Wochenende zu
unternehmen.
Als Einstimmung in den Hafen:
Besuch im Hafenmuseum
Hamburg, Kopfbau des Schup-
pens 50 A, Australiastraße

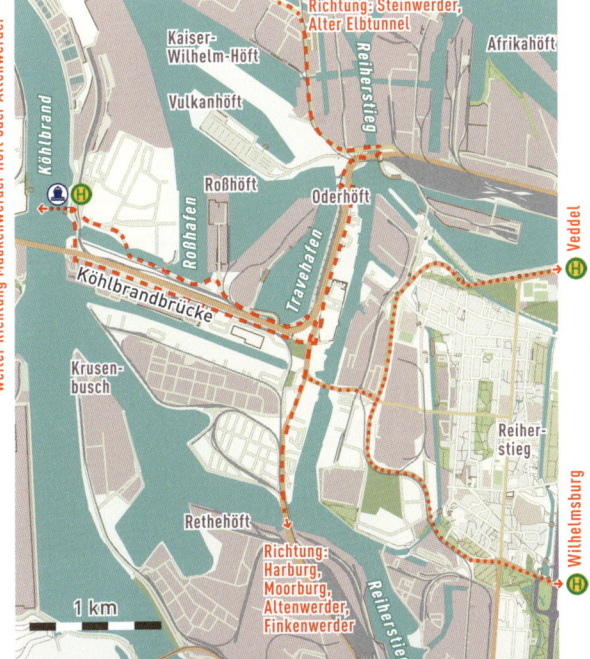

Land-Reitgras

wächst. Andere Uferverbauungen sind mit dichten Beständen der Schlamm-Schmiele bewachsen, die im Tidegebiet von Elbe, Eider und Weser endemisch ist. An Gleisanlagen, Ufern und in der Umgebung von Verladeeinrichtungen treten vor allem im Spätherbst exotische Pflanzenarten auf, die mit Waren wie Ölsaaten, Soja und Getreide eingeschleppt werden, die sogenannte ▶ Adventivflora (S.124).

Der Anteil dieser Gruppe von Pflanzenarten verminderte sich in den letzten Jahren kontinuierlich, bedingt durch den grundlegenden Strukturwandel in der Hafenwirtschaft: Die Containerwirtschaft wurde stark ausgeweitet, während die Stückgutverladung stark zurückging. Saatgut und Futtermittel enthalten weniger Verunreinigungen, und die Technik der Umladung wurde zur Reduzierung der Staubbelastung der Umgebung grundlegend verbessert. So fällt weniger Saat »daneben«.

Viele Flächen im Hafen und am Hafenrand sind ehemalige ▶ Sand-Spülfelder (S.143). Soweit sie unbebaut und sich selbst überlassen wurden, sind sie großflächig von Land-Reitgrasbeständen oder artenreicheren Trockenrasen bewachsen.

Da das gesamte Hafengebiet einem sehr schnellen Nutzungswandel unterliegt, ist es kaum möglich, botanisch interessante Orte im Gebiet genau zu benennen. Diese Angaben wären schon nach kurzer Zeit veraltet.

Pflanzenliste

Echter Steinklee
Melilotus officinalis
Elbe-Liebesgras *Eragrostis albensis*
Gewöhnlicher Natternkopf
Echium vulgare
Gewöhnliche Ochsenzunge
Anchusa officinalis
Hasen-Klee *Trifolium arvense*
Land-Reitgras
Calamagrostis epigejos
Ruthenisches Salzkraut
Salsola tragus
Samtpappel *Abutilon theophrasti*
Sand-Wegerich *Psyllium arenarium*
Schlamm-Schmiele
Deschampsia wibeliana
Schmalblättriges Greiskraut
Senecio inaequidens
Schmalflügliger Wanzensame
Corispermun leptopterum
Tropisch-subtropische
Windenarten *Ipomoea spp*
Weidenblättriger Ampfer
Rumex triangulivalvis
Weißer Steinklee
Melilotus albus

Nutzungswandel im Hafen

Samtpappel

Schmalblättriges Greiskraut

Ochsenzunge und Pfeilkresse

Wir schlagen hier eine Fahrradroute auf größtenteils gut ausgebauten Wegen vor, die auch als Fußwanderung geeignet ist.

Die Erfahrungen der letzten Jahre haben gezeigt, dass entlang dieser Strecke und abseits davon immer wieder botanisch interessante Brachflächen zu finden sind. Allerdings sind einige dieser Flächen nicht frei zugänglich. Leider werden Brachen und Straßenrandstreifen häufig mit bodendeckenden Sträuchern bepflanzt. Durch diese kostspieligen Begrünungsmaßnahmen breitet sich städtisches Einheitsgrün auch im Hafen aus und verhindert die Entwicklung einer spontanen und damit standortgerechten Vegetation. Dies trifft erst recht auf die versiegelten Flächen der Containeranlagen zu.

Ergänzend kann Radfahrern empfohlen werden, mit der Fähre von Neuhof nach Waltershof überzusetzen und am linken Köhlbrandufer (Maakendamm) entlang bis zum Maakenwerder Höft zu fahren. Dort bietet sich ein ungewöhnlicher Blick auf die Elbe, den Hafen und den Containerterminal Waltershof. Westlich des Höfts befindet sich der Rest des ehemaligen Hafenbeckens »Maakenwerder Hafen«, wo heute Strandsimsen- und Dotterblumen-Schilf-Röhricht-Bestände wachsen. *HP, JvP*

Sand-Wegerich

Archäophyten	Neophyten	Unbeständige Arten

Klatsch-Mohn
Papaver rhoeas

Kompass-Lattich
Lactuca serriola

Peruanische Blasenkirsche
Physalis peruviana

Rainfarn
Tanacetum vulgare

Gewöhnlicher Stechapfel
Datura stramonium

Schöne Winde
Calystegia pulchra

Adventivflora im Hamburger Hafen

Unter dem Begriff »Adventivflora« fasst man die Pflanzenarten eines Gebietes zusammen, die aus anderen Klimazonen und Erdteilen eingeschleppt wurden. Man unterscheidet Archäophyten, die in vor- oder frühgeschichtlicher Zeit zu uns gelangten, und Neophyten (»Neubürger«), die nach 1492 in unser Gebiet kamen. Unbeständige Arten treten nur kurzzeitig nach Einschleppung auf und konnten sich (noch) nicht etablieren. Der Hamburger Hafen war früher wegen seiner artenreichen Adventivflora berühmt. Bei den Getreide- und Ölmühlen wurden exotische Unkrautsamen in die Umgebung geweht oder entsorgt und keimten dort aus, zur Freude der Hamburger und der auswärtigen Botaniker. Berühmte Standorte waren die Wollkämmerei in Wilhelmsburg, die Schrotmühle in Harburg, die Ölmühle in Neuhof und der Rethespeicher auf der Hohen Schaar. Zu den Spezialitäten der Hamburger Adventivflora zählten der Graue Bastardsenf *Hirschfeldia incana* und das Schlagkraut *Iva xanthiifolia*. Der Strukturwandel des Hafens mit dem Übergang zur Containerwirtschaft hat dieser Vielfalt leider ein Ende gesetzt.

Heuckenlock und Auenlandschaft Norderelbe

32

Unser größtes und artenreichstes Süßwasser-Auengebiet unter Tideeinfluss

Böden und Vegetation des Heuckenlocks sind durch die gezeiten- und jahreszeitenabhängigen Überflutungen geprägt. Das Relief des Gebietes wird durch einen großen und eine Reihe kleiner Priele sowie durch mehrere unterschiedlich hohe, sandige Uferwälle bestimmt. Wegen des Binnenschiffsverkehrs ist das Ufer zur Süderelbe durch Steinverbauung gegen Erosionsschäden gesichert.

An beiden Seiten des Prielsystems erstrecken sich auf teilweise mächtigen Schlickablagerungen ausgedehnte Tideröhrichte. Einen guten Überblick erhält man von der Brücke über den großen Priel (1). Sumpfdotterblume und Schilf entwickeln sich hier sehr üppig.

Die Uferwälle sind von Weidengebüschen, Hochstaudenfluren und Weichholz-Auenwäldern bewachsen. Im Sommer mutet der Auenwald mit einer häufig mannshohen, fast undurchdringlichen Krautschicht exotisch an. Lianen wie Hopfen, Kletten-Labkraut und Zaun-Winde und die parasitisch lebende Europäische Seide durchziehen das Gebiet. Die Strauchschicht besteht aus Weiden, Schneeball und verschiedenen Weißdornarten sowie

Lage
Norduofer der Süderelbe, östlich der Süderelbbrücken

Anfahrt
Heuckenlock: S3 oder S31 bis Wilhelmsburg, dann Bus 351 bis Heuckenlock oder Freiluftschule Moorwerder.

Weginformation
Bei hoch auflaufenden Fluten ist der Weg im Heuckenlock überflutet und nicht begehbar!

Naturschutz
NSG Heuckenlock und NSG Auenlandschaft Norderelbe, alle betreut durch die Gesellschaft für ökologische Planung (GÖP)

Tipp
Elbe-Tideauenzentrum »Bunthaus«, ein Auen-Infozentrum mit Kaffeeausschank (2). Bunthäuser Spitze mit Leuchtturm und Aussichtspunkt.

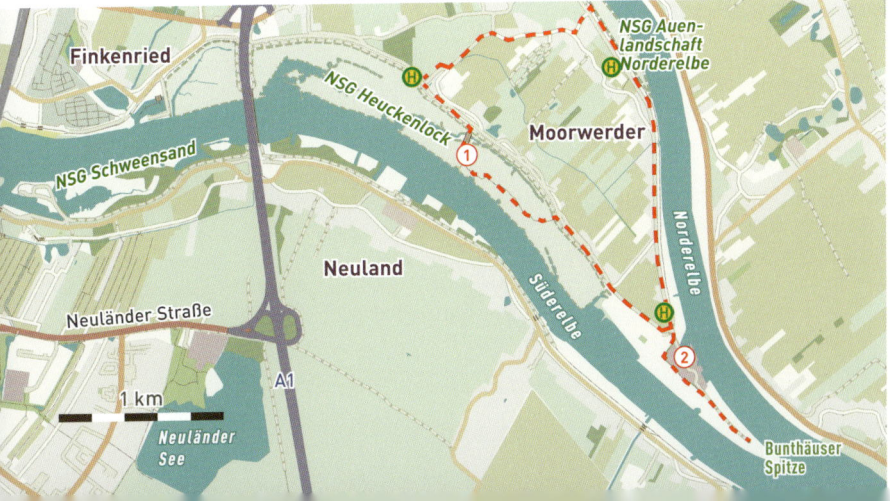

Ebbe im Heuckenlockpriel

Pflanzenliste

Europäische Seide *Cuscuta europea*
Fluss-Greiskraut
  Senecio sarracenicus
Hopfen *Humulus lupulus*
Knoblauchsrauke *Alliaria petiolata*
Knolliger Kälberkropf
  Chaerophyllum bulbosum
Kohl-Kratzdistel *Cirsium oleraceum*
Kratzbeere *Rubus caesius*
Schierlings-Wasserfenchel
  Oenanthe conioides
Schlamm-Schmiele
  Deschampsia wibeliana
Schlangen-Lauch
  Allium scorodoprasum
Silber-Weide *Salix alba*
Sumpfdotterblume *Caltha palustris*
Sumpf-Greiskraut
  Senecio paludosus
Verschiedene Klettenarten
  Arctium spp
Zaun-Winde *Calystegia sepium*

Auenwald im Heuckenlock

Tideauen

Pflanzen, die in der Elbtalaue bei Hamburg wachsen, müssen hart im Nehmen sein. Sie müssen es ertragen, zweimal am Tag überflutet zu werden und wieder trocken zu fallen. Außerdem müssen sie mit Wellenschlag, starker Strömung und Erosion ebenso zurechtkommen wie mit der Überschlickung ihrer Standorte. Andererseits bieten sich hier für Röhricht- und Auenwaldpflanzen optimale Entwicklungsmöglichkeiten: Das Flusswasser führt viele Nährstoffe mit sich und erlaubt den Pflanzen ein schnelles Wachstum, wodurch sie enorme Größen erreichen können. So wird das Schilf im Heuckenlock bis zu 3,5 m und die Sumpfdotterblume bis über 1 m hoch. Typische Baumarten des Tide-Auenwaldes sind Weiden, Pappeln, Eschen und Stieleichen.

dem Pfaffenhütchen mit einigen viele Jahrzehnte alten Exemplaren. Zur Baumschicht gehören Silber-Weide, Schwarz-Pappel und die in den 30er und 50er Jahren gepflanzten euro-amerikanischen Pappel-Hybriden, von denen viele bereits umgestürzt sind. An den am höchsten gelegenen Stellen des Uferwalls zeigt die Vegetation Merkmale des Hartholz-Auenwaldes. In den Pappeln im Westen des Gebietes nistet seit 2012 ein Seeadlerpaar und zieht, meist erfolgreich, seine Jungen groß.

Der Herbstaspekt der Hochstaudenfluren wird durch die gelben Blüten von Fluss- und Sumpf-Greiskraut geprägt: Im September kommen die zum Teil großflächig vorhandenen Bestände des Fluss-Greiskrauts zur Blüte. Im Oktober folgt das seltenere, horstförmig und höher wachsende Sumpf-Greiskraut mit seinen leuchtend hellgelben Blüten.

Die beschriebene naturnahe Auenvegetation des Heuckenlocks entstand mit Ausnahme der Baumpflanzungen durch natürliche Regeneration nach der Aufgabe der früheren Nutzung. Bis in die 1970er Jahre wurde das Gebiet als Schafweide, für Obstanbau und zum Schnitt von Reet und Weidenruten genutzt. Heute werden nur drei Flächen regelmäßig gemäht, um Populationen der ▶ Schachblume (S. 192) zu erhalten.

Seit einigen Jahren hat sich das Drüsige Springkraut (▶ Neophyt) auf den sandigen Uferwällen und teilweise bis in die Röhrichte stark ausgebreitet, wodurch im Spätsommer die violetten Blüten dieser Art die Farbgebung des Auwaldes bestimmen.

In der Umgebung gibt es am Elbufer einige schmale Bereiche, die dem Heuckenlock ähneln, wie das NSG Schweenssand und die Gebiete an der Bunthäuser Spitze und entlang der Norderelbe. Sie sind jedoch teilweise durch Aufspülungen verändert, und der höher gelegene Auenwald fehlt. Es gibt dort keine Wege, jedoch sind Wanderungen entlang des Deichfußes möglich.

Der eingedeichte Bereich von Moorwerder wird wegen seiner guten Böden schon seit vielen Generationen für den Gemüseanbau genutzt. Die bunten Salatreihen sind vom Deich aus gut zu erkennen und bilden einen starken Kontrast zu den außendeichs gelegenen naturnahen, tideabhängigen Auengebieten. *HP*

Sumpfdotterblume

Hopfen

Moorwerder ist Gemüse-Anbaugebiet

Neuwerk und Scharhörn

33

Hamburgs Inseln im Nationalpark Wattenmeer

Neuwerk und die Inseln auf der Scharhörn-Plate gehören zur Freien und Hansestadt Hamburg. Der markante Turm auf der Insel wurde 1310 fertiggestellt und ist heute das älteste Gebäude Hamburgs. Sein Leuchtfeuer erhielt der Turm 1814.

Das Nordsee-Wattenmeer ist das größte Wattenmeer der Welt. Die Pflanzenwelt der Salzwiesen wird von Salz, Wind und Überflutungshäufigkeit bestimmt. Gelegentlich gibt es Sturmfluten, die auch Gebiete oberhalb der normalen Hochwasserstände beeinflussen. Das Zusammenwirken von abiotischen ökologischen Faktoren wie Überflutungsdauer und Salzgehalt führt zu einer meist nach Höhenlage differenzierten Verteilung der Pflanzen und Kleintiere im Wattenmeer.

Viele der hier lebenden Pflanzensippen haben ihr Mannigfaltigkeitszentrum in den Salzsteppen Kleinasiens. Einige Vertreter der Gänsefußgewächse und Korbblütler wie die Küsten-Kamille sind von der Küste auch als Ackerwildkräuter in unsere Äcker weitergewandert.

Strandflieder und Ost-Bake im Vorland von Neuwerk

Lage
In der Elbmündung, 15 km nordwestlich von Cuxhaven

Anfahrt
Bei Niedrigwasser ab Sahlenburg oder Duhnen zu Fuß oder mit Pferdewagen über das Watt. Der Weg ist gekennzeichnet. Man sollte nicht allein wandern und unbedingt Ebbe und Flut, Wasserstands- und Wettervorhersage beachten. Start: 3 Stunden nach Hochwasser, spätestens zu Niedrigwasser das Watt wieder verlassen! Die Gehzeit beträgt 2,5 – 3 Stunden. In den letzten Jahren frisst sich ein immer tiefer werdender Priel durch den Wattwanderweg! Bei günstiger Tide kann man in Kombination aus Wattweg und Schiffsreise an einem Tag hin und zurück gelangen.

Weginformation
In Zone I des Nationalparks ist die Durchquerung nur auf den gekennzeichneten Wegen erlaubt. Zone II steht auch der Erholung zur Verfügung. Scharhörn und die 1989 aufgespülte Insel Nigehörn sind Vogelschutzgebiete. Besucher dürfen sie nur nach telefonischer Anmeldung beim Vogelwart und geführt auf einem 8 km langen Wattweg betreten. Vogelwart Scharhörn: Tel. 04721 / 285 84.

Naturschutz
Nationalpark Hamburgisches Wattenmeer und UNESCO-Weltnaturerbe. Der Verein Jordsand betreut das Gebiet.

Tipp
Aktuelle Ausstellung über das Gebiet im Nationalpark-Haus. Hinweise zu den Inseln: www. nationalpark-wattenmeer.de/hh

Viele Salzwiesen der Nordsee sind stark durch Beweidung mit Schafen, Pferden und Rindern geprägt. Nur ohne Beweidung können sich die naturnäheren Kleinstrauchbestände aus Keilmelden entwickeln. Auf Neuwerk ist die Beweidung im Nordvorland (1) mittelmäßig intensiv. Hier wächst der Dünnschwanz. Das Ostvorland (2) ist seit 2004 von landwirtschaftlicher Nutzung frei und entwickelt sich seitdem natürlich. Am Ostende der Insel, zum Beispiel um die Ostbake (3) herum, befinden sich kleine Dünenreste. Die beste Übersicht bietet sich vom Deich (4), der den bewohnten Innengroden umgibt.

Strand-Beifuß

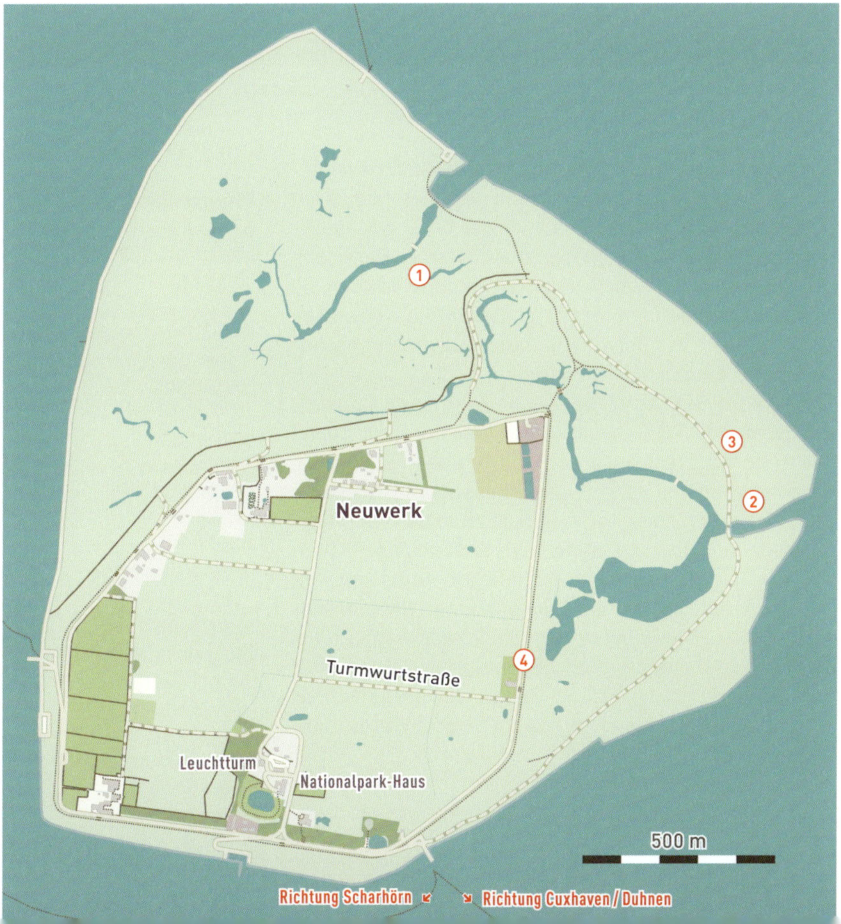

Neuwerk

Turmwurtstraße

Leuchtturm

Nationalpark-Haus

500 m

Richtung Scharhörn   Richtung Cuxhaven / Duhnen

Rastende Gänse und das älteste Gebäude Hamburgs, der Leuchtturm auf Neuwerk

Im Binnendeichsland treten kaum wattenmeertypische Arten auf, doch sind aufgrund der eher extensiven Bewirtschaftung größere Bestände des Großen Klappertopfs noch typisch. In offenen und verdichteten Bereichen kann auch das Mauseschwänzchen entdeckt werden. Es ist lohnend, außen am Inselrand die großen Salzwiesen zu umrunden. Das Ostvorland darf nur auf den gekennzeichneten Wegen betreten werden.

Die natürliche Salzwiesenentwicklung ist im Neuwerker Ostvorland auf dem markierten Weg durch die Zone I gut zu beobachten. Auch der Wattweg nach Scharhörn bietet seit einigen Jahren vor der Insel eindrucksvolle Blicke in die dort stark wachsenden Salzwiesen. Die Vegetation an der Küste ist zoniert: Im Watt wachsen Queller und Schlickgras, dann schließt die Andelzone mit Andelgras an, in der auch Strandflieder und Strand-Aster blühen. Etwas höher liegt die Rotschwingel-Zone, die bis zum Deichfuß reicht. Dort wachsen Grasnelke, Erdbeerklee und der Strand-Beifuß, der wegen seiner aromatisch duftenden Triebe auch Strand-Wermut genannt wird.

Pflanzenliste

Salzwiesen
Dornige Hauhechel *Ononis spinosa*
Dünnschwanz
Parapholis strigosa
Entferntährige Segge *Carex distans*
Erdbeer-Klee *Trifolium fragiferum*
Gewöhnliche Grasnelke
Armeria maritima
Queller *Salicornia europaea*
Strand-Aster *Aster tripolium*
Strand-Beifuß *Artemisia maritima*
Strandflieder *Limonium vulgare*
Dünen (Scharhörn)
Strand-Platterbse
Lathyrus maritimus
Strandroggen *Leymus arenarius*
Eingedeichtes Land
Großer Klappertopf
Rhinanthus serotinus
Mauseschwänzchen
Myosurus minimus
Wiesen-Flockenblume
Centaurea jacea

Queller auf der Salzwiese

Erdbeer-Klee

Strand-Aster

Das Wattenmeer ist ein wichtiges Brutgebiet für Vögel, weil es viel Nahrung bietet. Die Brandseeschwalbe kommt mit mehreren Hundert Brutpaaren auf Neuwerk vor. Weiter ist das Wattenmeer ein wertvolles Nahrungs- und Rastgebiet für zahlreiche Wat- und Wasservogelarten. Im Frühjahr und Herbst lassen sich die Vögel auf den Rastplätzen der Inseln gut beobachten. *HK*

Salzpflanzen

Von den etwa viertausend in Deutschland vorkommenden Pflanzenarten sind nur rund fünfzig in der Lage, salzhaltige Standorte zu besiedeln. Man bezeichnet sie als Salzpflanzen oder *Halophyten*. Sie nehmen das schädliche Kochsalz aus dem Boden auf, haben aber spezielle Methoden entwickelt, um es wieder aus ihrem Gewebe zu entfernen. So scheidet der Strandflieder das überschüssige Salz über spezielle Drüsen aus. Die Strandmelde lagert es in blasenförmigen Haaren ab, die später austrocknen. Die Strand-Aster akkumuliert Salze in alten Blättern bevor sie absterben. Der Queller nimmt zugleich mit dem Salz auch viel Wasser auf und speichert die verdünnte Salzlösung in seinen Stängeln. Sie schmecken daher salzig. Probieren Sie ihn: Queller wird auf Märkten als Gemüse angeboten.

Queller

Planten un Blomen mit Altem Botanischen Garten und Schaugewächshäusern

34

Botanik für die Mittagspause: Tropenpflanzen, Mittelmeerterrassen, Japangarten und Frühlingsblumen

Lage
Mitten in Hamburg.
Der Park Planten un Blomen (früher Wallringpark) ist 45 Hektar groß und reicht vom Kongresszentrum und Messegelände bis zum Millerntor.
Anfahrt
S11, S21 oder S31 bis Dammtorbahnhof oder U1 bis Stephansplatz
Jahreszeit
Im Freiland von der Blüte der Märzenbecher im Frühjahr bis zum bunten Herbstlaub im Oktober, im Gewächshaus das ganze Jahr über
Tipp
Faltblatt »Alter Botanischer Garten in Planten un Blomen – Entdeckerstationen« unter www.botanischerverein.de/aktionen-und-projekte/entdeckerstationen
Der nördlich anschließende Teil des Parks ist ebenfalls einen Besuch wert.
Grunert, Heino (Hg.): Von der Festung bis Planten un Blomen. Die Hamburger Wallanlagen. 359 S., Dölling und Galitz Verlag, Hamburg 2020. Dieses prachtvoll ausgestattete Buch bietet einen hervorragenden Überblick über die 200-jährige Geschichte der Wallanlagen, mit einem ausführlichen Kapitel über den Alten Botanischen Garten.

Alte Sumpfzypressen mit Entdeckerstation

Der Alte Botanische Garten ist eine Naturoase: Botanik und Stadtgeschichte sind hautnah erlebbar. Dabei kann man sich von den elf Entdeckerstationen leiten lassen, die der Botanische Verein im Jahre 2006 hier eingerichtet hat. Am alten Haupteingang (1) führt der Blick über die Wasserfläche des Wallgrabens (10) und vorbei an der Bastion Rudolphus (11) – beides Reste der Hamburger Stadtbefestigung von 1616. Yoshikuni Araki gestaltete 1988 den Japanischen Landschaftsgarten (2), dieser bietet im Oktober mit seinem bunten Herbstlaub einen dramatischen Anblick. Die Sumpfzypressen (3) stammen aus der ersten Hälfte des 19. Jahrhunderts und gehören zusammen mit der 1821 gepflanzten Platane (4) zu den dendrologischen Attraktionen des Parks. Für den Botaniker sind die folgenden Stationen besonders interessant: Im blumenreichen Alpinum (6) laden verwunschene Pfade zu Entdeckungsreisen ein. Die Mittelmeerterrassen (7)

Papier-Maulbeerbaum

fangen wie ein nach Süden offener Hohlspiegel jeden Sonnenstrahl auf und gehören zu den wärmsten Orten Hamburgs: Schon im März kann man hier entspannt die Frühjahrssonne genießen. Mittelmeerterrassen, Schaugewächshaus und Johan-van-Valckenburg Brücke wurden zur Internationalen Gartenbauausstellung 1963 geschaffen und stehen als Ensemble unter Denkmalschutz. Der Narzissenhang (8) ist mit seinen vielen verwilderten Zwiebelpflanzen im Frühjahr die größte botanische Attraktion. Die vermauerten Eingänge des Bunkers (9) sind Zeitzeugen des Zweiten Weltkriegs.

Baumartige Pfeifenblume
(Gewächshaus)

Mittelmeerterrassen vor den Schaugewächshäusern

Altensteins Palmfarn

Die 1963 errichteten Schaugewächshäuser (5) sind Hamburgs Tor zur tropischen und subtropischen Pflanzenwelt. Sie gehören der ZEIT-Stiftung und werden vom Botanischen Garten der Universität betreut. Top-Attraktion sind das große Tropenhaus und die alten Palmfarne, die zum Teil noch aus der ersten Hälfte des vorigen Jahrhunderts stammen. Im Jahre 2021 soll mit der seit langem fälligen Renovierung und Modernisierung der Schaugewächshäuser begonnen werden. Sie werden daher für längere Zeit für das Publikum geschlossen bleiben. *HHP*

Pflanzenliste

Gewächshaus
Altensteins Palmfarn
  Encephalartos altensteinii
Baumartige Pfeifenblume
  Aristolochia arborea
Kakaobaum *Theobroma cacao*
(Früchte ganzjährig)
Kalebassenmuskatnuss
  Monodora myristica
Smaragdblume
  Deherainia smaragdina
Titanwurz *Amorphophallus titanum*
Freiland
Bitterorange *Poncirus trifoliata*
Papier-Maulbeerbaum
  Broussonetia papyrifera
Sumpfzypresse *Taxodium distichum*
Taschentuchbaum
  Davidia involucrata
Wilde Narzisse
  Narcissus pseudonarcissus
Wilde Tulpe *Tulipa sylvestris*

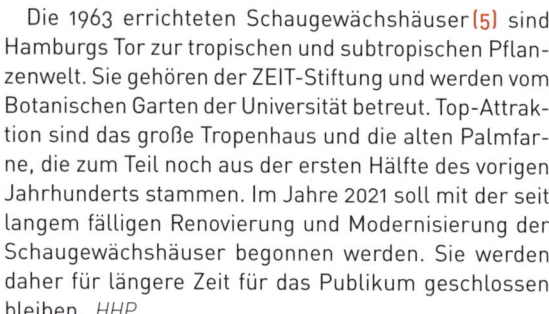

Frühlingsaspekt

Rund um den Holzhafen

35

Einzigartige Aussichten auf Strom und
Stadt – und die Umweltprobleme der Elbe
zum Anfassen nah

Das Sperrwerk Billwerder Bucht (1) wird nur bei Sturmfluten geschlossen. Normalerweise können Ebbe und
Flut ungehindert hier und in den ehemaligen Holzhafen
einschwingen. Hier floss früher die Norderelbe, aber
dann wurde sie für die Binnenschifffahrt fit gemacht und
1875 – 1879 nach Westen verlegt. Die so entstandene Elbinsel Kaltehofe wurde ab 1893 als »Wasserkunst« für die
Aufbereitung von Trinkwasser genutzt. Vorher hatte man
in Hamburg ungefiltertes und mit Keimen verseuchtes
Elbwasser getrunken, wodurch die verheerende Cholera-
epidemie von 1892 ausgelöst worden war.

Lage
Altes Hafenbecken zwischen
den Stadtteilen Moorfleet und
Rothenburgsort sowie Elbinsel
Kaltehofe

Anfahrt
S21 bis Rothenburgsort,
alternativ Bus 3, 119, 130 bis
Billhorner Deich oder Bus 530
bis Entenwerder Stieg, dann
Fußweg bis Sperrwerk Billwerder
Bucht und auf dem Elbdeich bis
zur Tatenberger Schleuse.
Zurück zu Fuß über Moorfleet.
Parkmöglichkeit auf dem Gelände
der »Wasserkunst Kaltehofe«
(gebührenpflichtig)

Weginformation
Rundweg, 12 km, auch geeignet
als Fahrradtour. Der Rückweg
über Moorfleet ist vor allem
wegen des Landschaftseindrucks
zu empfehlen.

Naturschutz
NSG Holzhafen betreut durch eine
Gemeinschaft aus Botanischem
Verein, GÖP, NABU und SDW.

Tipp
Café und Museum zur Geschichte
der Elbinsel Kaltehofe im Gebäude
der »Wasserkunst Kaltehofe«

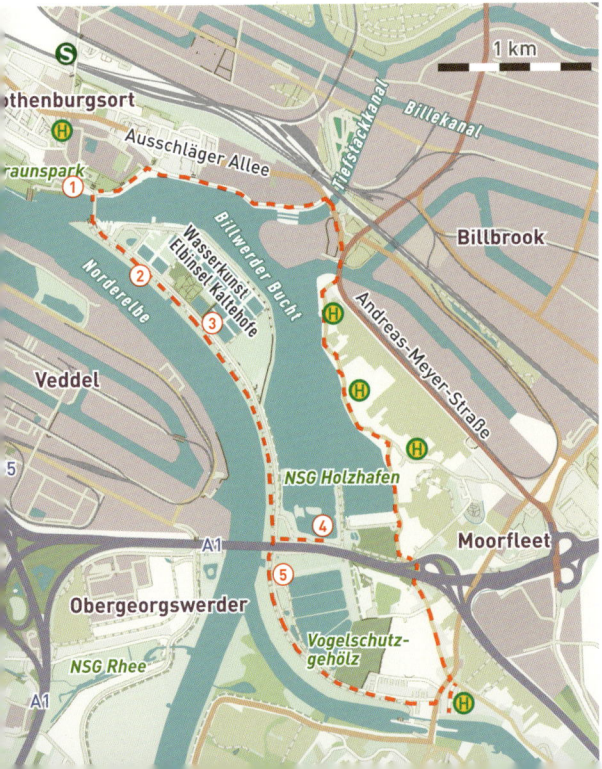

Wasserbecken und alte Pumphäuser in Kaltehofe

Pflanzenliste
Echte Engelwurz
Angelica archangelica
Schlamm-Schmiele
Deschampsia wibeliana
Wasser-Greiskraut
Senecio aquaticus
Weidenblättrige Aster
Symphyotrichum salignum

Watt bei Ebbe im Holzhafen

1990 wurde die Trinkwasseraufbereitung an der Norderelbe eingestellt, und die Anlagen auf Kaltehofe verfielen. Sie wurden restauriert und sind heute eine sehenswerte Kombination aus Naherholungsgebiet, Feuchtbiotopen, Industriedenkmal, Museum und Restaurant (3).

Am Ufer beim Kaltehofer Hauptdeich (2) treffen wir auf die Flora der Tide-Elbe: hochwüchsige Pappeln, Weidengebüsche, davor ein Saum mit Hochstauden wie Engelwurz, Wasser-Greiskraut und Weidenblättrige Aster und in den Steindeichen große Bestände der Schlamm-Schmiele. Im eigentlichen Hafengebiet sind nahezu alle Ufer verbaut. Platz für Uferpflanzen gibt es dann erst wieder 17 km weiter westlich bei Neßsand.

Echte Engelwurz

Im Holzhafen (4) lagen früher Flöße mit Baumstämme aus Böhmen und Thüringen. Aufgrund der geringen Strömung hatte er sich mit Elbschlick gefüllt und begann zu verlanden. Es bildeten sich Süßwasserwatten, die 2008 durch Rückdeichungen im Süden erweitert wurden. Bei Ebbe bietet sich hier ein Panorama-Rundblick auf alle Lebensraumtypen der Tide-Elbe: Die ausgedehnten Süßwasserwatten östlich des Dammes fallen dann trocken. An ihrem Rand beginnt sich ein Tideröhricht auszubilden. Weidengebüsche am Ufer der Elbe sind frühe Stadien des Tideauenwaldes. Näher ran kommt man zu Fuß auf dem Damm im Osten. Die größte Kormorankolonie Hamburgs brütet südlich der Autobahn nahe den ehemaligen Absatzbecken der Wasserkunst (5). Man kann die von Vogelexkrementen bekleckerten Bäume sogar im Luftbild erkennen. *HHP*

Kormorankolonie

Rückdeichungen

Nach 1962 wurden an der Elbe zum Schutz vor Sturmfluten die Deiche erhöht und große Flächen neu eingedeicht, so die Haseldorfer Marsch und die Alte Süderelbe. Viele Flächen im Deichvorland gingen verloren, wo sich früher bei Hochwasser das Wasser sammeln und ausbreiten konnte. Es wurden weitere Deicherhöhungen notwendig. Aber so konnte es auf Dauer nicht weiter gehen. Ein Umdenken war nötig. Also begann man in den 1990er Jahren damit, an geeigneten Stellen die Deiche zurückzuverlegen und neue Überflutungsräume zu schaffen, beispielsweise an der Spadenländer Spitze und im Holzhafen. Damit entstanden zugleich viele neue Lebensräume für die gefährdeten Pflanzen und Tiere des Außendeichslandes.

Rüschpark, Neßdeich und Umgebung

36

Altes und neues Finkenwerder: Mit dem Stadtumbau ändert sich auch die Pflanzenwelt

Lage
Finkenwerder am Südufer
der Unterelbe
Anfahrt
Hafenfähre 64 bis Anleger
Rüschpark
Weginformation
Rundweg, 2,5 km

Die heutige Rüschhalbinsel war noch bis 1900 ein Außendeichgebiet nördlich des Finkenwerder Neß- und Norderdeichs, das aus Überschwemmungsgrünland, Röhricht- und Wattflächen bestand. Danach wurden Watt und Deichvorland mit Baggergut aus der Elbe aufgeschüttet. 1921 begann die Anlage von Hafenbecken für die Deutsche Werft. In den 30er Jahren wurde westlich davon der Bau der »Hamburger Flugzeugbau« errichtet, und Anfang der 1940er Jahre kamen U-Boot-Bunker dazu. Nachdem die Deutsche Werft ihren Betrieb 1973 eingestellt hatte und das nun entstandene Airbus-Werk ständig vergrößert worden war, erfolgte eine grundlegende Umgestaltung der Rüschhalbinsel: Neß- und Rüschkanal wurden zugeschüttet, der Rüschpark wurde angelegt und 2006 eröffnet, Airbus-Zulieferbetriebe wurden angesiedelt, ein Hotel, ein Sportboothafen und Sportanlagen wurden neu gebaut.

Feld-Kresse

Kulturlandschaft mit Gräben und Obstanbau

Der Rüschpark (1) ist also »Natur aus dritter Hand«, eine Sandaufschüttung, die dünenartig modelliert wurde. Teilweise mit Sträuchern bepflanzt, überließ man jedoch größere Flächen der spontanen Vegetationsentwicklung. Dort wachsen heute Sanddorngebüsche, artenarme Land-Reitgrasbestände und artenreichere Sand-Trockenrasen mit Arten wie dem Kleinen Filzkraut und der Nelken-Haferschmiele. Außerhalb des Rüschparks gab und gibt es Baustellen und Brachflächen mit kurzlebiger, artenreicher ► Ruderalvegetation (S. 140), u.a. Natternkopffluren. Am Westufer des Steendiekkanal (2) erinnern Überbleibsel wie Duckdalben und Stahlträgerreste an die frühere Kaianlage der Deutschen Werft. Auf der Uferverbauung am Ostufer dieses alten Hafenbeckens hat sich im Laufe der Jahre eine dichte Vegetation aus Kräutern, Stauden und Gräsern entwickelt. In den dortigen Pflasterritzen gedeiht auch die Schlamm-Schmiele, ein im Elbgebiet

Pflanzenliste

Dach-Trespe *Bromus tectorum*
Feld-Kresse *Lepidium campestre*
Frühe Haferschmiele *Aira praecox*
Gewöhnliche Nachtkerze
   Oenothera biennis agg.
Gewöhnlicher Natternkopf
   Echium vulgare
Kleines Filzkraut *Filago minima*
Mittleres Fingerkraut
   Potentilla intermedia
Nelken Haferschmiele
   Aira caryophyllea
Rispen-Gipskraut
   Gypsophila paniculata
Silbergras *Corynephorus canescens*
Ungarische Rauke
   Sisymbrium altissimum
Wehrlose Trespe *Bromus inermis*

Rainfarn

Wehrlose Trespe

Feld-Kresse

Gewöhnliche Nachtkerze

Sanddorn

Ruderalvegetation
Straßenränder, Bahnanlagen, Gewerbeflächen oder Trümmergrundstücke sind vom Menschen geschaffene Standorte. Pflanzen, die hier wachsen, bezeichnet man als Ruderalpflanzen. Sie haben sich völlig spontan und autonom angesiedelt. Ruderalpflanzen wie Beifuß, Brennnessel und Quecke sind an menschliche Störungen optimal angepasst und auch an das trockenwarme Klima der Innenstädte. Leider wird ihre Bedeutung für die Stadtlandschaft von vielen Menschen nicht erkannt. Die robuste Ruderalvegetation ist die eigentliche, typische Natur der Stadt, aber sie wird oft als »wucherndes Grün« diffamiert und mehr und mehr durch botanisch langweiliges Gärtnergrün ersetzt.

endemisches Gras. Das Ufer ist unzugänglich, die Schlamm-Schmiele jedoch mit dem Fernglas vom Westufer zu entdecken.

Dem Wandervorschlag folgend, findet man entlang einer stillgelegten Güterbahnstrecke (3) zahlreiche für Gleisanlagen typische Ruderalpflanzenarten wie Kompass-Lattich, Stinkenden Storchschnabel und Gewöhnliches Leinkraut. Der Weg führt weiter über die Straße Neßdeich und am Finkenwerder Fleet entlang (4). Dort lohnt es sich, einen Blick auf die Ufervegetation der Entwässerungsgräben sowie auf die zahlreichen Gräser am Wegrand zu werfen. Hier wachsen Wehrlose Trespe, Glatthafer, Kammgras und Wiesen-Fuchsschwanz. *HP*

Alte Süderelbe

37

Krebsschere und Fluss-Greiskraut:
Der heutige Altarm der Elbe begrenzte die
frühere Elbinsel Finkenwerder im Süden

Die Alte Süderelbe ist ein ehemals bedeutender Seiten-
arm der Elbe, der 1964 aus Gründen des Hochwasser-
schutzes von der Unterelbe abgetrennt wurde. Seitdem
ist die Alte Süderelbe vom Tide-Geschehen abgeschnitten. Bedingt durch die Änderungen des Wasserregimes
und der Nutzung haben sich Flora und Vegetation seitdem
stark gewandelt. Der östliche Teil der Alten Süderelbe
wurde durch Aufspülungen fast völlig vernichtet, im westlichen Teil (ehemaliger Blumensand) erstreckt sich entlang des Südufers ein ausgedehntes ▶ Spülfeld (S. 143).
Heute ist das Gebiet durch die enge räumliche Nach-
barschaft von Natur-, Kultur-, Industrie-, Verkehrs- und
Hafenlandschaft gekennzeichnet, was einen Besuch trotz
des Fehlens botanischer »Kostbarkeiten« lohnend macht.
  Die Ufervegetation der Alten Süderelbe (2) entspricht
der eines nährstoffreichen Stillgewässers. Sie besteht

Lage
Zwischen Finkenwerder
und Moorburg
Anfahrt
Zugang von Neß-Hauptdeich
mit Bus 150 bis Haltestelle
Am Rosengarten (1).
Zugang von Auehauptdeich /
Finkenwerder Straße mit Bus 150
bis Osterfelddeich (4).
Zugang von Zur Graft (3)
mit Bus 157 oder 257 bis
Hohenwischer Straße 101
Weginformation
Rundweg 12 km,
Teilabschnitte je 6 km
Naturschutz
NSG Finkenwerder Süderelbe,
teilweise betreut durch NABU
und Landesjagdverband Hamburg,
sowie NSG Westerweiden

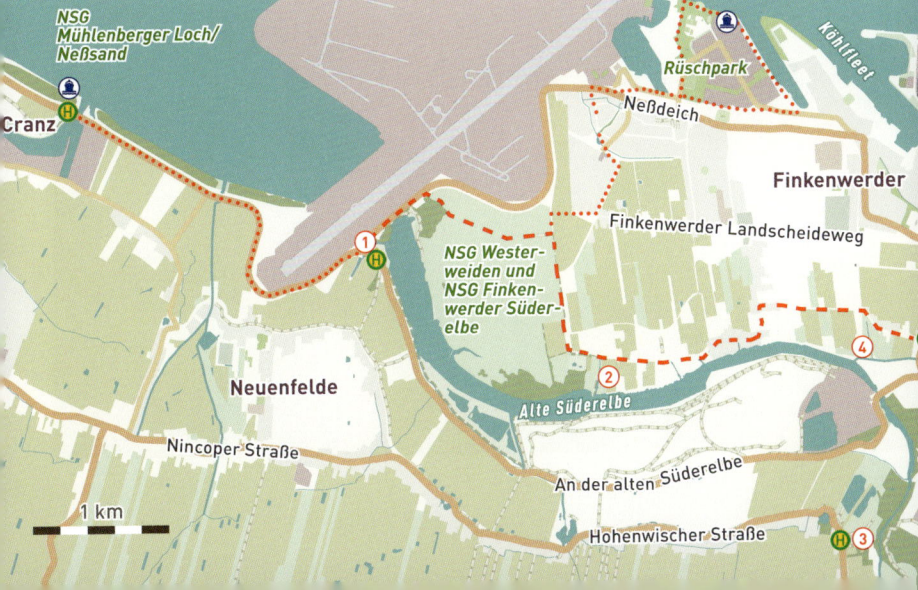

vielfach aus Wasserschwaden-Röhrichten, denen sich Weidengebüsche, Auwaldfragmente und Hochstauden-fluren anschließen. Die Große Brennnessel ist hier die beherrschende Art. Diese Vegetation entwickelte sich spontan nach Aufgabe der Nutzung des Deichvorlandes. Als Relikt findet man noch an einigen Stellen und in wenigen Exemplaren das Fluss-Greiskraut

Die noch bestehende Kulturlandschaft ist durch die Grünlandflächen der Westerweiden und von Obstanbau geprägt. Von botanischem Interesse sind hier vor allem die Entwässerungsgräben mit einer ganzen Reihe von »Rote-Liste-Arten« wie Krebsschere, Wasserfeder und Sumpf-Calla. Als seltene Pionierart ist das Quellgras zu nennen. Es tritt gelegentlich an den Rändern frisch geräumter, schlammiger Gräben in Massenentwicklung auf; man kann es nur bei sehr aufmerksamer Suche an zugänglichen Grabenrändern finden.

Von kulturhistorischem Interesse ist das Gebiet der »Graft«, eines Gehöftes, das bereits auf den Karten der preußischen Landesaufnahme von 1880 eingezeichnet ist und dessen Umgebung weitgehend unverändert erhalten blieb [3].

Alte Süderelbe

Silber-Weiden-Wald zwischen Alter Süderelbe und Westerweiden

Die Wanderung führt von der Bushaltestelle Rosengarten an Auwald- und Röhrichtbeständen vorbei (3), über die Westerweiden, das Brutgebiet zahlreicher Vogelarten, und am Finkenwerder Süderdeich entlang bis zur Bushaltestelle Osterfelddeich. Dort Einkehrmöglichkeit in das Fischrestaurant »Zum Storchennest«. Entlang des Deichs bestimmen reizvolle traditionelle Finkenwerder Häuser, Obstplantagen und Entwässerungsgräben (4) das Landschaftsbild. Auf der Südseite der Alten Süderelbe hat man einen Blick auf das Spülfeld Blumensand, welches sich 12 m über die ursprüngliche Marsch erhebt und großenteils durch Baum- und Strauchpflanzungen begrünt ist. *HP*

Große Brennnessel, weiblich, Blüte

Spülfelder

Die Hafenbecken müssen regelmäßig ausgebaggert werden, weil sich in ihnen Sand und Schlick ablagern. Früher wurde der Schlick mehrere Monate auf Spülfeldern in Altenwerder und Moorburg getrocknet. Diese Spülfelder waren botanisch reizvoll, weil hier alles auskeimen konnte, was die Elbe als Saatgut mit sich führte, vom Schierlings-Wasserfenchel *Oenanthe conioides* über die Samtpappel *Abutilon theophrasti* bis zum Einjährigen Beifuß *Artemisia annua*. Heute wird der Schlick im Schnelldurchgang maschinell getrennt. Die mit Schadstoffen belasteten Feinsedimente werden in den Deponien Francop und Feldhofe endgelagert. Der sandige Anteil kann für Bauzwecke verwendet werden.

Rund um den Hamburger Hauptbahnhof

Chinesischer Götterbaum und Armenische Brombeere: Crashkurs Großstadtflora

Anfahrt
Diverse U- und S-Bahnlinien und Busse bis Hauptbahnhof
Weginformation
Der Rundgang führt oberhalb der Gleise um das Bahnhofs-gelände und ist etwa 1 km lang. Bitte erwarten Sie keinen idyllischen Spaziergang. Um die Pflanzen genauer zu betrachten, ist ein Fernglas hilfreich.
Jahreszeit
Optimal von Ende Juli bis September

Der Götterbaum stammt zwar aus Südchina, ist aber in Mitteleuropa eingebürgert und gilt als das typische Stadt-gehölz. Städte sind wärmer als das Umland und bilden sogenannte Wärmeinseln – ideal für den Götterbaum, der warme Sommer liebt und in der Jugend empfindlich gegen Frost ist. Ein stattliches Gebüsch steht in geschütz-ter Südlage am S-Bahn-Gleis 3 beim Steintorplatz.

Der schattige schmale Grünstreifen vor der Mauer am Steintorwall ist ein schönes Beispiel dafür, welcher Dy-namik die Pflanzenwelt am Rande von Verkehrswegen unterworfen ist. Vor wenigen Jahren standen hier noch ein reich fruchtender Apfelbaum, der wahrscheinlich aus einem ausgespuckten Kern gewachsen war, und ein Holunder mit schwarzblauen Fliederbeeren. Von den Bahnsteigen blickte man auf eindrucksvolle hängende Gärten, die von zwei Kletterpflanzen gebildet wurden. Die ▶ Armenischen Brombeere (S. 22) mit ihren großen wohlschmeckender Früchten wurde im 19. Jahrhundert über Hamburg als Sorte 'Theodor Reimers' in die Kultur eingeführt und ist heute weltweit verbreitet. Neben ihr

Land-Reitgras und Gewöhnlicher Bocksdorn

Schmalblättriges Weidenröschen

Götterbaum

Pflanzenliste
Gehölze
Berg-Ahorn *Acer pseudoplatanus*
Gewöhnlicher Bocksdorn
 Lycium barbarum
Götterbaum *Ailanthus altissima*
Hänge-Birke *Betula pendula*
Kletterpflanzen
Armenische Brombeere
 Rubus armeniacus
Efeu *Hedera helix*
Gewöhnliche Waldrebe
 Clematis vitalba
Gräser
Land-Reitgras
 Calamagrostis epigejos
Mäuse-Gerste *Hordeum murinum*
Mäuseschwanz-Federschwingel
 Vulpia myuros
Krautige Pflanzen
Riesen-Bärenklau
 Heracleum mantegazzianum
Schmalblättriges Greiskraut
 Senecio inaequidens
Schmalblättriges Weidenröschen
 Epilobium angustifolium

wucherte der aus Asien stammende Bocksdorn, dessen Beeren in China als Goji-Beeren verwendet werden; man kann sie bei uns in großen Supermärkten kaufen. Dann wurden Bäume und Gestrüpp von der Bahnverwaltung zurück geschnitten. Jetzt beginnt eine neue Entwicklung. Es wird spannend sein, ihren Verlauf zu verfolgen.

An der Mauer bei der Kunsthalle wuchert die Gewöhnliche Waldrebe, die aus Mitteldeutschland stammt und bis 1980 in Hamburg sehr selten war. Heute ist sie bei uns nahezu überall anzutreffen. Ihre Früchte haben einen langen Federbusch und werden vom Fahrtwind der Züge verwirbelt – eine ideale Anpassung für eine Eisenbahnpflanze.

Zwischen den Gleisen kommen überall junge Gehölze auf, vor allem Berg-Ahorn, Hänge-Birke und Götterbaum. Das violett blühende Schmalblättrige Weidenröschen hatte sich im Zweiten Weltkrieg massenhaft auf ausgebombten Flächen angesiedelt und ist älteren Hamburgern als Trümmerblume bekannt. Es ist ein schönes Beispiel für eine verstädterte Pflanze, denn ursprünglich ist sie auf Waldlichtungen heimischer Wälder zu Hause. Das gelb blühende Schmalblättrige Greiskraut kommt aus Südafrika und hat sich ab 1980 explosionsartig entlang der Bahndämme ausgebreitet. Es blüht und fruchtet vom Mai bis zum ersten Frost, und auch seine Früchte werden vom Winde verdriftet. *HHP*

Armenische Brombeere

Elb-Liebesgras *Eragrostis albensis*

Großstadtflora

Das botanische Abenteuer beginnt gleich um die Ecke. Oft muss man für eine spannende Exkursion gar nicht weit nach draußen fahren, denn viele Pflanzen zieht es in die Stadt. Etwa die Mäuse-Gerste, den Götterbaum, den Faden-Ehrenpreis oder das Schmalblättrige Greiskraut. Und sie besiedeln Hafen- und Industriegelände, Straßenränder und Bahndämme, aber auch Gärten, alte Parks und Friedhöfe. Städte sind Hotspots der Artenvielfalt. Weil sich die Lebensräume hier rasch verändern, können wir keine festen Routen vorschlagen. Aber wandern Sie doch mal durch Bahrenfeld zwischen Holstenkamp und Stresemannstraße, durch Hinschenfelde oder Billbrook. Da werden Sie viele Überraschungen erleben.

Mäuse-Gerste

Ein typischer Stadtbewohner. Wo immer es in den warmen Innenstädten noch ein wenig unversiegelten Boden gibt, kommt auch die Mäuse-Gerste *Hordeum murinum* vor. Also am Wegrand, auf Baumscheiben und Verkehrsinseln. Im Winter bildet sie schönen dichten Rasen, im Juni blüht und fruchtet sie: Ein Wildgetreide, von dem bestenfalls Mäuse und Spatzen satt werden. Dann stirbt sie ab, hinterlässt sie einen unordentlichen Eindruck. Die Anwohner harken den Müll weg und bereiten so den Boden vor für die Mäuse-Gerste, die im August neu auskeimt. Dann bildet sie wieder einen Rasen, und das Spiel geht von vorne los.

Mäuse-Gerste
Hordeum murinum

Eisenbahnpflanzen

»Ein Sauerampfer auf dem Damm / Stand zwischen Bahngeleisen / Machte vor jedem D-Zug stramm / Sah viele Menschen reisen« heißt es in einem Gedicht von Joachim Ringelnatz. Gemeint ist wahrscheinlich der Kleine Sauerampfer *Rumex acetosella*. Weitere typische Eisenbahnpflanzen sind der Dreifinger-Steinbrech, die Nacht- und Königskerzen und sogar der Raps. Sie können auf trockenen sandigen Böden gedeihen, hartnäckig jeder Störung trotzen, ihre Samen und Früchte vom Wind verwehen lassen und sind – auf Bahngelände sehr wichtig – resistent gegen Herbizide.

Am Straßenrand

Das Dänische Löffelkraut blüht im April, das Schmalblättrige Greiskraut von Juni bis Oktober. Beide fühlen sich vor allem auf den Mittelstreifen der Autobahnen wohl. Auch Breitblättrige Kresse und Schuttkresse wachsen gern an vom Verkehr umbrausten Bordsteinkanten. In den letzten Jahren hat sich hier sogar Schilf angesiedelt. Am Straßenrand lassen sich interessante botanische Beobachtungen machen. Aber erst Warnweste überziehen und immer gut aufpassen.

Wildnis am Gleisdreieck Ohlsdorf

Wilde Wälder

Die Wälder am Deelwisch, in Willinks Park, am Güterbahnhof Rothenburgsort, an der Großen Elbstraße oder am Gleisdreieck Ohlsdorf liegen mitten in der Stadt und sind doch etwas völlig anderes als all unsere Parks, Forsten und Naturschutzgebiete. Sie haben sich zu städtischen Wildnissen entwickelt, weil sie trotz Landschaftsplanung und Landschaftspflege über viele Jahre sich selbst überlassen waren. Hier können wir erleben, wie sich ohne das Eingreifen des Menschen spontan neue Wälder bilden und nach und nach von Vögeln, Säugetieren und Insekten besiedelt werden. Hier können Kinder frei spielen, Löcher buddeln und Hütten bauen. Städtische Wildnis bereichert unsere Kultur, weil sie einen Gegenentwurf zu unserer sterilen Hightech-Welt bildet. Zugegeben, für Ordnungsfanatiker sind solche Wilden Wälder eine Provokation. Aber wie sagte Loki Schmidt? »Wo es ein bisschen unordentlich ist, da wächst eher etwas Überraschendes und Zauberhaftes.«

Natternkopf *Echium vulgare* und Johanniskraut *Hypericum perforatum*

Gewöhnliches Leinkraut
Linaria vulgaris

Schmalblättriges Greiskraut
Senecio inaequidens

Dänisches Löffelkraut
Cochlearia danica

Bezirk Wandsbek – Alster und Wald

Die Hamburger Walddörfer Berne, Farmsen, Volksdorf, Wohldorf und Ohlstedt lagen bis 1937 als Exklaven im ländlichen holsteinischen Gebiet, umgeben von preußischen Gemeinden wie Rahlstedt, Sasel und Duvenstedt. Eine übergreifende Stadtplanung gab es nicht, sodass viele Reste der Feldmarken bis heute erhalten sind. Der Name Walddörfer geht bis ins Spätmittelalter zurück; entsprechend alt sind die Waldstandorte des Bezirks. Aber auch in vielen Parks zeigen urtümliche Baumgestalten und Waldrelikte unter den Bodenpflanzen wie der Scheiden-Gelbstern an, dass es sich hier um Reste historisch alter Wälder handelt.

Geprägt wird der Bezirk zudem von der Alster und ihren vielen Zuflüssen wie Diekbek, Ammersbek, Drosselbek, Bredenbek, Lottbek, Mellingbek, Saselbek und Wandse. In der Aue dieser Gewässer liegen viele unserer Exkursionsgebiete, die natürlich auch für die Naherholung eine wichtige Rolle spielen.

Entlang der Alster führt seit den 1950er Jahren durchgehend ein Wanderweg bis weit nach Schleswig-Holstein. Im waldreichen Mittellauf oberhalb der Schleuse Ohlsdorf bis Kayhude kann man den Windungen der Alster folgen. Die verbliebenen Relikte der Schleusen erinnern daran, dass die Alster einmal ein wichtiger Verkehrsweg zum Gütertransport war

Ganz im Nordosten des Bezirkes sind die Böden von den Ausläufern der jüngsten Vereisung geprägt. Die Böden der Jungmoräne sind kalkreicher als die älteren Böden im Rest der Stadt. Im Hamburger Pflanzenatlas zeichnen Pflanzen, die solche Böden bevorzugen, diese Verhältnisse mit ihrer Verbreitung nach. Dazu gehören Ausdauerndes Bingelkraut, Hain-Gilbweiderich, Schuppenwurz und Wald-Schachtelhalm.

Alsteridylle

Alsterwanderweg 39

Viel besuchter, landschaftlich reizvoller Weg entlang der oberen Alster, begleitet von Sumpf-dotterblume, Milzkraut und Bach-Nelkenwurz

Abschnitt 1: Nasse Bruch- und Auenwaldrelikte gibt es an der Alster noch oberhalb von Fuhlsbüttel (1). Bitteres Schaumkraut, Sumpfdotterblume, Aufrechte Berle, Gelbe Schwertlilie, Sumpf-Pippau und beide ▶ Milzkrautarten (S. 321) sind dafür typisch. Die zutage tretenden Quellen sorgen für ganzjährig hohe Wasserstände und sind der beste Schutz für diese Biotope. In Alsternähe unter Bäumen gibt es den seltenen Scheiden-Gelbstern. Seine schnittlauchartigen zarten Blätter sind schon im März zu sehen und Mitte Mai bereits verschwunden.

Bemerkenswert ist der Steilhang an der Grevenau bei Wellingsbüttel, direkt über dem Wanderweg (2). Hier hat sich das einzige Vorkommen der Finger-Segge in Hamburg seit über 150 Jahren erhalten (Hübener 1846), gemeinsam mit Ähriger Teufelskralle, Wald-Schwingel und Winter-Schachtelhalm. Etliche Gartenflüchtlinge wie Straußfarn, Schneestolz, Scilla, Gefingerter Lerchensporn und die Hänge-Segge sind im Alstertal in Ausbrei-

Anfahrt und Weginformation

Begehbar in 3 Abschnitten
Die Routen folgen dem Alsterwanderweg und damit dem Alsterlauf.
Abschnitt 1: Klein Borstel (U1) bis Poppenbüttel (S1)
Abschnitt 2: Poppenbüttel (S1) bis Rodenbeker Quellental (Bus 474 ab Sarenweg)
Abschnitt 3: Duvenstedt (U1 bis Ohlstedt, dann Bus 176 oder 276 bis Duvenstedter Triftweg) um die Rader Alsterschleife und zurück.
Der Alsterwanderweg ist markiert.

Jahreszeit

Ab April mit den Frühblühern bis Ende Mai

Tipp

Einkehrmöglichkeiten: in Wellingsbüttel »Café im Herrenhaus«, in Bergstedt »Alte Mühle«; im Rodenbeker Quellental »Restaurant Quellenhof«; in Duvenstedt »Alster-Au«; in Wulksfelde »Guts-Café«

Buchenaustrieb im Mai am Alsterwanderweg

Wiesen-Schaumkraut am Alsterufer

tung, ebenso wie gartenbauamtlich gepflanzte Ziergehölze. Die Wilde Tulpe ist seit langer Zeit von Wellingsbüttel und aus dem Hohenbuchenpark bekannt.
Abschnitt 2: Der häufigere Wald-Gelbstern wächst auf
einer viel benutzten Wiese, die im Frühjahr wegen der
Nässe wenig betreten wird (3). Der zwergenhafte Mittlere Lerchensporn ist nur in einem engen Zeitfenster von
März bis April zu erkennen, man findet ihn zwischen der
Alten Mühle und dem Rodenbeker Quelltal im Alster-
vorland (5), wo er sich unter den Sandablagerungen der
Alster im Frühjahr hervorarbeitet.

Die Flächen entlang der Alster wurden um 1900 überwiegend als Grünland genutzt. Sumpfdotterblume, Kuckucks-

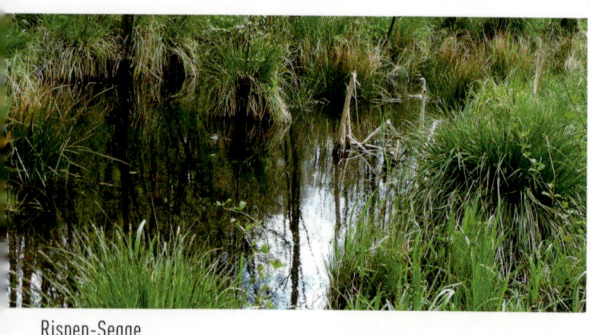

Rispen-Segge

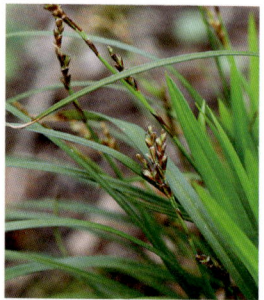

Finger-Segge

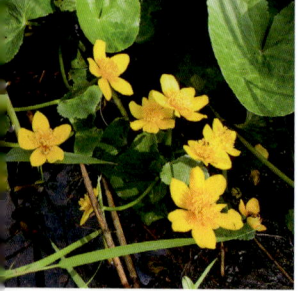

Sumpfdotterblume

Mittlerer Lerchensporn

Scheiden-Gelbstern

Abschnitt 2

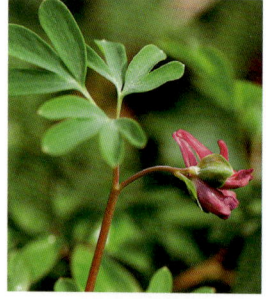

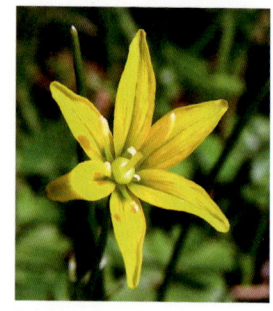

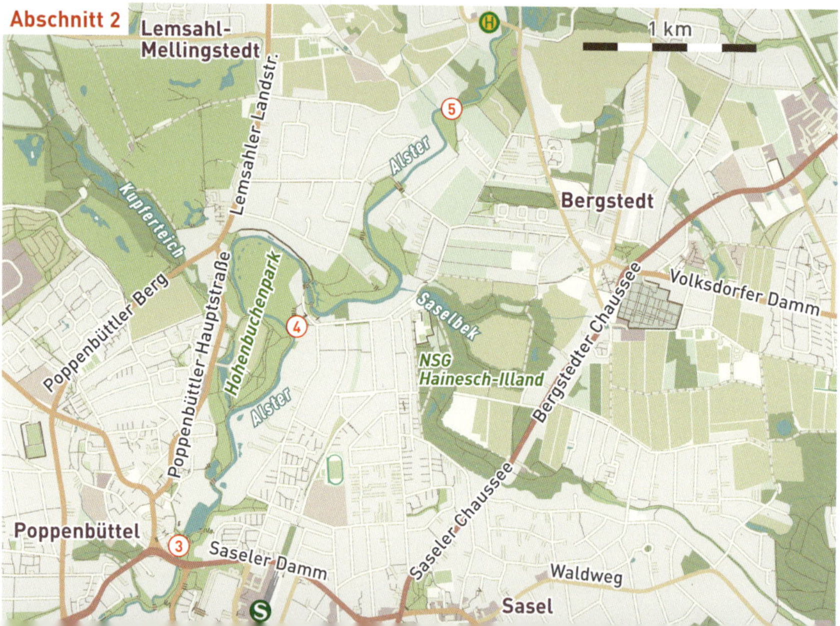

Lichtnelke und andere lichtliebende Pflanzen und die daran lebenden Kleintiere hingen von dieser Nutzung ab. Mit der Aufgabe der Nutzung verbrachten und verbuschten die Flächen oder wurden zu Liege- oder Hundewiesen. Auf einigen dieser Flächen nahe dem U-Bahnhof Klein Borstel (1) sind ein paar der Feuchtwiesenarten nährstoffarmer Standorte erhalten geblieben. Dort wachsen Wiesen-Segge, Spitzblütige Binse, Englisches Fingerkraut und Faden-Binse. In Feuchtwiesen am Südrand der Mellingburger Schleife (4) ist im Mai mit dem Fernglas das Breitblättrige Knabenkraut zu erkennen.

Gelbe Schwertlilie

Abschnitt 3: Nördlich des Todtenredders (Duvenstedt) – von der Bushaltestelle Duvenstedter Triftweg erreichbar – verläuft der Alsterwanderweg teilweise auf dem Hochufer der Alster und ermöglicht Ausblicke auf die vielen Mäander des Flusses (6). Bei der Fortsetzung ab der Wulksfelder Schleuse bietet sich ein Rundweg um die Wiesen der Rader Alsterschleife an (7). Ab und zu gibt es Einblicke in quellige Bruchwälder mit Hoher Schlüsselblume und Bach-Nelkenwurz. Teilweise verläuft der Weg durch wenig ansprechende Nadelholzbestände. Deren Umbau zu standortgerechten Laubmischwäldern hat begonnen, wird sich aber noch über Jahrzehnte hinziehen. *HB*

Abschnitt 3

1 km

Tangstedt

B 432

Alster

Wulksfelder Weg

7

Wulksfelder Damm

Wiemerskamper Weg

Segeberger Chaussee

Wulksfelde

Lohe

6

Puckaffer Weg

Alster

Duvenstedter Triftweg

Wohldorf

H

Duvenstedt

Alster

Duvenstedter Brook

Wiese, Wald, Moor und Heide in einem der ältesten Naturschutzgebiete Hamburgs

Moor-Birkenwald

U1 bis Ohlstedt, dann 3 km Fußweg durch den Wohldorfer Wald. Alternativ Bus 176 oder 276 bis Duvenstedter Triftweg, von hier 2 km Fußweg zum »Brook Hus«. Parkmöglichkeiten am Duvenstedter Triftweg, Rader Weg, Wiemerskamp-Bültenkrug und am Brügkamp.

Weginformation
Rundwanderung, 10 km.
Ein gutes Fernglas ist hilfreich. Mitnahme von Hunden ist nicht erlaubt. Wegesperrungen zum Teil von nachmittags bis morgens in der Kranich-Brutzeit und während der Rotwild-Brunft im Herbst. Zwei schmale Wege sind für Fahrräder gesperrt.

Naturschutz
Naturschutzgebiet sowie FFH- und Vogelschutzgebiet, Betreuung durch eine Arbeitsgemeinschaft aus Botanischem Verein, BUND, Landesjagdverband Hamburg, NABU, Naturwacht

Jahreszeit
April bis August, aber ganzjährig landschaftlich reizvoll

Tipp
Ausstellung im »Brook-Hus«, Duvenstedter Triftweg 140, www.hamburg.nabu.de/natur-und-landschaft/infohaus-duvenstedter-brook/
Die amtliche Faltkarte mit genauer Angabe zu gesperrten Wegen ist hier erhältlich.
Die App »Natürlich Hamburg!« bietet digitale Touren rund um das »Brook Hus« an.

Der Duvenstedter Brook birgt Hamburgs größte und im Frühjahr unüberhörbare Kranichpopulation, die größten Rot- und Damwildbestände, Horstplätze von Seeadler und Uhu, stabile Vorkommen von Laub- und Moorfrosch und last but not least auch eine vielfältige Vegetation.

Sehenswert sind die Moor-Glocken-Heiden und die wiedervernässten Hochmoorrelikte, die vom alten Grenzwall und vom Bültenkrugweg (1) aus gut überschaut werden können. Große Flächen sind im Sommer mit den Fruchtständen der Wollgräser bedeckt. Hier blühen im Hochsommer große Bestände des Weißen Schnabelrieds. Torfmoose haben sich nach der Wiedervernässung ausbreiten können. Das Fernglas lässt aber auch die sich vermehrende amerikanische Großfrüchtige Moosbeere erkennen, die hier um 1900 eingebracht wurde, während die unauffällige einheimische Moosbeere wegen ihrer kleinen Blätter von Weitem leicht übersehen wird. Das Moorgebiet »Beim Madenpohl« (2) am Bültenkrugweg wurde bisher durch den Grenzgraben zu Wiemerskamp stark entwässert, sodass die alten Torfstiche teilweise im Sommer trockenfielen. Durch den Bau einer sogenannten Verwallung wird das Niederschlagswasser seit dem Winter 2015 / 16 länger im Moor zurückgehalten.

Wiesenflora ist sowohl am Naturpfad (3) als auch vom Duvenstedter Triftweg (4) aus erkennbar. Die Sumpfdotterblumen blühen in den Feuchtwiesen im Nordosten des Gebietes etwas später als an anderen Stellen, da sich das im Winter sehr nasse Brook nur sehr langsam

Breitblättriges Knabenkraut

Östliche Brunftwiese im Duvenstedter Brook

Wasserfeder

erwärmt. Ab Mitte Mai sind die rot-violetten Tupfer des Breitblättrigen Knabenkrautes erkennbar. Im Hochsommer taucht am Wegesrand vereinzelt der Teufelsabbiss auf, und südlich am Duvenstedter Triftweg ist er auf der Hegewiese von Weitem zu erahnen. Im Duvenstedter Brook wird unter tatkräftiger Mitwirkung der Revierförsterei versucht, die Wiesen den Naturschutzzielen entsprechend zu pflegen. Dabei muss abgewogen werden zwischen unterschiedlichen Zielen wie Fließgewässerentwicklung, Moorentwicklung und Wiesenpflege. Um dann je nach den Umständen früh, spät – oder aus Rücksicht auf Wiesenvögel und Insekten in einigen Jahren auch gar nicht – zu mähen.

Laubwaldflora lässt sich im Frühjahr am »Naturpfad« (5) am Wegrand beobachten: Hohe Schlüsselblume, Ausdauerndes Bingelkraut, Milzkraut, Gold-Hahnenfuß, Grünliche Waldhyazinthe und Schuppenwurz. Weiter trifft man hier auf Ansalbungen von Hohlem Lerchensporn (auch in Weiß), Schneeglöckchen, Buchen-, Rippen- und Königsfarn. Erlenbruchwälder mit Großseggen finden sich an der Ammersbek (6) und am »Naturpfad« sowie im Nordosten des Gebietes. Teilweise gibt es hier starke Ausfälle bei der Erle durch Erlensterben und ebenso bei der Esche durch das Eschentriebsterben. Die an Teichrändern im Osten des Bültenkrugweges (7) wachsenden Sibirischen Schwertlilien wurden hier angepflanzt. Teiche und Moortümpel sind teilweise dicht mit Wasserfeder, Fieberklee, Sumpf-Blutauge oder der früher im Brook nicht vorkommenden Sumpf-Calla bedeckt. *HB*

Pflanzenliste
Moore und feuchte Wälde
Berg-Platterbse
Lathyrus linifolius
Breitblättriges Knabenkraut
Dactylorhiza majalis
Fieberklee *Menyanthes trifoliata*
Gemeiner Wasserfenchel
Oenanthe aquatica
Gewöhnliche Moosbeere
Vaccinium oxycoccos
Glocken-Heide *Erica tetralix*
Gold-Hahnenfuß
Ranunculus auricomus
Großfrüchtige Moosbeere
Vaccinium macrocarpon
Hohe Schlüsselblume
Primula elatior
Rasenbinse
Trichophorum cespitosum
Scheiden Wollgras
Eriophorum vaginatum
Schmalblättriges Wollgras
Eriophorum angustifolium
Schuppenwurz
Lathraea squamaria
Steinbeere *Rubus saxatilis*
Sumpf-Calla *Calla palustris*
Sumpfdotterblume
Caltha palustris
Sumpffarn *Thelypteris palustris*
Weißes Schnabelried
Rhynchospora alba

Berg-Platterbse

Gold-Hahnenfuß

Gewöhnliche Moosbeere, Blüte und Frucht

Fieberklee

Großfrüchtige Moosbeere

Ein Herbarium anlegen

Frische Pflanzen welken und schimmeln nach kurzer Zeit. An getrockneten Pflanzen kann man noch nach vielen Jahren alles Wichtige erkennen. Trocknen Sie die Pflanzen nicht in Büchern, sondern in einer Pflanzenpresse. Kaufen Sie keine Pflanzenpresse mit Schrauben – sie sind unhandlich und unpraktisch. Bauen Sie sich Ihre Pflanzenpresse selbst, und machen Sie es so einfach und billig wie möglich.

Sie brauchen zwei Sperrholzbretter und einen Stapel alter Zeitungen; außerdem Spannriemen oder kräftige etwa 3–5 mm starke Schnur. Lassen Sie sich ein paar 2–4 cm große Löcher in die Sperrholzbretter bohren, aber in einem Abstand, bei dem die Stabilität erhalten bleibt. Für Einsteiger empfiehlt sich das DIN-A4-Format und eine etwa 22 x 32 cm große Presse, weil sich das gesammelte Material dann leichter aufbewahren und in Ordnung halten lässt. Profis verwenden größere Formate.

Legen Sie die Pflanzen auf die eine Seite eines doppelten Zeitungsbogens, breiten Sie sie naturgetreu und schön aus, so dass sich möglichst wenige Teile überlappen und alle wichtigen Details gut zu sehen sind. Jetzt haben Sie noch die Freiheit zur Gestaltung; an der trockenen Pflanze können Sie nichts mehr ändern. Einzelne Blätter werden umgedreht, um auch die Blattunterseite sehen zu können. Zu lange Pflanzen, etwa Gräser, werden zickzackartig geknickt.

Legen Sie ein Pflanzenetikett mit ein und / oder beschriften Sie den Bogen außen mit den entsprechenden Angaben. Jetzt wird der Bogen geschlossen und erst wieder aufgemacht, wenn die Pflanze völlig trocken ist. Verfahren Sie ebenso mit den weiteren Pflanzen. Zwischen die einzelnen Bögen kommen dicke, doppelt oder mehrfach gefaltete Lagen von Zeitungspapier als eine Art »Windel«. Sie nehmen die Feuchtigkeit aus der Pflanze auf und müssen möglichst jeden Tag gewechselt, d.h. durch trockene Zeitung ersetzt werden. Der Stapel aus Pflanzenbögen und Zwischenlagen kommt in die Presse zwischen die beiden Sperrholzbretter und wird fest verschnürt. Starker Druck ist nicht nötig. Stellen Sie die Herbarpresse an einen warmen trockenen Ort, etwa auf die Heizung, ans sonnige Fenster oder hinter die Scheibe des in der Sonne geparkten Autos. Wenn es schnell gehen soll, können Sie die Presse auch über Nacht im Umluftherd bei 50 Grad trocknen.

Pflanze für die Presse präparieren

Herbarpresse

Getrocknete Pflanzen sind extrem zerbrechlich und müssen mit Papierstreifen auf festen Karton (mindestens 180 g) geklebt werden. Nehmen Sie dazu Weißleim wie Ponal oder Pelikanol, Pritt oder Tapetenkleister, keine lösungsmittelhaltige Alleskleber oder Klebestreifen, denn die verlieren nach ein paar Jahren ihre Klebkraft.

Gute Anleitungen für die Anlage eines Herbariums finden Sie im Internet als herunterladbares pdf: www.biologie.uni-ulm.de/lehre/bestueb/HerbariumSS07.pdf

Weiterführende (englischsprachige) Informationen zu Herbarien: D. Bridson und L. Forman: The Herbarium Handbook, hg. von Royal Botanic Gardens, 3. Aufl. Kew 2010

Auf das professionelle Pflanzenetikett gehören folgende Angaben (von unten nach oben)
– Sammeldatum
– Name des Sammlers
– Standort: Angaben zum Lebensraum, ggf. auch zu Wuchshöhe, Blütenfarbe oder Duft
– Fundort: Geografische Angabe, so genau, dass ein Außenstehender den Ort damit wiederfinden kann; ggf. auch geografische Koordinaten angeben
– Wissenschaftlicher Name der Pflanze (deutsche Namen sind verzichtbar)
– Sammelnummer (wenn vergeben)
– Pflanzenfamilie (nützlich für die Ordnung des Herbariums)

Präparierte Pflanze

Rodenbeker Quellental

41

Teppiche von Busch-Windröschen in
quellenreichem Laubmischwald

Alster, Bredenbek und Rodenbek sowie Stauteiche prägen
das quellige Laubmischwaldgebiet. Der ursprüngliche
Lauf der Bredenbek wurde im Norden aufgestaut. Der
neuere Lauf mündet nun im Süden in die Alster. Der aufgestaute Mühlenteich (1) ist der Rest einer alten Ziegelei-
grube: Der Mühlenteich wird vor allem durch drei Quellen gespeist. Mühlenbek und Rodenbek führen dem Teich
nur wenig Wasser zu. Die Frühlingsflora des Quellentals
sollte hier zur besten Zeit besucht werden: Kein ande-

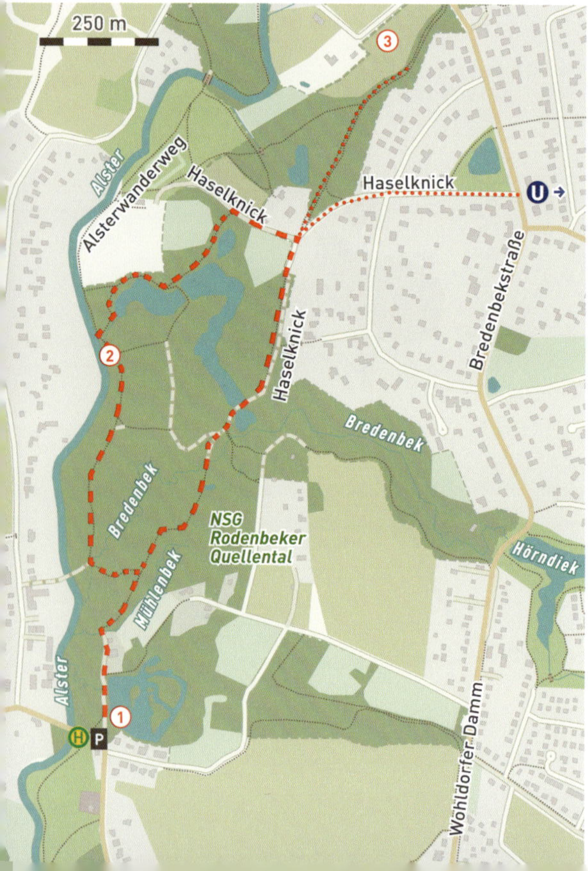

Lage
Gemarkung Bergstedt,
am Alsterwanderweg
Anfahrt
U1 bis Hoisbüttel, dann
Bus 474 bis Sarenweg.
Parkmöglichkeit am Rodenbeker
Teich oder am Haselknick
Naturschutz
Naturschutzgebiet, im Jahre
2013 erweitert, sodass jetzt das
NSG Wohldorfer Wald nahtlos
im Norden anschließt. Betreuung
durch die Gesellschaft für öko-
logische Planung (GÖP).
Weginformation
Rundweg, 3 km
Jahreszeit
Besonders zu empfehlen sind
die Monate April bis Mai
Tipp
Einkehrmöglichkeit im Gasthaus
»Quellenhof«, wo im Innenhof seit
Jahren das aus Chile stammende
Mammutblatt zu sehen ist.

Wald-Gelbstern

res Waldgebiet Hamburgs bietet im April so dichte und ausgedehnte Teppiche des weiß blühenden Busch-Windröschens. Sehenswert sind auch die Vorkommen des Scheiden-Gelbsterns und des Mittleren Lerchensporns [2]. Eine Wiese [3] westlich der Freiluftschule Wohldorf ist seit Jahrzehnten wegen des Vorkommens der (hier angepflanzten) ▸ Schachblume (S. 192) bekannt, auch die Hohe Schlüsselblume wächst hier in Mengen. Die Schachblume kommt hier später zur Blüte als auf den sonnigen Wiesen des Elbtales, wo sie schon vor Ende April zu sehen ist – zur Betrachtung ist ein Fernglas hilfreich, da die Wiesen nicht betreten werden sollten. Auf der östlich an diese Wiese angrenzenden Pferdeweide sind die Bestände der Sumpfdotterblume und des Breitblättrigen Knabenkrautes durch Fehlnutzung zurückgegangen. *HB*

Busch-Windröschen

Die Neue Bredenbek durchfließt den Wald

Pflanzenliste
Ährige Teufelskralle
  Phyteuma spicatum
Breitblättriges Knabenkraut
  Dactylorhiza majalis
Busch-Windröschen
  Anemone nemorosa
Gegenblättriges Milzkraut
  Chrysosplenium oppositifolium
Gelbes Windröschen
  Anemone ranunculoides
Hain-Veilchen *Viola riviniana*
Hohe Schlüsselblume
  Primula elatior
Mauer-Habichtskraut
  Hieracium murorum
Mittlerer Lerchensporn
  Corydalis intermedia
Schachblume
  Fritillaria meleagris
Scheiden-Gelbstern
  Gagea spathacea
Schuppenwurz
  Lathraea squamaria
Wald-Gelbstern *Gagea lutea*
Wald-Veilchen
  Viola reichenbachiana
Wechselblättriges Milzkraut
  Chrysosplenium alternifolium

Sievertsche Tongrube

Bunter Kleinseggenrasen mit eiszeitlicher
Vergangenheit

Die Sievertsche Tongrube ist hauptsächlich aus geologischen Gründen zum Naturdenkmal erklärt worden. An
dem zur Abgrabungsfläche abfallenden Steilhang befand
sich ein Bodenaufschluss aus der Holstein-Zwischen-
eiszeit, der heute nicht mehr erkennbar ist.

Botanisch besonders ist der Kleinseggenrasen auf kalkhaltigem Ton nahe dem Eingang beim Eekbalken (1). Hier
wachsen auf kleiner Fläche große Bestände von Augentrost und Teufelsabbiss. Zu den »Highlights« des Gebiets
gehören die in Hamburg sonst nur noch in Boberg vor-
kommende Schwarz-Weide und die Steinbeere. Die früher häufige Breitblättrige Sumpfwurz kommt mit wenigen
Exemplaren an Wegrändern vor. ▶ Ansalbungen (S. 156)
von Breitblättrigem, Geflecktem und Fuchs-Knabenkraut
sind seit Ende der 1990er Jahre bekannt. Diese Bestände
haben sich ausgebreitet und bestimmen im Mai / Juni das
Bild, weitere Orchideenarten konnten sich nur zeitweise
halten, auch die Echte Sumpfwurz wurde hier angesamt.

Lage
Hummelsbüttel

Anfahrt
Zugang vom Ring 3 mit Bus 24
oder 174 bis Am Hehsel oder
zum alternativen Zugang bis
Eekbalken. Dort kann auch
geparkt werden.
Für die Wanderung durch die
Hummelsbüttler Feldmark
empfiehlt sich Rückfahrt mit
Bus 178 ab Heimgarten.

Naturschutz
Naturdenkmal, Betreuung durch
den Botanischen Verein

Jahreszeit
Optimal ab Ende Mai bis
Ende Juni

Pflanzenliste
Augentrost *Euphrasia stricta*
Blaugrüne Segge *Carex flacca*
Bleiche Segge *Carex pallescens*
Breitblättrige Sumpfwurz
  Epipactis helleborine
Breitblättriges Knabenkraut
  Dactylorhiza majalis
Fuchs-Knabenkraut
  Dactylorhiza fuchsii
Geflecktes Knabenkraut
  Dactylorhiza maculata
Schuppenfrüchtige Gelb-Segge
  Carex lepidocarpa
Schwarz-Weide *Salix myrsinifolia*
Steinbeere *Rubus saxatilis*
Teufelsabbiss *Succisa pratensis*
Zittergras-Segge *Carex brizoides*

Kleine Freifläche mit vielen botanischen Besonderheiten

Schwarz-Weide

Schuppenfrüchtige Gelb-Segge

Bei trockenem Wetter ist der Weg, der die alte Tongrube durchzieht, begehbar. Die aufkommenden Weidengebüsche umgeben die Fläche mit den botanischen Besonderheiten wie ein Urwald. Leider können sie sehr schnell die Freifläche zuwuchern, daher wird die Fläche jährlich gemäht.

Für eine längere Wanderung kann man einen Weg durch die Hummelsbütteler Feldmark mit dem NSG Hummelsbütteler Moore anschließen. Die beiden Kleinmoore sind nicht zugänglich. Die Feldmark ist von einem dichten, typischen Knicknetz durchzogen, der Weg ist landschaftlich schön, und an einer Stelle (2) gibt es sogar die Zittergras-Segge direkt am Asphaltweg. Eine schöne Aussicht über die Stadt (Fernglas!) hat man vom 80 m hohen Berg der Mülldeponie Hummelsbüttel (3). Von hier erhält man auch einen guten Einblick in das zu Füßen liegende Ohlkuhlenmoor (4). *HB*

Teufelsabbiss

Stellmoor-Höltigbaum

43

Wallberge, Drumlins und Sölle in einer
halboffene Weidelandschaft

Das hamburgische NSG Höltigbaum geht ohne erkenn-
bare Grenzen in das stormarnische NSG Höltigbaum
über. Im Wesentlichen sind dies die Flächen des ehemaligen Standortübungsplatzes Höltigbaum. Beide Gebiete
umfassen zusammen etwa 546 Hektar. Nach Norden
schließt sich das hamburgische NSG Stellmoorer Tunneltal an. Es wird vom wasserarmen Stellmoorer Quellfluss
durchflossen, der später in die Wandse einmündet. Der
Ursprung dieses Quellflusses liegt im Ahrensburger-
Stellmoorer Tunneltal (▶ Tour 89). Von 1937 bis 1992
wurde das Gebiet mehr oder weniger ununterbrochen
als Truppenübungsplatz genutzt. Das hat verhindert,
dass hier jemals intensive Landwirtschaft stattfand oder
Bauwünsche sich erfüllen ließen. Der Übungsbetrieb mit
Bodenverwundungen durch Panzer und schanzende Sol-
daten hat weder dem Tunneltal geschadet noch den sogenannten Drumlins (vom Gletschereis geformte eiszeitliche Geschiebeablagerungen). Vielmehr bildeten sich
immer wieder Pionierstandorte auf Rohböden für darauf

Lage
Rahlstedt, auf der Grenze
zwischen Hamburg und
Schleswig-Holstein
Anfahrt
Vom S-Bahnhof Rahlstedt
Bus 562 bis Eichwischen, dann
bis Eichberg 600 m Fußweg.
Alternativ Bus 24 oder 275 bis
Hellmesberger Weg bzw. Bus 24
bis Haltestelle Saseler Straße
Weginformation
Rundweg, 5 km
Die Bahnstrecke quert man
über eine Straßenbrücke am
Dassauweg oder mittels einer
Anrufschranke am Nornenweg.
Naturschutz
Naturschutzgebiete und
Natura 2000. Betreuung durch
eine Arbeitsgemeinschaft aus
NABU, Schutzgemeinschaft
Deutscher Wald (SDW) und
Verein Jordsand
Tipp
Info-Ausstellung im »Haus
der Wilden Weiden«, Eichberg 63,
www.hoeltigbaum.de
Das Faltblatt des Naturschutz-
amtes Hamburg zum NSG Höltig-
baum / Stellmoorer Tunneltal
ist hier erhältlich.

Halboffene Landschaft im Höltigbaum

Kleiner Vogelfuß, Blüte Kleiner Vogelfuß

spezialisierte Pflanzen und Tiere. Panzerfahrspuren entwickelten sich zu Amphibienlaichplätzen und Libellen-
gewässern. Vor allem hat die militärische Nutzung die
landwirtschaftliche Nutzung und damit den Eintrag von
Nährstoffen und Pflanzenschutzmitteln verhindert. Das
Gebiet wurde außerhalb der Übungszeiten – soweit erforderlich – durch Schafbeweidung offen gehalten. Heute ist das Hauptziel der naturschutzfachlichen Pflege
eine »halb offene Weidelandschaft«, in der Galloways
und Schafe in großflächig eingezäunten und zum Teil
durchwanderbaren Bereichen weiden. Allein durch Beweidung ist der gewünschte Charakter der Landschaft

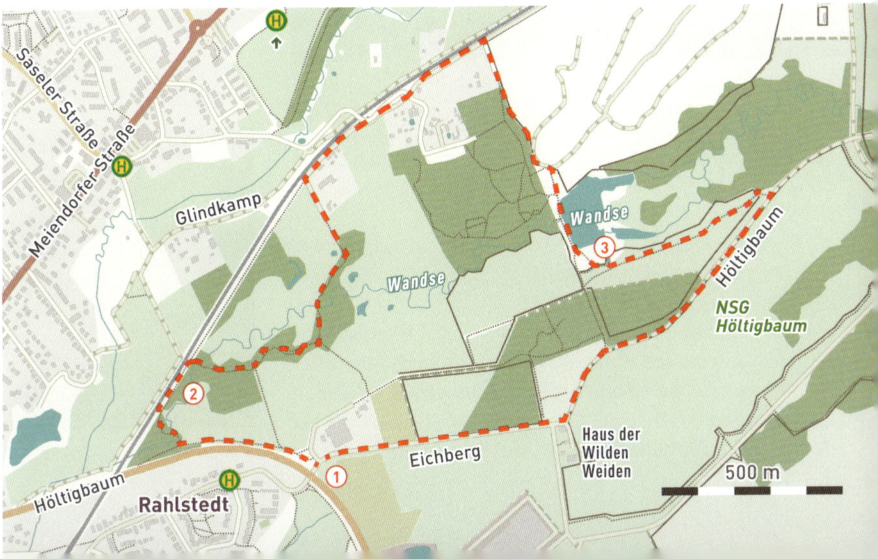

Rundblättrige Glockenblume

Teichbodenflora

bislang aber nicht zu erhalten, sodass regelmäßig durch umfangreiche Entkusselungsarbeiten zu Pflegezwecken Gehölze entnommen werden.

Für eine botanische Wanderung empfiehlt sich ein Rundweg, der am Eichberg startet (1). Dabei fallen am Rand der Rinderweide die Blätter des Dichtblühenden Ampfers auf, eines seltenen Neophyten. Geht man weiter in Richtung Norden an der Bahn entlang, so gelangt man über die Wandse zu den Wallbergen mit einem ehemaligen Eichenkrattwald (2), in dem Maiglöckchen, Salbei Gamander und Wildapfelbäume (aber auch ein verwilderter

Schlammling

Kulturapfel) wachsen. Wallberge oder Oser (Einzahl: Os) sind Gesteinsablagerungen, die nicht vom Gletscher selbst, sondern von eiszeitlichen Schmelzwasserabflüssen geformt wurden. Im Wandse-Tal werden sie von Niedermoorsenken mit Weidenbruchwaldrelikten mit Sumpffarn und Wasserfeder (mit Fernglas erkennbar) und Nasswiesen mit Großem Klappertopf begleitet. Leider ist die ursprüngliche Gestalt der Wallberge seit Jahrzehnten durch Kiesabgrabungen gestört.

Dolden-Habichtskraut

Auf sogenannte Sölle, das sind kleine, oft kreisrunde Tümpel in der offenen Landschaft, die sich aus eiszeitlichen Toteislöchern gebildet haben, kann man ebenfalls stoßen.

Auch die trockenen Grasfluren südlich des Rückhaltebeckens [3], die mit viel Mühe offen gehalten werden, sind wegen der Vorkommen von Borstgras, Kleinem Vogelfuß, Rundblättriger Glockenblume, Englischem Ginster, Dolden-Habichtskraut, Besenheide und Teufelsabbiss einen botanischen Besuch wert.

Als Vögel der offenen Fluren singen hier Feldlerche, Baum- und Wiesenpieper. *HB*

Halboffene Weidelandschaft

Darunter versteht man eine naturnahe und vielfältige Gras- und Staudenflur, die mit Büschen und Bäumen durchsetzt ist. Offen gehalten werden sie durch Beweidung mit robusten Nutztieren wie Galloway-Rindern oder sogar Wildtieren wie Rotwild. Man hofft, dass sich so langfristig ein vielfältiges Mosaik aus unterschiedlichen Sukzessionsstadien entwickelt. Das Konzept knüpft an die traditionelle mittelalterliche Hudeviehhaltung an Es versteht sich auch als kostengünstige Alternative zur üblichen aufwendigen Biotoppflege in Schutzgebieten.

Volksdorfer Teichwiesen

44

Tunneltal mit Wiesenraute und Krebsschere

Der Rundweg vom Bahnhof Volksdorf führt zunächst an dem Reinigungsgewässer (1) für das auf der Marktfläche anfallende Niederschlagswasser vorbei. Untersuchungen bescheinigen dieser Anlage eine gute Wirksamkeit, sodass Gussau und Saselbek heute weniger mit Schadstoffen belastet sind als früher. Folgt man dem Weg weiter hangaufwärts, fallen im zeitigen Frühjahr unter alten Buchen kleine Teppiche mit schnittlauchartigen Blättchen des Scheiden-Gelbsternes auf. Der Weg verläuft auf der (gärtnerisch abgeflachten) Hangkante (2) eines eiszeitlichen Tunneltales. Von hier hat man einen guten Überblick über die Wiesen, die zu unterschiedlichen Terminen gemäht und beweidet werden. Die Volksdorfer Teichwiesen zeigen, dass selbst ganz nahe an der Bebauung im Nass-Grünland seltene Arten wie Sumpf-Veilchen und der davon abhängige Braunfleckige Perlmuttfalter erhalten werden können. Auf die gelben Tupfer der Sumpfdotterblume im Frühjahr folgt von Mitte Mai bis Ende Juni die Blüte verschiedener Knabenkrautarten sowie Wiesen-Schaumkraut und Kuckucks-Licht-

Lage
Zwischen Volksdorf und Sasel
Anfahrt
U1 bis Volksdorf, dann zu Fuß in wenigen Minuten zur Halenreihe
Naturschutz
Naturschutzgebiet. Betreuung durch den BUND, den Botanischen Verein und die Loki Schmidt Stiftung
Weginformation
Rundweg, 2,5 km
Jahreszeit
Mitte Mai bis Mitte Juni
Tipp
Infotafeln am Rundweg

Kopfweiden an den Volksdorfer Teichwiesen

Fuchs-Knabenkraut

Wiesen-Schaumkraut

Hauhechel-Bläuling
auf Kuckucks-Lichtnelke

Die Wiesen werden durch Mahd für Heugewinnung offen gehalten

Gelbe Wiesenraute

Kuckucks-Lichtnelke

nelken. Im Juli ist die hochwüchsige Gelbe Wiesenraute am Zaun (3) nicht zu übersehen. Ein Holzsteg ermöglicht es, einen Teich mit Krebsschere aus der Nähe einzusehen (4). Im März ist hier das Blubbern der balzenden Moorfrösche zu hören. Der auf der Südseite verlaufende Weg gibt den Blick auf den Stauteich der Saselbek frei (5). Die Seerosen sind zwar hübsch, sind aber Gartenformen aus Kreuzungen. Das gegenüberliegende Ufer wird von Rispen-Seggen, Fluss-Ampfer und anderen Uferstauden gesäumt. Statt nach Volksdorf zurückzukehren, bietet sich an, der Saselbek zu folgen. Hier kann an der Bergstedter Chaussee der Bus 174 (Schönsberg) erreicht werden. *HB*

Wittmoor

45

Eindrucksvoll wieder vernässtes Hochmoor

Das ursprünglich 160 Hektar große Moor wurde zwischen 1910 und 1970 abgetorft und entwässert, aber dennoch kann man hier den ursprünglichen Charakter eines typischen Hochmoores erahnen. Der quer durch das Gelände führende große Moordamm (1) wurde 2014 neu abgedichtet. Hier fuhren früher die Loren zum Torftransport. Nach dem Ende des Torfabbaus war das Moor von tiefen Entwässerungsgräben durchzogen. Wo heute der Kranich brütet, war der Mittelgraben so tief, dass man darin verschwand, wenn man ihn queren wollte.

Nach den ersten Maßnahmen zu Wiedervernässung durch den Botanischen Verein hat sich aus dem degenerierten Birkenwald mit ▸ Pfeifengras (S. 80) zunächst ein See mit Baumruinen gebildet, denn viele Birken haben die Anhebung des Wasserstandes nicht überlebt. Von den Rändern her wuchs der See durch flutende Torfmoose und Wollgräser Jahr für Jahr weiter zu, sie bedecken heute einen großen Teil der Wasserfläche. Krickenten und Kraniche stellten sich bald ein. Zwar wurden beim Abbau organischer Stoffe im Moorkörper zunächst große Mengen an Nährstoffen freigesetzt. Sie wurden aber allmählich abgebaut, da sonst nur nährstoffarmes Regen-

Zittergras-Segge

Anfahrt
U1 bis Ochsenzoll, dann Bus 7550 bis Glashütte / Siegfriedstraße, dann 500 m Fußweg nach Osten. Alternativ S1 bis Poppenbüttel, dann Bus 276 bis Fiersbarg oder Mesterbrooksweg, dann 1,5 km Fußweg nach Westen. Parkmöglichkeiten am Muusbarg oder Bielenbarg

Weginformation
Rundweg Moor 3 km
Rundweg Heide 4 km
Wegen der zunehmenden Unruhe in dem schönen und viel besuchten Gebiet (z.B. durch frei laufende Hunde) wurde der Nord-Süd-Weg, der Einblicke in die Moorvegetation erlaubt, gesperrt.

Naturschutz
Naturschutzgebiet in Hamburg und in den Kreisen Stormarn und Segeberg. Betreuung durch den NABU (Hamburg), die GÖP und den Landesjagdverband Schleswig-Holstein (in Stormarn und Segeberg)

Jahreszeit
Ende Mai zur Wollgrasreife ist der Blick vom Damm über die seit 1978 eingestaute und in fortschreitender Vermoorung begriffene Wasserfläche eindrucksvoll. (1)

Tipp
Sehr informative Wanderkarte www.hamburg.de/wittmoor/; Faltblatt »Wittmoor« (auch als pdf) beim Landesamt für Landwirtschaft, Umwelt und ländliche Räume Schleswig-Holstein (LLUR)

Map labels:
langstedter Weg
Brunsteenweg
B 432
Richtung Duvenstedt
P
Heidetour
H
Segeberger Chaussee
H
③
NSG Wittmoor
Kakenhaner Weg
①
Muusbar
⑤
Moortour
P ⑤ Fiersbarg ④
P
②
⑥
Bilenbarg
250 m
⑥

Schmalblättriges Wollgras

Glocken-Heide

Pflanzenliste

Besenheide *Calluna vulgaris*
Borstgras *Nardus stricta*
Englischer Ginster *Genista anglica*
Glocken-Heide *Erica tetralix*
Schmalblättriges Wollgras
  Eriophorum angustifolium
Sumpf-Calla *Calla palustris*
Übersehenes Knabenkraut
  Dactylorhiza praetermissa
Zittergras-Segge *Carex brizoides*

Abgestorbene Birken nach Wassereinstau

wasser von außen in das Gebiet eindringt. Damit war eine wichtige Voraussetzung für die Entwicklung einer hochmoortypischen Vegetation gegeben: Nährstoffarmut. Der Einstau von Wasser ist im Gebiet wegen der unterschiedlichen Abgrabungshöhen nur teilweise möglich. Das Land Schleswig-Holstein hat mit Baggern an zahlreichen Stellen die entwässernden Gräben durch sogenannte Verwallungen abgedämmt und versucht so, den Wasserhaushalt in diesen Moorteilen zu stabilisieren. Ebenfalls einen schönen Blick auf die Moorfläche bietet sich vom »Moordamm« aus (2), der als Fortsetzung der Straße Bilenbarg aus das Moor im Süden quert. Hier kann man bei normalem Wasserstand durch eine Furt bequem den das Moor verlassenden Bach – die spätere Mellingbek – überqueren. Die schönen Bestände der Sumpf-Calla und die Torfmoos- und Frauenhaarmoospolster haben sich hier erst nach dem Anstau aus einem trockenen Birkenwald entwickelt. Was man nicht sieht: Die erste Verkabelung einer Hochspannungsleitung in Hamburg, die hier das Wittmoor quert, verläuft unter dem nördlichen Wegrand am Moordamm.

Von den Heidehängen am Scharbarg (3) im Nordosten des Wittmoores hat man einen schönen Ausblick über die nassen, mit Teichen durchsetzten Wiesen und Weiden.

Balzende Kraniche

Hier kann man häufig Reiher und Kraniche beobachten. Erhalt und Pflege der Heiden erfordern immer wieder das Abplaggen der alten Heide und die manuelle Beseitigung von Birken. Eine großflächige Pflege aller offen zu haltenden Flächen unter Einbeziehung des randlichen Landschaftsschutzgebietes durch eine Schafherde blieb bisher ein Wunschtraum. In den Heideflächen wächst der Englische Ginster, und mit Glück lässt sich auch die Zauneidechse blicken. Noch seltener bekommt man eine Kreuzotter zu Gesicht.

Reste alter Eichen-Birken-Wälder mit Maiglöckchen, Zweiblättriger Schattenblume und Wiesen-Wachtelweizen finden sich außerhalb des Naturschutzgebietes beiderseits des Fiersbargs, wo man auch auf Hügelgräber stößt (4). An zwei Stellen im Gebiet kann die Zittergras-Segge am Wegesrand betrachtet werden (5). Das Übersehene Knabenkraut (6) schwankt stark in seinen Beständen. *HB*

Sumpf-Calla

Schwingrasen

Am Rande von Moorgewässern schwimmen untergetauchte Torfmoose. Auf ihnen können sich Seggen und Wollgräser und Arten wie Sumpf-Calla, Schnabelried und Sumpf-Blutauge ansiedeln. Sie bilden zusammen mit den Torfmoosen einen Rasen, der frei auf dem Wasser schwimmt und langsam immer weiter auf die offene Seefläche hinaus wächst. Vorsicht, solche Schwingrasen auf keinen Fall betreten, denn sie sind nicht tragfähig. Außerdem darf man sie sowieso nur vom Weg aus anschauen, denn Schwingrasen kommen heute ausschließlich in Naturschutzgebieten vor. Besonders eindrucksvolle Schwingrasen gibt es am Schwarzsee (▶ Tour 70) und im Wittmoor.

Wohldorfer Wald

46

Schlüsselblumen, Sumpflöcher und Spechthöhlen im größten Laubwaldgebiet Hamburgs

Der Wohldorfer Wald ist das größte zusammenhängen-
de Laubwaldgebiet in Hamburg, das auf einem Rundweg
sehr gut erkundet werden kann. Zudem ist es das älteste
Forstrevier Hamburgs und seit 1437 in hamburgischem
Besitz. Die kuppige Struktur der Endmoränenlandschaft
mit Senken und Bächen ist der Grund für verschiedene Waldstandorte auf engem Raum. Man findet sowohl
bodensauren Buchenwald mit Weißmoos als auch Eichen-
Buchen-Wälder mit Busch-Windröschen, Waldmeister
und dem in Hamburg sehr seltenen Sanikel. An der

Lage
Am Nordrand von Ohlstedt
Anfahrt
U1 bis Ohlstedt
Weginformation
Rundweg, 6 km
Naturschutz
Ein Naturschutzgebiet von
278 Hektar, von dem große Teile
(leider nicht alle ältesten bzw.
wertvollsten) auch als FFH-
und Vogelschutzgebiet ausge-
wiesen sind. Betreuung durch
die Schutzgemeinschaft Deut-
scher Wald (SDW)
Jahreszeit
Von April bis in den Frühsommer
besonders zu empfehlen
Tipp
Ein Bodenlehrpfad (1) vermit-
telt Einblicke in den Aufbau und
die Entstehung der Waldböden.
Ein heimatkundlicher Lehrpfad
ist ebenfalls ausgeschildert.
Wanderkarte auch für Duvenstedter Brook www.hamburg.de/
wohldorfer-wald/
In der Ausstellung im »Brook
Hus« (▶ Tour 40) ist auch der
Wohldorfer Wald berücksichtigt.
Einkehrmöglichkeiten im Restau-
rant »Zum Bäcker«, Herrenhaus-
allee 9 oder in der »Wohldorfer
Mühle«, Mühlenredder 38, mit
Blick auf den zum Schutzgebiet
gehörenden Mühlenteich.

Herbstfärbung im Wohldorfer Wald

Ammersbek (2) trifft man auf nasse Eichen-Eschen-Wälder mit ► Milzkräutern (S. 321) und auf Bruchwaldsäume mit Sumpfdotterblumen. In eingestauten Senken wurden Wasserfeder und Sumpf-Calla eingesetzt, die dort üppig gedeihen. Umgestürzte Bäume und Baumruinen mit Spechthöhlen und Baumpilzen bereichern die Struktur des Waldes. Im Frühjahr sind die Rufe von Schwarzspecht und Hohltaube zu hören. Auch Kolkrabe und Uhu brüten hier. Die früher artenreichen Feuchtwiesen (3) sind leider im Laufe der Jahre immer weniger geworden. Auf jahrzehntelanges Drängen des Botanischen Vereins wurde schließlich die Wiesenpflege als ein Schutzzweck in die geänderte Naturschutzverordnung aufgenommen. Im Jahre 2011 wurde ein neuer Entwässerungsgraben an der Hauptwiese gezogen, sodass die Pflege wieder möglich ist. Die Wiesen sind weiterhin sehr feucht: Nach dem Abblühen der Sumpfdotterblumen ist in der zweiten Maihälfte das Breitblättrige Knabenkraut zu sehen. *HB*

Altbaum mit Baumpilzen

Gegenblättriges Milzkraut

Pflanzenliste

Berg-Ehrenpreis *Veronica montana*
Breitblättrige Sumpfwurz
  Epipactis helleborine
Breitblättriges Knabenkraut
  Dactylorhiza majalis
Einblütiges Perlgras *Melica uniflora*
Gegenblättriges Milzkraut
  Chrysosplenium oppositifolium
Hain-Veilchen *Viola riviniana*
Hohe Schlüsselblume
  Primula elatior
Sanikel *Sanicula europaea*
Sumpfdotterblume *Caltha palustris*
Wald-Sternmiere *Stellaria nemorum*
Wald-Veilchen
  Viola reichenbachiana
Wasserfeder *Hottonia palustris*
Wechselblättriges Milzkraut
  Chrysosplenium alternifolium
Winter-Schachtelhalm
  Equisetum hyemale

Aue der Ammersbek

Wandse-Grünzug

47

Ein Streifzug zu exotischen Gehölzen

»An de Elbe, an de Alster, an de Bill ...«, da liegt bekanntlich Hamburg. Aber da fehlt noch die Wandse, ein kleiner, kiesgeprägter Tieflandbach, der den Hamburger Osten vom NSG Höltigbaum bis zur Außenalster durchfließt. Zusammen mit den angrenzenden Auen ist das 20 km lange Gewässer eine wichtige grüne Landschaftsachse im ansonsten stark bebauten und versiegelten Stadtgebiet. Die Ufer der Wandse werden an vielen Stellen durch Bachpaten renaturiert und von invasiven Neophyten befreit. Entlang des Flusses gibt es eine Vielzahl von Mühlenteichen, an denen früher Wassermühlen betrieben wurden. Heute sind diese Teiche häufig in Grünanlagen eingebettet.

Lage
Wandsbek, zwischen Ahrensburger Straße, Kedenburgstraße, Walddörferstraße und Ölmühlenweg
Anfahrt
U1 bis Wandsbek Markt, dann Bus 9 bis Eichtalstraße oder Ölmühlenweg
Weginformation
Rundweg, 2 km
Jahreszeit
Frühjahr bis Herbst
Tipp
Der Pflanzenbestand der einzelnen Beete des Botanischen Sondergartens kann über eine Internetseite eingesehen werden (www.hamburg.de/wandsbek/pflanzenbestand) und vor Ort mit Hilfe von QR-Codes auf dem Smartphone abgerufen werden. Einkehrmöglichkeit Restaurant »Zum Eichtalpark« an der Busstation Eichtalstraße

Wandse mit dichter Ufervegetation

Pflanzenliste der Parks
Bastard-Eiche *Quercus x schochiana*
Färber-Eiche *Quercus velutina*
Japanische Faser-Banane
  Musa basjoo
Kleinblütiger Trompetenbaum
  Catalpa ovata
Küstenmammutbaum
  Sequoia sempervirens
Libanon-Eiche *Quercus libani*
Prächtiger Trompetenbaum
  Catalpa speciosa
Riesenmammutbaum
  Sequoiadendron giganteum
Rostiger Korkbaum
  Phellodendron lavallei
Taschentuchbaum
  Davidia involucrata
Zerr-Eiche *Quercus cerris*

Der sechs Hektar große Eichtalpark (1) gehört zu den größten Grünanlagen entlang der Wandse. Die Eichen wurden 1830 gepflanzt, um aus deren Lohe (Rinde und Laub) Gerbstoffe für Lederfabriken zu gewinnen. In der Nachkriegszeit wurde ein Großteil des Baumbestandes abgeholzt und als Heizmaterial verwendet. Heute wachsen im Eichtalpark zehn verschiedene Eichenarten, die in den 1960er Jahren angepflanzt wurden, unter anderem die Libanon-Eiche (2) oder die Färber-Eiche (1).

Der Botanische Sondergarten Wandsbek ist eine öffentliche Grünanlage in der Obhut des Bezirksamts Wandsbek. In dem 1,5 Hektar großen Garten finden sich heimische und auch nicht heimische Stauden (3), Rosen, Sommerblumen und Gehölze, wie verschiedene Mammutbäume (4, 6) oder der Taschentuchbaum (5). Angelegt wurde der Garten 1926 vom Wandsbeker Lehrerverein als Schulgarten, der 1956 in »Botanischen Sondergarten« umbenannt wurde. In den 1980er Jahren erfolgte im Sondergarten die Anzucht von Wildstauden, welche anschließend in die Hamburger Naturschutzgebiete ausgepflanzt wurden. Das Gewächshaus des Sondergartens ist heute Teil der öffentlichen Grünanlage und steht den Besuchern offen. Zwischen dem Botanischen Sondergarten und dem Ölmühlenweg befindet sich Fischers Park, hier können exotische Gehölze, wie verschiedene Trompetenbäume (7), bestaunt werden. *AZ, NL, HM*

Teichhuhn auf Rohrkolben

Der Pegel der Wandse kann stark schwanken

Landkreis Harburg und Landkreis Stade –
Alte Landschaft, arme Böden, reiche Wälder

Alt ist die Landschaft der Geest, denn sie wurde vor mehr als 130.000 Jahren durch die Gletscher der vorletzten Kaltzeit geformt. Arm sind die Böden vor allem an Kalk, der in dem langen Verwitterungszeitraum weitgehend ausgewaschen wurde. So finden wir hier eher saure Böden. Die teilweise besonders reiche Farnflora weist auch darauf hin. Das gilt für die typischen Sandböden der Nordheide ebenso wie für die Waldstandorte auf der Altmoräne. Die früher landschaftsprägenden Heiden sind bis auf wenige Reste verschwunden.

Alt sind die auf unseren Touren besuchten Wälder. Es handelt sich oft um »alte Waldstandorte«, auf denen schon seit mehreren Jahrhunderten durchgehend Wald stockt. Hinweise dafür findet man in der Krautschicht: Waldmeister, Sanikel, Bingelkraut, Busch-Windröschen – sie alle weisen auf eine lange und kaum unterbrochene Waldgeschichte hin.

Reich sind die Wälder, weil sie stellenweise sehr viele Pflanzenarten aufweisen. Und reich sind viele Gebiete auch in Hinblick auf Wasser: Bäche und Quellen sind in vielen Wäldern prägend. Häufig wurden Bäche zu Fischteichen gestaut. Andere Gewässer sind Überreste von Ton- oder Sandabbau – in den Gruben sammelte sich das Wasser.

Ganz anders in der Marsch: Die fetten, ton- und nährstoffhaltigen Marschböden sind jung und erste vor 3.000 Jahren entstanden. Verglichen mit der Geest ist das um 1150 eingedeichte Alte Land eine junge Landschaft. Dank der Elbnähe hat es ein besonders mildes Klima und damit hervorragende Voraussetzungen für einen intensiven Obstanbau. Leider bietet die heutige Obstbaulandschaft kaum Lebensraum für Tiere und Pflanzen.

Große Sternmiere im Düvelshöpen

Düvelshöpen bei Tostedt

48

Schuppenwurz und Schwarze Teufelskralle:
Sehenswerte Frühjahrsflora in feuchtem
Eichen-Hainbuchen-Wald

Feuchte Rinne im Düvelshöpen

Weg am Offenland

Lage
Gemeinde Tostedt
Anfahrt
RE4 oder RB41 bis Tostedt,
dann 1,7 km Fußweg über Am
Bahnhof, Alte Kleinbahn bis zum
Schulzentrum.Start und Ziel ist
der Parkplatz an der Grundschule
Schützenstraße 51. Einstieg ist
ein kleiner Pfad gegenüber dem
Parkplatz.
Weginformation
Rundweg, 3,5 km
Hinter den Gleisen der still-
gelegten Eisenbahn Zeven–
Tostedt halten wir uns rechts.
Jahreszeit
Mitte April bis Mitte Mai
Tipp
Zur Abrundung bietet sich eine
Exkursion zum Glüsinger Bruch
und zum Osterbruch an (►Tour 50).
Einkehrmöglichkeiten in Tostedt

Wald-Veilchen

Besonders lohnend ist eine Exkursion in den Düvelshöpen von April bis Mitte Mai, wenn Busch-Windröschen,
Hohe Schlüsselblume und Große Sternmiere blühen und
viele seltene und botanisch interessante Waldarten wie
Schwarze Teufelskralle, Einbeere und Sanikel vom Wege
aus betrachtet werden können (2). Rund 300 Arten Höherer Pflanzen sind hier gefunden worden, darunter viele
der Roten Liste Niedersachsens. Kein Wunder, dass dieses Gebiet schon vor 1900 ein klassisches Exkursionsziel
der Hamburger und Bremer Botaniker war, denn Tostedt
ist mit der Bahn leicht zu erreichen. Der Düvelshöpen liegt
am Rande der Zevener Geest und wird von zahlreichen
quelligen Rinnen durchzogen, auch von einem leider sehr
tiefen Entwässerungsgraben. Geprägt wird das einer
Forstinteressengemeinschaft gehörende Gebiet durch
feuchte bis frische Eichen-Hainbuchen-Wälder. Dabei

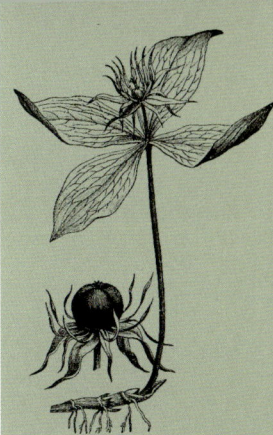

Einbeere

Historisch Alte Wälder
Wenn Wälder seit mehr als
250 Jahren durchgehend mit
heimischen Baumarten bestockt
sind, werden sie als Historisch
Alte Wälder bezeichnet. Meist
reicht ihre Geschichte aber
bis ins Mittelalter oder noch
weiter zurück. Anzeiger für
solche Wälder sind seltene
Waldpflanzen wie Einbeere
Paris quadrifolia oder Bingelkraut *Mercurialis perennis*. Sie
sind Relikte des früher ganz
Deutschland bedeckenden Ur-
waldes. Historisch Alte Wälder
in Hamburg sind unter anderem
das Niendorfer Gehege, der
Wohldorfer Wald, der Wehl-
brook in Rahlstedt, Gutswälder
in Farmsen und Berne sowie
Teile des Jenischparks.

Sanikel

Schwarze Teufelskralle

Echte Goldnessel

Pflanzenliste
Wald (Frühlingsflora)
Busch-Windröschen
  Anemone nemorosa
Echte Goldnessel
  Galeobdolon luteum
Große Sternmiere
  Stellaria holostea
Hohe Schlüsselblume
  Primula elatior
Wald-Veilchen *Viola spec.*
  (überwiegend *V. x bavarica* mit
  hellviolettem Sporn)
Unter Pappeln (1)
Schuppenwurz *Lathrea squamaria*
Feuchte Standorte
Einbeere *Paris quadrifolia*
Sanikel *Sanicula europaea*
Schwarze Teufelskralle
  Phyteuma nigrum
Winter-Schachtelhalm
  Equisetum hyemale
Teich
Fluss-Ampfer
  Rumex hydolapathum
Sumpf-Calla *Calla palustris*

dominieren an feuchteren Stellen Erlen und Eschen, während auf trockeneren Böden Rotbuche und Ilexgebüsche eingemischt sind. Auch zu anderen Jahreszeiten lohnt der Besuch, beispielsweise im Oktober, denn unter Pilzkennern ist das Gebiet berühmt für Seltenheiten wie den Hainbuchen-Hautkopf oder den Veilchen-Rötelritterling. Zur Abrundung empfiehlt sich ein Abstecher zu einem kleinen Teich (3) mit schwankendem Wasserstand, der vom Arbeitskreis Naturschutz Tostedt betreut wird. Der reizvolle Rundweg führt vorbei an Wiesen, von denen einige in den letzten Jahren in Äcker umgewandelt wurden. Der helle Ackerboden und die Birken in einem kleinen Gehölz zeigen uns, dass wir uns hier nicht mehr auf Lehm, sondern auf sandigem Substrat befinden. *HHP*

Forst Höpen-Rosengarten

49

Sehr artenreiches, kleines Waldgebiet,
immer wieder gern von Botanikern besucht

Der Weg führt direkt in den Wald. An der Gabelung den
rechten Weg nehmen und nach 50 m wieder rechts auf ei-
nen Trampelpfad zum Waldrand einbiegen. Bei (1) schöne
Bestände von Echter Goldnessel und Hain-Gilbweiderich.
Beide sind typische Zeigerpflanzen alter Laubwälder.
Am Waldrand verläuft ein alter Erdwall, von dem aus
in der Ferne die Harburger Berge sichtbar sind. An der
Wallaußenseite wächst vereinzelt die sehr seltene Berg-
Platterbse (2). Weiter entlang am Wall bis zu (3), zum
Scheiden-Gelbstern.

Lage
Südlich von Harburg, direkt
hinter der Landesgrenze
Anfahrt
S3 oder S31 bis Bahnhof Harburg,
dann Bus 443 bis Waldquelle in
Meckelfeld. Parkplatz gegenüber
im Wald
Weginformation
Rundweg, 3 km

Hain-Gilbweiderich

Berg-Platterbse

Bei (4) und (5) sind auf dem Wall Winter-Schachtel-halm und Gewöhnlicher Tüpfelfarn zu sehen.

Dann folgt eine längere Wegstrecke durch den Wald nach Osten, an der ein Standort des Waldmeisters (6) zu erwähnen ist. Um die besonders artenreiche Stelle an Punkt (7) zu finden, muss an der Weggabelung die Rou-te kurz verlassen werden (etwa 50 m nach rechts). Hier ist der Boden unter Moor-Birken und Eschenjungwuchs bedeckt mit Bach-Nelkenwurz, Kleinem Baldrian, Bitte-rem Schaumkraut, Sumpf-Pippau, Hain-Gilbweiderich, der Echten Goldnessel und vereinzelt auch Sanikel. Dann geht es zurück zum Hauptweg, der uns an der Gabelung rechts bis zu einer Reihe kleiner Teiche führt, den Pfarr-teichen. Von hier wurden früher die Sinstorfer Pfarrer zur Fastenzeit mit Fisch versorgt. An den Teichrändern (8) beeindruckt ein üppiger Bestand des Rippenfarns! Verschiedene Moose gedeihen im Umfeld. Weiter finden sich zahlreiche Pflanzen der Roten Liste wie der Tüpfel-

Totholz

Stellenweise gibt es auch Nadelbäume im Höpen

Kleines Wintergrün

Frauenhaarmoos

Efeu

Gewelltes Sternmoos

Pflanzenliste

Bach-Nelkenwurz *Geum rivale*
Berg-Ehrenpreis *Veronica montana*
Berg-Platterbse *Lathyrus linifolius*
Bergfarn *Oreopteris limbosperma*
Echte Goldnessel
   Galeobdolon luteum
Einbeere *Paris quadrifolia*
Efeu *Hedera helix*
Gewelltes Sternmoos
   Plagiomnium undulatum
Gewöhnlicher Tüpfelfarn
   Polypodium vulgare
Hain-Gilbweiderich
   Lysimachia nemorum
Kleiner Baldrian *Valeriana dioica*
Kleines Wintergrün *Pyrola minor*
Rippenfarn *Blechnum spicant*
Sanikel *Sanicula europaea*
Scheiden-Gelbstern
   Gagea spathacea

Rippenfarn

farn und der ganz seltene Bergfarn. Gegenüber, am Weg rechts, steht ein kleiner Bestand des kleinen Wintergrüns. Bei (9) lohnt ein Blick in einen für den Höpen typischen Quelltöpfe. Der Berg-Ehrenpreis (10) ist eine weitere Zeigerpflanze alter Laubwälder, ebenso Sanikel und Eichenfarn (11). *PG*

Glüsinger Bruch und Osterbruch bei Todtglüsingen

50

Historisch Alte Wälder mit schönem Waldbild, eingebettet in ein Mosaik aus Wiesen, Äckern und Teichen

Lage
Landkreis Harburg,
Gemeinde Tostedt

Anfahrt
RB41 oder RE4 bis Bahnhof Tostedt, dann Fußweg 500 m Richtung Osten über die Straße Zinnhütte zum Glüsinger Bruch. Parkmöglichkeit am Klein-gartengelände Schulstraße / Auf der Timmenhorst

Weginformation
Durch den Glüsinger Bruch hin und zurück 3,5 km
Rundweg Osterbruch 4,5 km

Naturschutz
Naturschutzgebiet seit Dezember 2018. Betreuung durch den Arbeitskreis Natur-schutz Tostedt.

Jahreszeit
Mitte April bis Mitte Mai

Mittelwaldaspekt im Glüsinger Bruch

Wald-Sauerklee

Glüsinger Bruch und Osterbruch grenzen aneinander und können einzeln für sich oder gemeinsam auf einem Rundgang erschlossen werden. Sie liegen auf der Wasserscheide zwischen Elbe und Weser und entwässern nach Norden in die Este und nach Süden in die Wümme. Die Flora ist ähnlich wie die im Düvelshöpen westlich der Stadt Tostedt, denn auch hier handelt es sich um quelliges, grundwassernahes und oft staunasses Terrain auf Geschiebemergel und Lehm. Die Fischteiche im Nordosten sind aus Tongruben ehemaliger Ziegeleien entstanden. Beim Weg am Kleingartengelände kann man noch Reste der Geleise der Lorenbahn sehen.

Rippenfarn

Besonders wertvoll und sehenswert sind die Wälder, bei denen es sich überwiegend um sogenannte ▸ Historisch Alte Wälder (S. 183) handelt. In den Sternmieren-Eichen-Hainbuchen-Wäldern dominieren im Frühjahr Busch-Windröschen, Wald-Sauerklee, Hohe Schlüsselblume und natürlich Große Sternmiere das Bild. Diese Wälder gehen an feuchteren Stellen über in ebenso reiche Erlen-Eschen-Wälder. Besonders schön ist das Waldbild im Glüsinger Bruch. Einzelne große Stämme werden plenterartig entnommen, während sonst eine mittelwaldartige Bewirtschaftung (▸ Bäuerliche Waldnutzung, S. 309)

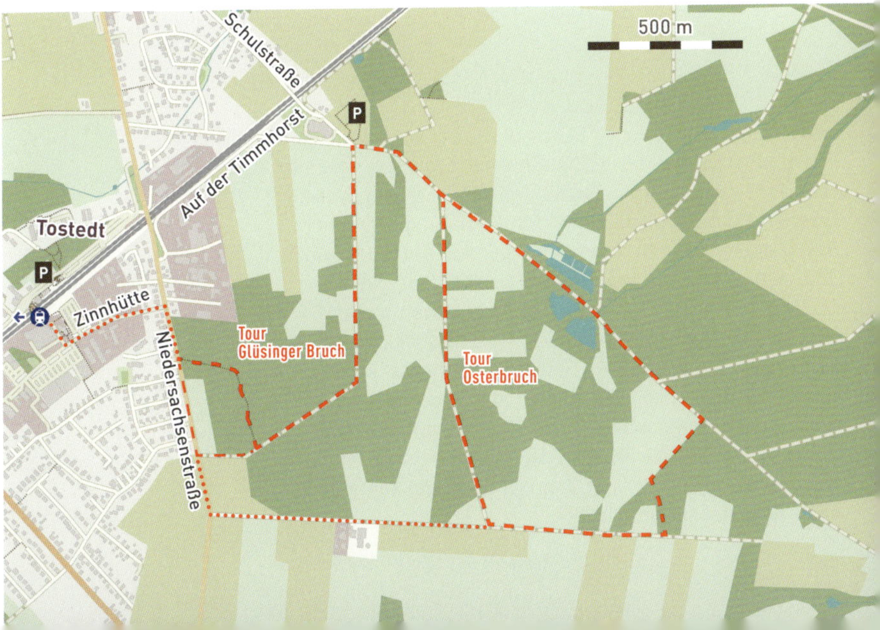

Grünliche Waldhyazinthe, Blüte

Grünl. Waldhyazinthe, Blütenstand

Große Sternmiere

Gold-Hahnenfuß

vorherrscht und auf den Stock gesetzte, vielstämmige Haselnussbüsche mit Eichenüberhältern abwechseln. Dies führt zu einem kleinräumigen Mosaik von Standorten mit unterschiedlichem Lichtklima und ermöglicht den großen Artenreichtum des Gebietes. Auch der hohe Totholzanteil ist bemerkenswert. Solche Waldbilder sind in Norddeutschland außerordentlich selten geworden und allein schon eine Reise nach Tostedt wert. Der große Artenreichtum dieses FFH-Gebietes – immerhin kommen hier 27 Pflanzenarten der Roten Liste Niedersachsen vor – ist auf drei Umstände zurückzuführen: auf die spezifischen Bodenverhältnisse, auf den historischen Standort und auf die sensible, über Jahrhunderte hin kontinuierliche Bewirtschaftung. *HHP*

Junkernfeld

51

Die größte Schachblumenpopulation in
Deutschland ist *die* botanische Attraktion
im Landkreis Harburg

Eine Million ▸ Schachblumen (S.192) soll es hier geben.
Die meisten wachsen auf dem nördlichen Teil, der dem
Domänenamt Stade gehört und in dem die landwirtschaftliche Nutzung speziell auf die Bedürfnisse der
Pflanze abgestellt ist. Also keine Düngung und späte
Mahd ab Mitte Juni. Lange Zeit galt der Muttertag als
idealer Exkursionstermin, aber in den letzten Jahren
waren die Schachblumen oft schon Ende April aufge-
blüht. Unser Rundweg ist etwa 7 km lang. Wer nur die

Lage
Gemeinden Seevetal und Stelle.
Das Junkernfeld liegt zwischen
der Elbe und dem Verschiebe-
bahnhof Maschen.
Anfahrt
S1 oder S3 bis Harburg, dann
RE31 bis Maschen oder Bus 149
bis Over, Am Junkernfeld oder
Wuhlenburg Schleuse.
Parkplätze am Bahnhof Maschen,
am Junkernfeldsee und in
Wuhlenburg
Weginformation
Rundweg, 7 km
Naturschutz
Naturschutzgebiet, FFH-Gebiet
Betreuung durch den NABU
Winsen.
Jahreszeit
Ende April bis Anfang Mai zur
Blüte der Schachblumen bis in
den Spätsommer für die Wiesen-
flora und das Elbvorland

Kopfweiden aus Dotterweide
Salix alba var. vitellina mit gelben
Zweigen

Kopfweiden

Schachblume

Ein Schachbrettmuster auf den Blütenblättern ist im Pflanzenreich etwas Besonders. Kaum eine andere Wildpflanze erfreut sich so großer Sympathien wie die Schachblume *Fritillaria meleagris*. Das zarte Liliengewächs ist eine alte Zierpflanze, die in Norddeutschland schon im 16. Jahrhundert aus den Gärten in die freie Landschaft auswanderte.

Viele Vorkommen in den Exkursionsgebieten gehen allerdings auf jüngere ▶ Ansalbungen (S. 156) zurück. Ihren Naturstandort hat die Schachblume in den Marsch- und Auenwiesen, wo sie bei extensiver Bewirtschaftung üppige Bestände bildet. Dass auch immer ein gewisser Prozentsatz weiß blühender Pflanzen dabei ist, ist durchaus natürlich.

Schachblumen sehen will, geht von Wuhlenburg Schleuse etwa 1 km nach Süden bis zur Aussichtsplattform. Um sich die Bestände genauer anzusehen, braucht man ein gutes Fernglas oder Teleobjektiv, denn die Wiesenflächen dürfen nicht betreten werden. Die Kreisverwaltung errichtet allerdings in jedem Frühjahr eine mobile Beobachtungsplattform (südlich 1), von der aus man das Blütenmeer aus der Nähe erleben kann. Die beste Stelle, um die Pflanzen direkt anzuschauen oder zu fotografieren, ist der Weg am Ostrand des Gebietes, wo die Schachblumen bis zum Graben und darüber hinaus vorgedrungen sind (1).

Das Junkernfeld liegt als fast baumlose Flussniederung im Urstromtal der Elbe und wird überwiegend als Grünland bewirtschaftet. Die Baggerseen im Süden entstanden um 1970 beim Bau des Güterbahnhofs Maschen. Bis zum Bau des Seevesiels in den 1960er Jahren standen die Flächen unter Tide-Einfluss, und wahrscheinlich wurden Samen oder Zwiebeln der Schachblume mit Elbhochwässern hierher verfrachtet. Wer auf unserem Rundweg den Blick von den Schachblumen lösen kann oder zu anderer Jahreszeit unterwegs ist, findet in der offenen Marschenlandschaft auch sonst noch viel Sehenswertes: malerische alte Silber- oder Fahl-Weiden; eine artenreiche Wiesen- und Grabenflora mit Kuckucks-Lichtnelke, Schlangen-Knöterich und Gelber Wiesenraute; und die bunte Frühlingsflora alter Sanddeiche mit Acker-Hornkraut und Bauernsenf (2). Auch zur Vogelbeobachtung ist das Junkernfeld ein sehr attraktives Gebiet.

Das nördlich angrenzende Elbvorland lohnt zu jeder Zeit einen Abstecher (3). Es gehört nicht zum Naturschutzgebiet und ist frei zugänglich. Im kleinen Weiden-Auenwald und den lockeren Tideröhrichten blüht zeitgleich mit der Schachblume die hochwüchsige Tideform der Sumpfdotterblume. In manchen Jahren wurde hier der ▶ Schierlings-Wasserfenchel (S. 109), der im Juli blüht, beobachtet. *HHP*

Sumpfdotterblume

Grünland im Junkernfeld

Pflanzenliste
Wiesen
Geflügelte Braunwurz
Scrophularia umbrosa
Gelbe Wiesenraute
Thalictrum flavum
Kuckucks-Lichtnelke
Lychnis flos-cuculi
Schachblume *Fritillaria meleagris*
Schlangen-Knöterich
Bistorta officinalis
Sumpfdotterblume *Caltha palustris*
Wiesen-Schaumkraut
Cardamine pratensis
Deichkronen
Acker-Hornkraut *Cerastium arvense*
Bauernsenf *Teesdalia nudicaulis*
Zypressen-Wolfsmilch
Euphorbia cyparissias
Deichvorland
Echte Engelwurz
Angelica archangelica ssp. *litoralis*
Schlamm-Schmiele
Deschampsia wibeliana

Wulmstorfer Heide

52

Vom Panzerübungsgelände zum Biotopverbund

Die Wulmstorfer Heide war bis 2005 Standortübungs-platz, also militärisches Übungsgelände, in dem Pan-zer fuhren. Seit 2010 werden die Heideflächen gezielt entwickelt. Wir erreichen das Gebiet nach Querung der asphaltierten Ringstraße (1). Wegbegleitend und auf der ehemaligen Schießbahn (2) wachsen halbruderale Gras-fluren mit vielen kleinwüchsigen Arten der Sandmager-rasen wie Frühe Haferschmiele, Nelken-Haferschmiele, Dreizahn und Kleines Filzkraut. Daneben fallen Arten wie Gewöhnlicher Steinquendel, Gewöhnlicher Natternkopf, Kleiner Wiesenknopf und Echtes Tausendgüldenkraut auf, die basenreiche Standorte bevorzugen und deren Ausbreitung durch Eintrag von Schottermaterial begüns-tigt wurde, dazwischen Saumarten wie Gewöhnlicher Odermennig.

Lage
Neu Wulmstorf, Heideflächen liegen in Niedersachsen an der Landesgrenze zu Hamburg

Anfahrt
S3 bis Neu Wulmstorf, dann Bus 440 bis Freibad Neu Wulmstorf, von dort 300 m Fußweg zum Waldparkplatz (A) am Ende der Königsberger Straße. Zukünftig Zufahrt (B) über das ehemalige Kasernen-gelände geplant.

Weginformation
Rundweg, 4 km Kombination mit der Tour in die Fischbeker Heide möglich (► Tour 25)

Jahreszeit
Für Magerrasenarten Mai bis Juli, für die Heideblüte August bis September

Heideflächen in der Wulmstorfer Heide

Die größte Offenfläche im Gebiet (3), die durch den Übungsbetrieb stark beeinträchtigt war, hat durch den Einsatz der Naturschutzstiftung des Landkreises eine positive Entwicklung genommen. Durch die Entfernung der Gehölze und das Aufbringen von Heidemahdgut – und damit Saat – aus der Lüneburger Heide konnte wieder eine ansehnliche Heide entwickelt werden.

Hier kommen Heidelerche, Ziegenmelker und Schwarzkehlchen vor. Daher ist zur Brutzeit der Wanderweg am Waldrand Pflicht. Am Weg liegen mehrere Kleingewässer, die für Amphibien, insbesondere Kreuzkröte, angelegt wurden. Verdichtete, feuchte Stellen auf den Wegen sind Standort für niederliegende Pionierpflanzen, darunter die Quirlige Knorpelmiere.

Östlich der Ringstraße setzen sich die Offenflächen in einem Streifen an der Landesgrenze (4) fort, der an das NSG Fischbeker Heide auf Hamburger Gebiet angrenzt. Dieser Bereich wurde von der Stadt Hamburg als Ausgleichsfläche angekauft. Auch hier wurde Kiefernauf-

Großblütige Königskerze

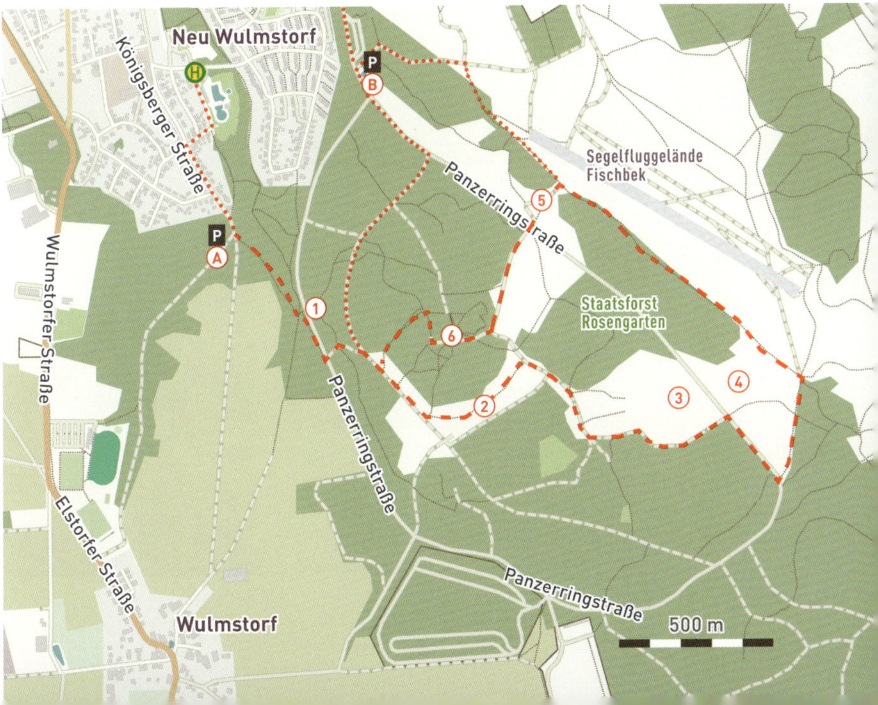

Hirschsprung

Quirlige Knorpelmiere

wuchs entfernt, um den Biotopverbund der offenen Lebensräume zwischen den Gebieten wiederherzustellen. Der Weg folgt dem Verlauf der Landesgrenze. Dieser verlangt aufgrund des stetigen Auf-und-Ab-Gehens etwas Kondition. Nach ca. 1 km führt ein Sandweg, auf dem der Hirschsprung zu entdecken ist (5), hinab in den Schuppenthalsgrund. Hier weisen ▶ Gagel (S. 77) und weitere Moorpflanzen auf das im Talgrund liegende Quellmoor hin. Am Ende der Tour bietet sich eine Rast auf der sogenannten »Panzerplatte« an (6). *SR*

Quendel-Seide

Mühlenbach und Neuklosterforst

53

Umgeben von hohen Hallenwäldern
mäandriert der Mühlenbach von der
Feldmark bis zum Pfingstmarktplatz

Vom Pfingstmarktplatz geht es durch höher gelegene
Hallen-Buchenwälder (1) bergab in feuchtere Gefilde. Am
Hangfuß entspringt der »Paterborn«, eine artesische,
immer sprudelnde Quelle, die heute durch eine Sand-
steinfassung eingesperrt ist (2).

Der Weg verläuft zwischen zwei Fischteichen; der
nördliche wurde aufgegeben und zeigt heute dichtes
Schilfröhricht. An der »Nonneneiche« (3) quert der Weg
den Mühlenbach. Der Bach fließt im Bereich des Neu-
klosterforstes durch ein enges Kerbtal, an dessen Ober-
kante der Weg entlangführt. An den Hangfüßen sind großflächig sumpfige Sickerquellen ausgebildet. Ganz typisch:
An eher »unlogischen« Stellen wird es plötzlich feucht,
und man sinkt knapp 30 cm tief ein. Botanisch sind solche Stellen (4) an quelltypischen Arten wie den beiden
▶ Milzkrautarten (S. 321) und dem Bitteren Schaumkraut
zu erkennen.

Lage
Buxtehude, im Neuklosterforst
Anfahrt
S3 bis Neukloster, dann zu Fuß
300 m über die Jorker Straße
zum Pfingstmarktplatz.
Parkmöglichkeiten am Pfingst-
marktplatz (außer an Pfingsten)
und direkt an der B73 Hamburg–
Cuxhaven
Weginformation
Strecke am Mühlenbach 3 km.
Wer den gesamten Neukloster-
forst durchquert, folgt in
Buxtehude der Stader Straße
zur S-Bahn, Strecke 8,5 km
Jahreszeit
Ende April bis Anfang Juni
Tipp
Ausführliches Faltblatt erhält-
lich beim Landkreis Stade
(auch auf Französisch!)
unter www.landkreis-stade.de/
portal/seiten/gebietsfaltkarte-
neukloster-forst-901000341-
20350.html

Hohe Schlüsselblumen und Sumpfdotterblumen (4) wachsen in einem Erlenwald, der bis in die 1950er Jahre eine Wiese war.

Hinter der Wegkreuzung fließt der Mühlenbach freier durch sumpfige, artenreiche Wälder, immer wieder durchsetzt von quelligen Bereichen. An der »Hexentreppe« (5) wachsen viele Arten, die für feuchte Wälder charakteristisch sind: Berg-Ehrenpreis, Sumpf-Pippau, Kriechender Günsel und Echte Goldnessel. Für die nassen Wegränder auf der Bachseite (6) sind Hain-Gilbweiderich, Sumpf-Veilchen, Echtes Springkraut und Rippenfarn typisch. Die Waldseite wird von einem Fichtenforst geprägt, und der Boden ist entsprechend saurer. Das zeigen Pflanzen wie Wiesen-Wachtelweizen, Wald- und Hain-Veilchen.

Sumpf-Veilchen

Mühlenbach im Neuklosterforst

Nach der nächsten Wegkreuzung (7) ist das Bachtal deutlich trockener. Größere Linden, Ahorne und Rosskastanien sowie Spiersträucher und Pfeifensträucher bestimmen das Bild. Alte Grundmauern weisen darauf hin, dass hier bis 1968 das Kurhotel Paterborn samt Kurpark lag.

An quelligen Bereichen treten größere Milzkrautbestände (8) auf. Hier steht auch ein Findling mit einem eingemeißelten Kreuz (»Kreuzstein«). Es handelt sich um Grenzmarkierungen aus dem Jahre 1750, die den Neuklosterforst vom Buxtehuder Wald trennten.

Der Neuklosterforst besteht überwiegend aus historisch alten Buchenwäldern. So gibt es einen als Friedwald genutzten Hainsimsen-Buchenwald (10), eine Maronenallee (11) und weitere Waldgebiete mit Arten wie Sanikel und Waldmeister (12, 13). Auch hier sind feuchte Seitentäler prägend (9, 14, 15). Neben etwa 350 Pflanzen-, 370 Pilz-, 60 Brutvogel- und 6 Fledermausarten bietet der Wald auch zahlreiche archäologische Sehenswürdigkeiten wie Hügelgräber und alte Wallanlagen. *JS*

Gegenblättriges Milzkraut

Pfeilkraut

Pflanzenliste
Berg-Ehrenpreis *Veronica montana*
Buchenfarn *Phegopteris connectilis*
Gegenblättriges Milzkraut
  Chrysosplenium oppositifolium
Große Sternmiere *Stellaria holostea*
Hain-Gilbweiderich
  Lysimachia nemorum
Hohe Schlüsselblume
  Primula elatior
Kriechender Günsel *Ajuga reptans*
Pfeilkraut *Sagittaria sagittifolia*
Rippenfarn *Blechnum spicant*
Sanikel *Sanicula europaea*
Sumpf-Pippau *Crepis paludosa*
Sumpf-Veilchen *Viola palustris*
Sumpfdotterblume
  Caltha palustris
Waldmeister *Galium odoratum*
Wechselblättriges Milzkraut
  Chrysosplenium alternifolium
Wiesen-Wachtelweizen
  Melampyrum pratense

Moore bei Buxtehude

Fahrradtour durch die artenreiche Wiesen-
und Grabenlandschaft des Moorgürtels

Viele Nässe liebende Arten, die man sonst nur mit Gum-
mistiefeln entdecken kann, findet man hier bequem vom
Fahrrad aus.

Entlang des östlichen Estedeiches (1) wächst eine arten-
reiche Grünlandflora. Im Frühjahr prägen Scharfer Hah-
nenfuß und Wiesen-Schaumkraut das Bild, im Sommer
Wasser-Greiskraut, Wilde Möhre und Wiesen-Pippau. Ein
Blick über den Deich lohnt sich im Frühjahr, wenn die
Schilfröhrichte entlang der tidebeeinflussten Este noch
nicht hoch aufgewachsen sind und den Blick auf große
Bestände der Sumpfdotterblume freigeben.

In dem Niedermoorgebiet sind vor allem die breiteren
Gräben interessant: Hier treten Froschbiss, Pfeilkraut,

Lage
Nordöstlich von Buxtehude
zwischen Este, Rübke und
Neu Wulmstorf
Anfahrt
S3 bis Buxtehude, dann zu Fuß
nach Norden über Bahnhofstraße
und Lange Straße zur Moorender
Straße oder Bus 2014 ab Markt-
kauf bis Viverstraße (fährt
nicht am Wochenende).
Parkmöglichkeiten am Hafen
Buxtehude (gebührenpflichtig)
Weginformation
Rundweg, 7 km,
auch als Fahrradtour möglich
Jahreszeit
April bis September

Wiesen, Gräben und Wäldchen nahe der zukünftigen Autobahn 26

Pflanzenliste
Wiesen
Bunter Hohlzahn *Galeopsis speciosa*
Frauenmantel-Arten
Alchemilla xanthochlora, A. glabra
Kuckucks-Lichtnelke
Lychnis flos-cuculi
Schlangen Knöterich
Bistorta officinalis
Wilder Reis *Leersia oryzoides*
Gräben
Froschbiss
Hydrocharis morsus-ranae
Gelbe Teichrose *Nuphar lutea*
Gemeiner Wasserfenchel
  Oenanthe aquatica
Gewöhnlicher Froschlöffel
Alisma plantago-aquatica
Pfeilkraut *Sagittaria sagittifolia*
Schwanenblume
Butomus umbellatus
Straußblütiger Gilbweiderich
  Lysimachia thyrsiflora
Wasserfeder *Hottonia palustris*

Gelbe Teichrose

Straußblütiger Gilbweiderich

Schwanenblume

Froschlöffel, Wasserfeder, Wasserfenchel und Gelbe Teichrose auf, aber auch Schwanenblume (2)(3) und Wilder Reis (4). In den Uferbereichen der Gräben haben sich artenreiche Röhrichte und Hochstaudenfluren herausgebildet. Hier sind dann Gelbe Schwertlilie, Mädesüß, Sumpfdotterblume, Kalmus, Blut-Weiderich und Echter Beinwell prägend. Stellenweise gehen die Hochstaudenfluren direkt in Grünlandvegetation über, wo dann Kuckucks-Lichtnelke, Schlangen-Knöterich und Frauenmantel auftreten (5). Nördlich des Harzmoorkanals bilden diese Arten noch ausgedehnte Bestände. Im April blüht hier auch die Hohe Schlüsselblume (6).

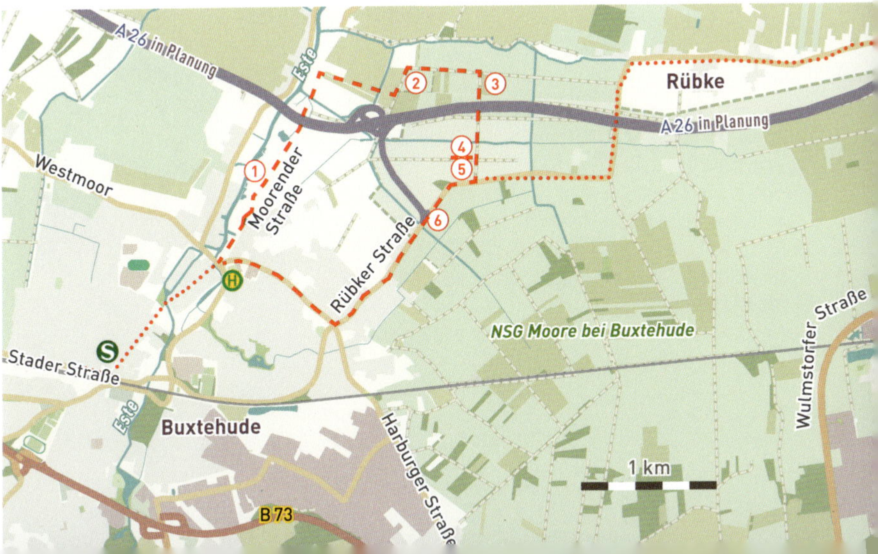

Kleiner Fuchs auf Wasserdost

Gemeiner Wasserfenchel

Wasserfeder

Die vorgeschlagene Route wird möglicherweise zukünftig durch den Verlauf der Autobahn 26 zerschnitten. Voraussichtlich wird sie jedoch weiterhin begehbar sein: Auch die botanisch interessanten Ecken bleiben vermutlich erhalten.

Der Rückweg führt über Buxtehude zurück zur S-Bahn. Oder man erkundet den Moorgürtel weiter über Rübke und den Hinterdeich. Auch hier gibt es artenreiche Gräben, teilweise mit Sumpf-Calla. Auch sind hier noch Reste von Hochmooren und weiterem Feuchtgrünland anzutreffen. Je nach Kondition kann man dann die Haltestellen der S3 ansteuern: Neu Wulmstorf, Fischbek oder Neugraben. *JS*

Wilder Reis oder Europäische Reisquecke
(*Leersia oryzoides*)
Ein eng mit dem Kultur-Reis *Oryza sativa* verwandtes Süßgras, das bei uns nur in warmen Jahren blüht und keine Samen bildet. Die Art lässt sich aber auch ohne Blüten relativ leicht erkennen: die hellgrüne Farbe sticht deutlich zwischen den übrigen Gräsern hervor. Hier lohnt es, sich zu bücken: sind die Blattscheiden sehr rau und die Stengelknoten auffällig behaart, hat man die Europäische Reisquecke vor sich. Sie gilt in Asien als berüchtigtes Reisfeldunkraut, zumal die rauen Blattscheiden zu Schnittverletzungen führen können. Sie kommt bei uns nur an den größeren Flüssen vor und ist ziemlich selten.

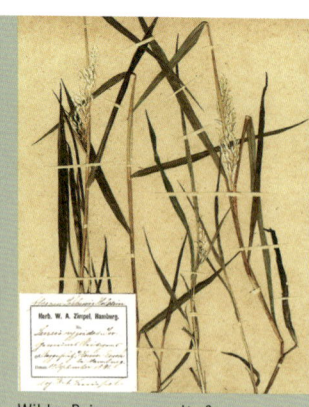
Wilder Reis, gesammelt 1891 in Hamburg-Horn

Sandgrube Wellmann 55

Arten kommen und gehen – 30 Jahre Sukzession
in aufgelassener Sandgrube

Seit Aufgabe des Sandabbaus haben sich viele Pflanzenarten im Gebiet angesiedelt, die durch Wind, Vögel, Wanderschuhe, Motocrossräder oder in Erde versteckt hier
landeten.

Die Sandtrockenrasen im Zentrum (1-4) werden von
niedrigwüchsigen, an Trockenheit und Nährstoffarmut der
Sandböden angepassten Arten wie Silbergras, Bauernsenf, Kleinem Filzkraut und Bruchkraut besiedelt. Diese
Flächen sind von Pionierwäldern aus Kiefern, Birken und
Eichen umgeben. Die Waldsäume bieten Lebensraum für
Wilde Platterbse, Breitblättrige Sumpfwurz, Hohes Fingerkraut und Tauben-Storchschnabel. An anderen Stellen
ist der Sand so feinkörnig, dass hier nichts wächst.

Lage
Südlich der B73 direkt
westlich des Ortsausgangs
von Neu Wulmstorf
Anfahrt
S3 bis Neu Wulmstorf, dann
Bus 540 bis Neu Wulmstorf
Kantstraße (nur Mo–Sa),
dann Fußweg etwa 700 m
über Lessingstraße und B73.
Parkmöglichkeiten in Neu Wulmstorf in der Lessingstraße
Jahreszeit
Mai bis Juli, aber auch ganzjährig
Tipp
Besondere Punkte: eine alte
Lorenbahntrasse (9) mit Verladestation (10), Aussichtspunkt
(11) mit Blick über die Sandgrube, an manchen Tagen bis
nach Blankenese

Behaarter Ginster

Auch die Heiden (5) werden mit der Zeit von Kiefern und Birken eingenommen und bilden Pionierwälder an den Böschungen der Sandgrube. Noch wachsen hier Massenbestände von Kleinem Wintergrün oder Hunds-Veilchen, aber auch schon die ersten Buchen.

Pflanzenliste

Sandtrockenrasen und Heiden

Bauernsenf *Teesdalia nudicaulis*
Behaarter Ginster *Genista pilosa*
Hunds-Veilchen *Viola canina*
Kleines Filzkraut *Filago minima*
Kleines Wintergrün *Pyrola minor*
Raue Nelke *Dianthus armeria*
Rote Schuppenmiere
  Spergularia rubra
Silbergras *Corynephorus canescens*
Trespen-Federschwingel
  Vulpia bromoides

Stillgewässer und andere nasse Stellen

Gewöhnlicher Moorbärlapp
  Lycopodiella inundata
Krebsschere *Stratiotes aloides*
Übersehener Wasserschlauch
  Utricularia australis
Wasserhahnenfuß
  Ranunculus aquatilis
Zungen-Hahnenfuß
  Ranunculus lingua

Birkenpionierwald am Rand der Grube

Gewässer in der ehemaligen Abbaufläche

Auf Fremdbodenmieten, die aus anderen, hier ab-
gelagerten Böden bestehen, die nährstoffreicher und
feuchter sind, weisen die Pionierwälder Weiden, Birken
und Eichen auf. Die Krautschicht wird von Nährstoff liebenden Arten wie Nelkenwurz, Schöllkraut und Wurmfarn geprägt. Staudenknöterich- und Goldrutenbestände
breiten sich hier aus. Diese Arten nehmen große Flächen
im Süden der Sandgrube ein.

Im Zentrum des Gebietes befinden sich zwei Gewäs-
ser [6]. Im kleineren wachsen neben Tausendblatt, Was-
serhahnenfuß und Krebsschere große Bestände des
Übersehenen Wasserschlauchs. Diese fleischfressende
Pflanze reckt im Juni ihre kleinen gelben Blüten über die
Wasseroberfläche.

Im Süden der Sandgrube wuchsen vor 15 Jahren noch
Trockenrasen und Pionierwälder. Seit der Abdeckung
der benachbarten Mülldeponie [7] wird das Oberflächen-
wasser dieser Fläche über eine Rohrleitung und einen
schluchtartigen Bachlauf in die Sandgrube Wellmann
eingeleitet. Dabei bildet sich ein Bach, der ständig seinen Lauf ändert und schon von auwaldartigen Weidengebüschen gesäumt wird. Der neue Bach leitet in eine
Pfanne [8] lehmige Partikel ein, die den Boden stark
verdichten, sodass sich Wasser sammelt. Weidenarten
und viele Feuchtezeiger wie Ufer-Wolfstrapp und Sumpf-
Hornklee siedeln hier. *JS*

Gewöhnlicher Moorbärlapp

Wasserschlauch

Die ungewöhnlichste aller fleischfressenden Pflanzen!
Was der Wasserschlauch *(Gattung Utricularia)* kann, können
weder Sonnentau noch Venusfliegenfalle, nämlich: Tiere unter Wasser mit Unterdruck in ihre Fangblasen einsaugen und
dort verdauen. Die Fangblasen sind bei den heimischen Arten
zwischen 3 und 5 mm lang, also kommen nur kleine Tiere in-
frage wie Kleinkrebse oder Mückenlarven. In einer Pflanze mit
600 Schläuchen hat man einmal 2000 Tierchen gefunden, bis zu
14 je Schlauch. Die Pflanze lebt völlig untergetaucht, über der
Wasseroberfläche stehen nur die attraktiven gelben Blüten,
die ein wenig an ein Löwenmäulchen erinnern.

Landkreis Lüneburg: Weite Landschaften am großen Strom

Zwei Exkursionen führen uns ins Biosphärenreservat Niedersächsische Elbtalaue und damit in eine einsame Gegend von außergewöhnlicher Schönheit.

Am Mittellauf der Elbe zwischen Wörlitz und Lauenburg hat sich eine weitgehend ursprüngliche Flusslandschaft erhalten, die nach wie vor stark von der Dynamik des Flusses geprägt ist. Hochwässer gibt es immer dann, wenn am Oberlauf die Schneeschmelze eintritt oder starker Regen fällt, also vor allem im Frühjahr und Hochsommer. Dann ist das Grünland in der Elbaue kilometerweit überschwemmt. Normalerweise sind im Sommer jedoch niedrige Wasserstände die Regel, und die Uferbänke und Stromtalwiesen fallen trocken. Der Wechsel zwischen feuchten und trockenen Verhältnissen prägt die Flora der Elbtalaue und ihren besonderen Artenreichtum: Insgesamt 1.400 Arten Höherer Pflanzen wurden hier nachgewiesen, und davon stehen 400 auf der Roten Liste gefährdeter Blütenpflanzen von Niedersachsen.

Unser drittes Exkursionsziel ist nur wenige Minuten entfernt von der berühmten Lüneburger Altstadt. Der Lüneburger Kalkberg ist eine der wenigen Stellen unseres Gebietes, an der Felsstrukturen früherer geologischer Perioden die von den Eiszeiten geformte Oberfläche durchbrechen. Und er ist der Vorposten einer Kalk und Wärme liebenden Vegetation, die wir sonst erst wieder in Mitteldeutschland antreffen.

Der Landkreis Lüneburg wurde erst in dieser Auflage in den Botanischen Wanderführer aufgenommen, da er 1990 noch nicht an den Hamburger Verkehrsverbund angeschlossen war.

Alte Eichen im Elbvorland bei Bleckede

Elbvorland bei Bleckede

Flatter-Ulmen und Silber-Weiden in weiten
Wiesen der Elbtalaue

Der Weg überquert den Deich und führt direkt in das
Elbtal-Vorland. Rechts begegnen uns Reste eines Weich-
holz-Auenwaldgebüsches (1), für das Korb-Weide und
Silber-Weide charakteristisch sind. Auf der linken Seite
ist das Auengrünland etwas stärker gedüngt, sodass sich
Flutrasen mit anspruchsvolleren Arten wie dem Wiesen-
Fuchsschwanz ausgebildet haben (2). 250 m weiter biegt
der Weg nach rechts und gibt den Blick auf großflächig
und gut erhaltenes Auengrünland frei, mit typischen
Arten wie der Frühen Segge und der seltenen ▶ Brenndolde (S. 67) (3). Sie blüht nur selten, ist aber an ihren

Lage
Nördlich der Stadt Bleckede
am Elbufer

Anfahrt
RE3 bis Lüneburg, dann Bus 5100
bis Bleckede Bahnhof. Parkplatz
gegenüber dem Bleckeder Schloß

Wegeinfomation
Rundweg, 2 km

Naturschutz
Das Gebiet gehört zum Biosphärenreservat Niedersächsische Elbtalaue. Die Wanderung verläuft im
Kernbereich des Biosphärenreservats, dessen Schutzstatus einem
Naturschutzgebiet entspricht.

Jahreszeit
Zweite Junihälfte, wenn die
Auenwiesen in voller Blüte stehen

Tipp
Ein Besuch des
»Biosphaerium Elbtalaue« in
Bleckede, Schloßstraße 10,
www.biosphaerium.de

Elbvorland bei Bleckede im Sommer

Elbvorland bei Bleckede im Frühjahr

charakteristischen zwei- bis dreifach fiederteiligen Blättern mit linealisch-lanzettlichen Blattzipfeln gut erkennbar. Die Brenndolde deckt in diesen Wiesen oftmals über 30 bis 50 Prozent der Gesamtfläche und ist typisch für die im Frühjahr nassen und im Spätsommer trockenen Auenwiesen. 200 m weiter steht links ein noch recht gut erhaltenes Hartholz-Auenwaldgebüsch (4) mit Flatter-Ulme und Stiel-Eiche. Die gute Nährstoffversorgung der Böden wird durch Kratzbeere, Riesen-Schwingel oder Gehölze wie Feld-Ahorn oder Gewöhnlichen Schneeball angezeigt.

Vor dem Waldrand biegt der Weg in einer 90-Grad-Kurve nach rechts ab und trifft nach etwa 50 m auf den Deich. Wir folgen ihm zunächst, gehen dann aber direkt auf die Deichkrone. Von hier aus bietet sich ein schöner Blick über das Elbvorland mit seinen Altarmen (5), an deren Ufern im Spätsommer der Schlammling und an lückigen Stellen auch der Hirschsprung zu finden sind. Zurück auf dem Deich, geht es in einem großen Halbkreis um eine Auenwiese herum und dann parallel zum

Kriechendes Fingerkraut

Brenndolde, Blütenstand

Brenndolde, Grundblatt

Gewöhnliches Kreuzlabkraut

Frühe Segge

Pflanzenliste

Weichholzaue (1)
Korb-Weide *Salix viminalis*
Silber-Weide *Salix alba*
Flutrasen (2)
Behaarte Segge *Carex hirta*
Gänse-Fingerkraut
  Potentilla anserina
Gewöhnliche Quecke
  Elymus repens
Kriechendes Fingerkraut
  Potentilla reptans
Wiesen-Fuchsschwanz
  Alopecurus pratensis
Auengrünland (3)
Brenndolde *Selinum dubium*
Frühe Segge *Carex praecox*
Hartholzaue (4)
Feld-Ahorn *Acer campestris*
Flatter-Ulme *Ulmus laevis*
Gewöhnlicher Schneeball
  Viburnum opulus
Kratzbeere *Rubus caesius*
Riesen-Schwingel
  Festuca gigantea
Stiel-Eiche *Quercus robur*
**Geländesenken und
Gräben (6)**
Große Brennessel (nicht brennend)
  Urtica dioica ssp. *subinermis*
Sumpf-Wolfsmilch
  Euphorbia palustris
Säume (7)
Gewöhnliches Kreuzlabkraut
  Cruciata laevipes

Elbe-Altarm nach Süden. Jetzt lohnt es sich, in Gräben und feuchten Geländesenken nach der Sumpf-Wolfsmilch Ausschau zu halten und nach einer besonderen Unterart der Großen Brennnessel (6), die sich durch das Fehlen von Brennhaaren auszeichnet. Am Rückweg stehen stattliche Silber-Weiden (7), und an den Wegrändern finden sich nährstoffanspruchsvolle Säume, für die unter anderem das Gewöhnliche Kreuzlabkraut typisch ist.

Anschließend kann man sich mit der Fähre (Fähranleger Elbstraße 11) nach Neu-Bleckede übersetzen lassen. Unmittelbar hinter dem Fähranleger führt ein kleiner Weg uferparallel in Richtung Nordwesten, welcher mit weiteren auentypischen »floristischen Kostbarkeiten« aufwarten kann, wie zum Beispiel Spießblättrigem Helmkraut, Steifem Schöterich oder Knolligem Kälberkropf. *WH*

Kalkberg in Lüneburg

57

Wärmeliebende Saum- und Pioniervegetation auf Gips, dazu viele seltene Pflanzenarten

Am Nordeingang Neuetorstraße steigt hinter einer Informationstafel der Weg für etwa 50 m leicht an und biegt dann scharf rechts ab auf die Treppe zum oberen Plateau des Naturschutzgebietes. Links und rechts des Treppenweges finden sich Stickstoff liebende Saumgesellschaften, für die seltene Arten wie Behaarte Karde oder Wilde Tulpe bezeichnend sind (1). Das obere Plateau des ehemals als Gipsbruch genutzten Gebietes gestattet einen schönen Rundblick über die Lüneburger Altstadt (2). Bei der Umwanderung des zentralen Gipskegels im Naturschutzgebiet (3) steht großflächig offenes Gipsgestein an, über dem sich allenfalls sehr flachgründige Böden entwickelt haben. Hier finden sich typische Wärme liebende Felsgrus- und Rohboden-Pionierarten wie Gewöhnlicher Steinquendel, Rauhaarige Gänsekresse, Feld-Beifuß oder Nickendes Leimkraut.

Lage
Lüneburg, direkt westlich der historischen Altstadt

Anfahrt
RE3 bis Lüneburg, dann 2 km Fußweg durch die Altstadt, alternativ diverse Buslinien bis Lüneburg Am Graalwall, von dort kurzer Fußmarsch bis zum Nordeingang Neuetorstraße. Hier auch Parkplätze

Weginformation
Rundweg, 2,5 km

Naturschutz
Naturschutzgebiet, betreut durch den BUND Niedersachsen Regionalverband Elbe-Heide.

Jahreszeit
Im Juni, wenn die Wärme liebende Vegetation optimal entwickelt ist

Blick vom Kalkberg auf die Altstadt

Gewöhnlicher Steinquendel

Am oberen Plateau des Kalkbergs

Der weitere Weg führt hinab zum Kalkberggrund, für den stark schwankende Grundwasserstände mit zeitweiliger Überstauung charakteristisch sind. Früher fanden sich hier Arten basenreicher Niedermoore wie Sumpf-Herzblatt sowie einige Salz liebende Arten, die aber weitgehend verschwunden sind. Das aktuelle Bild wird geprägt

Pflanzenliste

Saumgesellschaften (1)
Behaarte Karde *Dipsacus pilosus*
Gekielter Lauch *Allium carinatum*
März-Veilchen *Viola odorata*
Wilde Tulpe *Tulipa sylvestris*

Felsgrus- und Rohböden (3)
Acker-Steinsame
  Buglossoides arvensis
Gewöhnlicher Steinquendel *Acinos arvensis*
Nickendes Leimkraut *Silene nutans*
Rauhaarige Gänsekresse
  Arabis hirsuta

Flutrasen (4)
Entferntährige Segge *Carex distans*
Salz-Binse *Juncus gerardii*
Scheinzyper-Segge
  Carex pseudocyperus

Halbtrockenrasen (4)
Aufrechte Trespe *Bromus erectus*
Flaumiger Wiesenhafer
  Helictotrichon pubescens
Goldhafer *Trisetum flavescens*
Mittlerer Wegerich *Plantago media*
Kleiner Wiesenknopf
  Sanguisorba minor
Rauer Löwenzahn *Leontodon hispidus*
Skabiosen-Flockenblume
  Centaurea scabiosa
Tauben-Skabiose
  Scabiosa columbaria
Westfälischer Schwingel
  Festuca guestfalica

Acker-Steinsame

Rauhaarige Gänsekresse

Rauer Löwenzahn

Mittlerer Wegerich

Kleiner Wiesenknopf

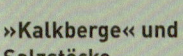
Der Name Kalkberg ist irreführend. Sowohl in Bad Segeberg als auch in Lüneburg handelt es sich um Gipshüte, die durch die Aufwölbung mächtiger Salzschichten aus der Perm-Zeit nach oben gedrückt wurden. Anders als in Bad Segeberg tritt in Lüneburg jedoch das kochsalzhaltige Wasser aus dem Salzstock direkt in der Umgebung des Kalkberges zutage und wurde bis 1980 in der Lüneburger Saline aufbereitet. Ihm verdankte Lüneburg bekanntlich seine große wirtschaftliche Bedeutung im Mittelalter. Die harten Gipsstrukturen der »Kalkberge« haben den mächtigen Gletschern der Eiszeiten getrotzt und wurden von ihnen nicht abgetragen und auch nicht mit Schutt und Geröll verschüttet. Der Gips wurde jedoch in Steinbrüchen abgebaut.

von teils schwach brackigen Flutrasen, Röhrichten, Hochstaudenfluren und Weidengebüschen (4).

Im weiteren Wegverlauf umrunden wir den Kalkberggrund im südlichen Teil des Gebietes und nähern uns schließlich auf dem Weg entlang des Ostrandes wieder der Treppe zum Plateauaufstieg. Unmittelbar bevor die Wege zusammentreffen, biegen wir scharf links auf eine Treppe ab, die wieder hinunter zum Kalkberggrund führt. Auf halber Höhe findet sich ein kleines Plateau (5), auf dem noch recht gut Halbtrockenrasen erhalten sind. Diese erreichen im Gebiet ihre nordwestliche Verbreitungsgrenze. Typisch sind Arten wie Aufrechte Trespe, Rauer Löwenzahn, Kleiner Wiesenknopf oder Tauben-Skabiose.

Der Rückweg führt nun über eine nach Norden steil ansteigende Treppe (unmittelbar links vom Plateau) hinauf zum Ausgangspunkt der Wanderung. *WH*

Fahrradtour zum Vierwerder Elbwarder

58

Artenreiche Vordeichswiesen mit Brenndolde und Kantiger Lauch

Das Außendeichsland Vierwerder östlich von Barförde zeigt Stromtalwiesen der Elbe in seltener Schönheit. Im Gegensatz etwa zu den vom Botanischen Verein betreuten Flächen des Naturschutzgebiet Lauenburger Elbvorland ist auf dem Vierwerder (1) die Geländemorphologie weitgehend ungestört geblieben. Auf den sonnenexponierten Außendeichswiesen hat die Elbe streckenweise

Lage
Entlang der Elbe zwischen Bleckede und Hittbergen, Ortsteil Barförde

Anfahrt
RE3 bis Lüneburg, dann Bus 5100 (keine Fahrradmitnahme) bis Bleckeder Bahnhof. Parkplatz gegenüber dem Bleckeder Schloß. Parkmöglichkeiten für alternative Stichwanderungen siehe Karte,

Weginformation
mit Rückweg 28 km
Bei Hochwasser ist das Gebiet teilweise nicht zugänglich, vor allem nicht von Westen!

Naturschutz
Biosphärenreservat Niedersächsische Elbtalaue, Gebietsteil C. Wege bitte nicht verlassen, mit Ausnahme des Erholungsbereichs im Westen.

Jahreszeit
Mitte bis Ende Juni vor der Mahd oder Mitte August zur Nachblüte

Tipp
Fahrradausleihe in Bleckede im Fahrrad-Laden, Breite Str. 6, Tel. 05852 / 958 79 64, Vorbestellung sinnvoll. Hintergrundinformationen zur Elbtalaue im Biosphaerium Elbtalaue ► Tour 56

Wiesen-Alant

Vierwerder Bucht

Sande abgelagert, die das Gebiet als sanfte Rücken durchziehen. So ergeben sich auf kurzer Distanz ganz unterschiedliche Feuchteverhältnisse, vom Sandmagerrasen bis zum Uferröhricht. Die Mahd erfolgt mit Rücksicht auf den Brachvogel meist nicht vor Anfang Juli. Der Zugang ist im westlichen Erholungsbereich bei Vierwerder erlaubt; dort gibt es auch eine Informationstafel. Beim Besuch im August und September ist die Ufervegetation der Schlammbänke bei niedrigen Wasserständen meist gut entwickelt. Lohnend ist die Tour auch in der zweiten Maihälfte, wenn am Heisterbusch die Wiesenblüte einsetzt, der Pirol aus dem Auwald zu vernehmen ist und die Sumpf-Wolfsmilch den Wegrand »vergoldet« (2). Eine sehr empfehlenswerte Variante ist dann ein »Schlenker« zum Deichvorland zwischen Radegast und Brackede (1). *HB*

Großer Wiesenknopf

Stromtalpflanzen

Das sind Pflanzen, deren Vorkommen ganz oder überwiegend an die Täler der großen Ströme gebunden sind. Viele Pflanzenarten, die ihre Hauptvorkommen in Mitteldeutschland haben, dringen entlang der Elbe ins Flachland vor. Sie werden entweder durch das Wasser des Elbstroms verdriftet oder finden auf trockenen Dünensanden oder an den warmen Südhängen des Elbe-Urstromtals geeignete Standorte. Für die Elbe typische Stromtalpflanzen sind Schwarz-Pappel, Sumpf-Greiskraut, ▶ Brenndolde (S. 67), Karthäuser-Nelke und Elb-Spitzklette.

Elb-Spitzklette *Xanthium albinum*

Elb-Spitzklette

Die Früchte der Elb-Spitzklette sind eigenartig und unverwechselbar. Kaum zu glauben, dass es sich um einen Korbblütler handelt. Die zwei Zentimeter langen, sehr harten Becher lösen sich im Spätsommer von der Mutterpflanze und werden dann vom Elbstrom abwärts geschwemmt. Mit ihren igelartigen Dornen können sie sich aber auch an Säugetiere oder Vögel anheften und stromaufwärts wandern. Die Elb-Spitzklette ist eine sehr junge Pflanzenart und hat sich offenbar erst vor wenigen hundert Jahren in Europa entwickelt. Ihre Vorfahren wurden aus Amerika eingeschleppt.

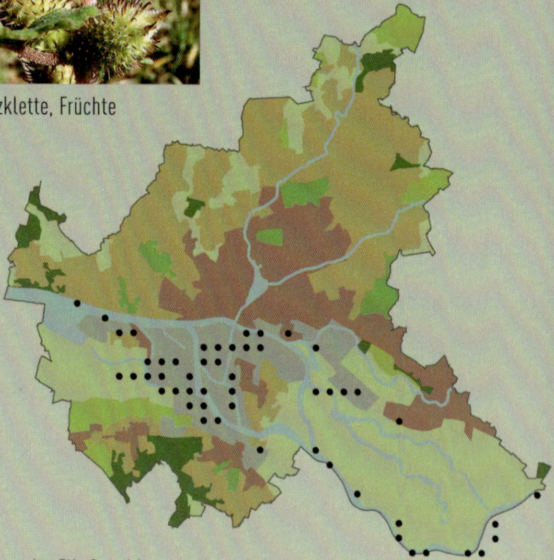

Elb-Spitzklette, Früchte

Vorkommen der Elb-Spitzklette in Hamburg

Sumpf-Greiskraut
Senecio paludosus

Gelbe Wiesenraute
Thalictrum flavum

Gewöhnliches Kreuzlabkraut
Cruciata laevipes

Langblättriger Ehrenpreis
Veronica maritima

Schwarz-Pappel
Populus nigra

Sumpf-Wolfsmilch
Euphorbia palustris

Brenndolde
Selinum dubium

Zweijähriger Beifuß
Artemisia biennis

Echtes Labkraut
Galium verum

Kreis Herzogtum Lauenburg –
Geprägt durch die Eiszeiten

Mit fünfzehn Exkursionszielen nimmt der Kreis Herzogtum Lauenburg im Exkursionsführer eine Sonderstellung ein. Und doch ist dies nur ein Bruchteil dessen, was hier eine Exkursion lohnen würde. Die außergewöhnliche Vielfalt an Lebensräumen verdankt das Gebiet den Eiszeiten. Der Verlauf der Autobahn zwischen Hamburg und Berlin markiert ungefähr die Grenze, bis zu der die Gletscher der letzten Eiszeit, der Weichsel-Eiszeit, vorgestoßen sind. Südlich davon finden wir auf den Lehm- und Sandböden der saalezeitlichen Altmoräne den Sachsenwald, die Dalbekschlucht und das Hohe Elbufer bis Lauenburg. Auf den armen Böden der ausgedehnten Sanderflächen bei Büchen liegen die Nüssauer Heide und die Schutzäcker bei Langenlehsten.

Nördlich der Autobahn sind wir im Gebiet der Jungmoräne auf abwechslungsreicherem Terrain. Fahrradfahrer wissen: Es geht hier häufig bergauf und bergab. Die geologische Vielfalt der Jungmoräne spiegelt sich auch in unseren Exkursionsgebieten wider, die unter anderem an Quellhängen, bei Strudelseen und Toteislöchern oder in Tunneltälern zu finden sind. Wer Waldeinsamkeit genießen möchte, findet sie in den ausgedehnten Buchenwäldern der Garrenseerinne. Der Schaalsee bildet die natürliche Grenze zu Mecklenburg, die wir um ein paar Kilometer überschreiten, um das berühmte Kalkflachmoor bei Zarrentin kennenzulernen.

Und dann sind da noch die schönen alten Städte Lauenburg, Mölln und Ratzeburg, die einen Besuch lohnen und in denen man nach den Exkursionen einkehren kann.

Der Schaalsee bei Dargow

Von Aumühle bis Friedrichsruh

59

Die klassische Sachsenwaldtour entlang der Schwarzen Au

Blühstreifen mit Gewöhnlichem Dost

Mühlenteich

Lage
Zwischen Aumühle und Friedrichsruh

Anfahrt
S21 bis Aumühle.
Parkplatz beim Bahnhof

Weginformation
Rundweg, 3 km
Bei Einkehr im »Forsthaus Friedrichsruh« 4 km
Der Weg nördlich des Mühlenteichs und südlich der Schwarzen Au ist für Kinderwagen und Rollstuhlfahrer nicht geeignet.

Naturschutz
Vom 65 km² großen Wald sind 20% als FFH-Gebiet und 80% als Vogelschutzgebiet ausgewiesen. 5% sind als Wildschutzgebiet eingegattert und für Besucher nicht zugänglich.

Jahreszeit
Für Blütenpflanzen Juli bis Mitte August, für Pilzexkursionen im Herbst, für Moos- und Flechtenfreunde das ganze Jahr über

Tipp
Bismarck-Säule, Bismarck-Mausoleum und Bismarck-Museum – Aumühle und Friedrichsruh sind eine Erlebnislandschaft für Verehrer des Reichskanzlers Otto von Bismarck. Zahlreiche Einkehrmöglichkeiten und Attraktionen wie der »Garten der Schmetterlinge« und das »Eisenbahnmuseum Lokschuppen«. Weitere Tourenvorschläge: www.sachsenwald.de

Der Sachsenwald liegt auf der Grundmoräne der vorletzten Eiszeit, der Saale-Eiszeit, und ist Schleswig-Holsteins größtes zusammenhängendes Waldgebiet. Im Mittelalter war er wegen seines Holzreichtums zwischen Hamburg und Lübeck und dem Herzogtum Lauenburg hart umkämpft. 1871 wurde er dem Reichskanzler Otto von Bismarck zum Geschenk gemacht und gehört noch heute größtenteils dessen Familie. Er besteht überwiegend aus Laubmischwald und wird zu großen Teilen intensiv forstlich bewirtschaftet. Sein Waldbild hat sich im Laufe der Jahrhunderte mehrfach tief greifend verändert.

Unser Weg folgt der Schwarzen Au, die sich tief in die Grundmoräne eingeschnitten hat und weiter westlich in die Bille mündet. Er führt vom Bahnhof nach Norden über den Parkplatz und dann in einem Halbkreis um den Mühlenteich. Am Wehr beim Restaurant Fürst Bismarck Mühle haben wir einen idyllischen Blick über das Tal der aufgestauten Schwarzen Au (1). Entlang des Ufers stehen hohes Schilf und ▶ Mädesüß (S. 223) und später auch die bis 1,20 m hohe Sumpf-Segge. Außer den großen Blättern der Gelben Teichrose bedecken verschiedene Wasserlinsen und Rosetten des Wassersterns die Wasserfläche. Der Wald am Nordhang ist reich an Baumarten (2). Neben Rot-Buche und Stiel-Eiche wachsen hier Hainbuche, verschiedene Ahornarten, Schwarz-Erle, Gewöhnliche Esche, verschiedene Lindenarten und Vogelbeere.

Überdüngte Wälder

Brusthohe Brennnesselbestände und flächendeckende Brombeergestrüppe hat es in unseren Wäldern vor fünfzig Jahren noch nicht gegeben. Heute treffen wir sie auf jedem Waldspaziergang an. Verantwortlich dafür ist die Eutrophierung der Böden mit Stickstoffverbindungen, die aus der landwirtschaftlichen Düngung oder aus Autoabgasen stammen und über die Luft eingetragen werden. Stickstoffliebende Pflanzen wie Brennnesseln und Brombeeren profitieren davon und überwuchern andere empfindlichere Arten. Wälder in der Stadt sind besonders stark eutrophiert, denn sie leiden zusätzlich durch den Eintrag von Hundekot und Gartenabfällen.

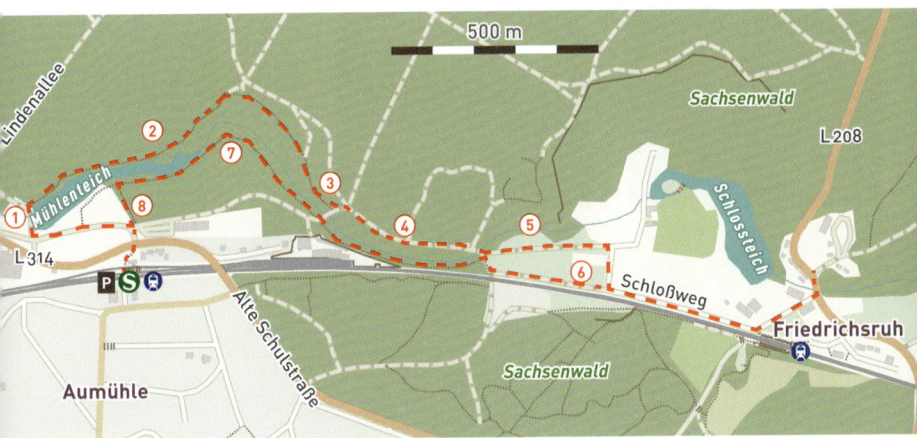

Bittersüßer Nachtschatten

Sumpf-Ziest

Sumpf-Vergissmeinnicht

Skabiosen-Flockenblume

Wald-Reitgras

Kriechender Baldrian (li.) und
Holunderblättriger Baldrian

Kriechender Baldrian

Pflanzenliste

Wald
Gewöhnliches Hexenkraut
Circaea lutetiana
Holunderblättriger Baldrian
Valeriana excelsa ssp. sambucifolia
Kriechender Baldrian
Valeriana excelsa ssp. excelsa
Sumpf-Ziest *Stachys palustris*
Wald-Reitgras
Calamagrostis arundinacea

Grünland
Echte Nelkenwurz *Geum urbanum*
Mädesüß *Filipendula ulmaria*
Sumpf-Segge *Carex acutiformis*

Offenland
Drüsenlose Kugeldistel
Echinops exaltatus
Gewöhnlicher Dost
Origanum vulgare
Pflaumenblättriger Weißdorn
Crataegus prunifolia
Skabiosen-Flockenblume
Centaurea scabiosa
Wiesen-Glockenblume
Campanula patula

Gewässer
Bittersüßer Nachtschatten
Solanum dulcamara
Einfacher Igelkolben
Sparganium emersum
Pfeilkraut *Sagittaria sagittifolia*
Sumpf-Vergissmeinnicht
Myosotis scorpioides

Feld-Ulme, Hänge-Birke, Haselnuss und Stechpalme sind vereinzelt eingestreut. Auf dem Waldboden finden wir Gewöhnliches Hexenkraut, Echte Nelkenwurz, Kleinblütiges Springkraut, Wald- und Winkel-Segge sowie Gewöhnlichen Frauenfarn und Breitblättrigen Dornfarn.

Der schmale Pfad führt bergauf und bergab durch einen unberührt wirkenden Wald. Liegende Totholzstämme werden langsam von Pilzen zersetzt. Eindrucksvoll ist ein großer, von parasitischen ▶ Zunderschwämmen (S. 282) besetzter Buchenstamm, der in mehreren Metern Höhe abgebrochen ist. Solche Stämme dienen auch vielen Insekten als Lebensraum. Bei der Brücke (3) gibt es im Sommer bunt blühende Hochstauden zu sehen: Neben den weichen, gelblich-grünen Köpfen der Kohl-Kratzdistel die roten bis violetten Blüten von Gefleckter Taubnessel, Sumpf-Ziest und Blut-Weiderich, die gelben des Echten Springkrautes und die himmelblauen des Sumpf-Vergissmeinnichts; daneben zwei Baldrianarten, die man an ihren Blättern unterscheiden kann.

Wir folgen der Ausschilderung »Schmetterlingspark, Bismarckmuseum, Forsthaus« durch einen lichten Laubwald mit Vielblütiger Weißwurz und Zweiblättriger Schattenblume (4) und einzelnen angepflanzten Nadelbäumen wie Europäischer Fichte, Douglasie und Hemlocktanne. Vor dem Garten der Schmetterlinge gibt es eine eingesäte Wildblumenwiese mit Färber-Hundskamille, Gewöhnlichem Garten-Majoran, Klatsch-Mohn, Skabiosen-Flockenblume, Gewöhnlicher Schafgarbe, Echtem Johanniskraut und sehr kräftigen Exemplaren vom Spitz-Wegerich (5).

Der Rückweg entlang der Bahnlinie führt vorbei an Pflaumenblättrigem Weißdorn (auffällig dunkelgrüne, glänzende Blätter und über 3 cm lange Dornen), ▶ Besenginster (S. 298), Acker-Knautie, Schwarzer Königskerze, Wiesen-Glockenblume und Drüsenloser Kugeldistel (6). Wir folgen der Schwarzen Au auf einem schmalen Weg vorbei an mächtigen, oft schon umgestürzten und mit Zunderschwämmen besetzten Buchenstämmen. Wieder am Mühlenteich, erfreuen uns Pfeilkraut, Einfacher Igelkolben und die schönen dunkelvioletten Blüten des Bittersüßen Nachtschattens (7). Am breiten Weg stehen Rotes Straußgras, Heidelbeere und einige Exemplare des über 1,50 m hohen Wald-Reitgrases mit seinen dunkelgrün glänzenden Blättern. WS

Mädesüß

Das Mädesüß *Filipendula ulmaria* ist eine alte Heil- und Nutzpflanze mit vielfältigen Anwendungen. Es wirkt schweißtreibend, schmerzstillend und entzündungshemmend, und die Blütenstände dienen als Duftsträuße und zur Aromatisierung von Marmeladen, Gelees, eingelegten Früchten und Getränken. Wenig bekannt ist, dass sie Namensgeber für das meistverwendete Arzneimittel in der Geschichte ist, das Aspirin. Mädesüß-Blätter und -Blüten enthalten neben Flavonoiden und Gerbstoffen auch ätherische Öle. Charakteristische Bestandteile sind Abkömmlinge der Salicylsäure, einer Substanz, die wir als Basiswirkstoff des Arzneimittels Aspirin (Acetylsalicylsäure = ASS) kennen. Das Mädesüß wurde früher in die Gattung *Spiraea* gestellt, hieß also *Spiraea ulmaria*, die aus ihr isolierte Salicylsäure trug den Namen Spiraeasäure. Dies ist noch im Namen Aspirin erkennbar: »A« von Acetyl und »spir« von Spiraea oder Spiraeasäure.

Billewanderweg

60

Bachschleifen und Sandbänke zwischen
Auewiesen und bunten pilzreichen Wäldern

Die Bille fließt hier direkt am Rande des Sachsenwaldes
und hat daher weniger unter den Folgen der intensiven
Landwirtschaft gelitten als viele andere Fließgewässer.
So lässt sich noch ihre natürliche Dynamik studieren
mit Mäandern, Prall- und Gleithängen, Uferabbrüchen,
Sandbänken und unterschiedlichen Bachsubstraten.
Schwarz-Erlen bilden eine natürliche Uferbefestigung
und verhindern durch ihren Schatten eine zu starke
Erwärmung und Verkrautung des Gewässers. So sind
Unterhaltsmaßnahmen mit all ihren negativen Folgen für
den Artenbestand weitgehend überflüssig. Auch bildet
das Erlenlaub den Anfang der Nahrungskette für eine
naturnahe Wirbellosenfauna mit Prachtlibellen sowie
Eintags-, Stein- und Köcherfliegen. An den Steilhängen
brüten noch Eisvögel und Gebirgsstelzen, und am Wasser
überwintern Wasseramseln aus Skandinavien.

Die Auenbereiche werden bei Hochwässern noch regelmäßig überflutet. Ausgedehnte Seggenrieder wie hier
sind bei uns mittlerweile selten geworden, ebenso wie

Lage
Zwischen Reinbek und Grander
Mühle an der Bille, die die Grenze
zwischen den Kreisen Stormarn
und Herzogtum Lauenburg bildet
Anfahrt
S21 bis Reinbek, Wohltorf oder
Aumühle. Alternativ U2 bis Stein-
further Allee, dann Bus 333 bis
Witzhave, Oher Weg oder Grande,
Möllner Landstraße. Oder Bus 436
ab S-Reinbek bis Ohe, Am Hünen-
grab, dann Fußweg nach Osten
in Richtung Fürstenbrücke oder
Sachsenwaldau
Weginformation
10 km. Der gesamte Billewanderweg ist 18 km lang. Am schönsten
und botanisch interessantesten
ist der hier beschriebene Abschnitt zwischen Aumühle und
Witzhave. **(1)**
Naturschutz
Naturschutzgebiet. Betreuung
durch vier Vereine innerhalb
der »Arbeitsgemeinschaft
Naturschutzgebiet Billetal« mit
gemeinsamer Geschäftsstelle
Stadt Reinbek, Amt für Stadt-
entwicklung und Umwelt

Rispen-Segge

die artenreichen Erlen-Quellwälder mit beiden Milzkrautarten und Bitterem Schaumkraut. Auf frischen Waldböden
blühen im Frühling Gelbes Windröschen, Ährige Teufelskralle und sogar vereinzelt die Breitblättrige Sumpfwurz.
Die Wälder sind reich an Tot- und Altholz. Die artenreiche
Holzpilzflora mit insgesamt 171 Arten hat der Botaniker
Erich Jahn 1981 aufgelistet und kommentiert.

Zwischen Sumpf-Kratzdisteln und den großen Horsten
der Rispen-Segge stehen noch anspruchsvolle Pflanzen
wie Sumpffarn, ▶ Knabenkräuter (S. 49) und Schlangen-
Knöterich – Nektarquellen für Dickkopffalter und den
Mädesüß-Perlmutterfalter, die hier gelegentlich noch
umherfliegen. Auf den wenigen trockeneren Wiesen
blühen noch letzte Heide-Nelken und der Teufelsabbiss.
Die offenen Wiesenbereiche verbuschen leider zunehmend. Die betreuende Arbeitsgemeinschaft bemüht sich,
wenigstens einige dieser einst als Streuwiesen genutzten
Bereiche durch gelegentliche späte Mahd offen zu halten. Die freien Ufer der Bille sind gesäumt von Nährstoff
liebenden Hochstauden wie Kohl-Kratzdistel, Mädesüß
und Wald-Engelwurz. *FU*

Bunter Hohlzahn

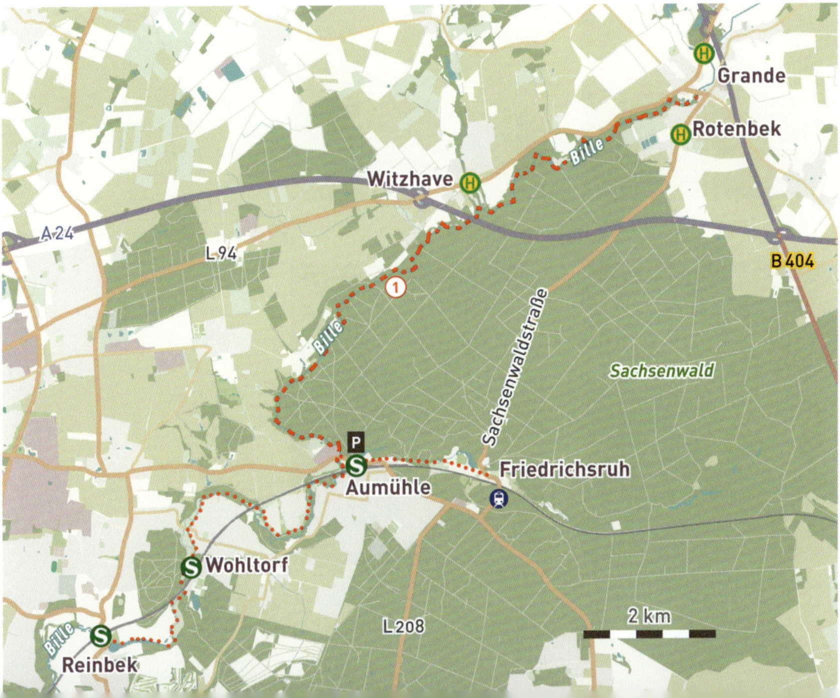

Von Erlen gesäumter schattiger Abschnitt der Bille

Pflanzenliste

Erlen-Quellwälder
Gegenblättriges Milzkraut
Chrysosplenium oppositifolium
Gold-Hahnenfuß
Ranunculus auricomus
Hohe Schlüsselblume
Primula elatior
Sumpf-Pippau *Crepis paludosa*
Sumpfdotterblume *Caltha palustris*
Wechselblättriges Milzkraut
Chrysosplenium alternifolium

Laubwälder
Ährige Teufelskralle
Phyteuma spicatum
Bleiche Segge *Carex pallescens*
Breitblättrige Sumpfwurz
Epipactis helleborine
Gelbes Windröschen
Anemone ranunculoides
Mittlerer Lerchensporn
Corydalis intermedia
Schuppenwurz *Lathraea squamaria*

Feuchtwiesen
Breitblättriges Knabenkraut
Dactylorhiza majalis
Geflecktes Knabenkraut
Dactylorhiza maculata
Rispen-Segge *Carex paniculata*
Schlangen-Knöterich
Bistorta officinalis
Sumpffarn *Thelypteris palustris*

Trockenes Grasland
Bunter Hohlzahn *Galeopsis speciosa*
Heide-Nelke *Dianthus deltoides*
Teufelsabbiss *Succisa pratensis*

Bille-Ufer
Kohl-Kratzdistel *Cirsium oleraceum*
Wald-Engelwurz *Angelica sylvestris*

Hohe Schlüsselblume

Schuppenwurz

Mittlerer Lerchensporn

Ährige Teufelskralle

Wentorfer Lohe 61

Sandtrockenrasen auf ehemaligem
Truppenübungsplatz

Lage
Zwischen Wentorf und Wohltorf
Anfahrt
S21 bis Bergedorf, dann Bus 235
bis Wentorf, Kirschkoppel, oder
Bus 237 bis Wentorf, An der Lohe.
Von dort 1,5 km Fußweg Richtung
Osten. Parkmöglichkeit in Wentorf
An der Lohe

Die Lohe liegt zwischen dem Billewanderweg (▶ Tour 60)
und dem südlichen Sachsenwald (▶ Tour 59). Botanische
Vielfalt auf einem ehemaligen Truppenübungsplatz.
Hier gibt es magere Wiesen und arme Sandrasen mit
Kammgras, Schönem Johanniskraut, Berg-Sandglöckchen, Echtem Tausendgüldenkraut und der seltenen
Sand-Strohblume. An Gräben und auf Feuchtwiesen
wachsen Gelb-Segge, Wiesen-Segge und Hirsen-Segge
neben Sumpf-Labkraut und Kuckucks-Lichtnelke. Von
solcher Blumen- und Gräservielfalt profitieren auch
Heuschrecken und Schmetterlinge: Bläulinge und Dickkopffalter, Brauner Waldvogel, Großes Ochsenauge,
Kleines Wiesenvögelchen und – am Waldrand – das Wald-
brettspiel. Im Mai ist der Baumpieper nicht zu überhö-
ren, wenn er singend von seiner Sitzwarte in die weiten
Wiesen der Lohe abwärtsschwebt. 1997 wurde die militärische Nutzung eingestellt, 2011 übernahm die Stiftung
Naturschutz Schleswig-Holstein die 250 Hektar große
Fläche. Die Fichtenforste sollen im Laufe der Zeit in einen
naturnahen Wald umgewandelt werden. *FU*

Die Wentorfer Lohe im Hochsommer

Dalbekschlucht

Waldschlucht mit reicher Frühlingsflora
und seltenen Moosen

Die Dalbekschlucht, seit 1994 Naturschutzgebiet, ist ein
tief in Steilhänge eingeschnittenes Bachschluchtsystem
und wird von einem stark mäandrierenden Bach, der Dal-
bek, durchquert. Besonders im Frühjahr lohnt sich eine
Wanderung durch den Hangwald, wenn Busch-Windröschen und Scharbockskraut große Teppiche ausbilden
und nahe dem Bachlauf Milzkraut, Schuppenwurz, Dunkles ▶ Lungenkraut (S. 321), Wolliger Hahnenfuß, Ährige
Teufelskralle, Sanikel und Geflügelte Braunwurz aus
ihrem Winterschlaf erwachen. Die zum Teil großflächigen Bestände des Winter-Schachtelhalms sind dagegen
ganzjährig zu bestaunen. Die Dalbekschlucht ist auch seit
alters her berühmt für ihre artenreiche Moosflora. *GUK*

Lage
Börnsen
Anfahrt
S21 bis Bergedorf, dann Bus 8890
bis Börnsen, Dänenweg, dann
Fußweg 500 m nach Osten.
Parkmöglichkeit an der Wald-
schule in Börnsen
Weginformation
Eine Rundwanderung kann in
Kröppelshagen oder in Börnsen
gestartet werden. Der Weg hin-
ab in die Schlucht ist teilweise
steil, aber gut ausgebaut.
Naturschutz
Naturschutzgebiet
Tipp
Faltblatt FFH-Gebiet »Dalbek-
schlucht« (auch als pdf) beim
Landesamt für Landwirtschaft,
Umwelt und ländliche Räume
Schleswig-Holstein (LLUR)

Die Dalbekschlucht

Dunkles Lungenkraut

Winter-Schachtelhalm

Hohes Elbufer zwischen Tesperhude und Lauenburg

Wanderung zu zahlreichen seltenen Pflanzen im Arbeitsgebiet des Bibers

Die Wanderstrecke führt zwischen Buhnen und Flachwasserseen und quellreichen Steilhängen mit tief eingegrabenen Schluchten durch den urwaldartigen Auwald des Elbufers. Sie führt zunächst am Campingplatz Tesperhude vorbei und geht in einen oft feuchten Streckenabschnitt über, an dem Quellwasser aus dem Hang sickert (1). Hier findet man beide Milzkrautarten und den Winter-Schachtelhalm.

An der nun folgenden Wanderstrecke bis zum »Sandkrug« wachsen zahlreiche Pflanzenarten, die typisch sind für das Elb-Urstromtal (2). Sie lassen sich direkt am Wegrand finden, u.a. Schlangen-Lauch, Gewöhnliches Kreuzlabkraut oder Kaschuben-Wicke. Auf den Buhnen und an den Verlandungsseen zwischen den Buhnen wachsen Astern, Sumpf-Greiskraut und Wiesenraute. In den besonders im Winter häufig überschwemmten Auwäldern kommen Pestwurz und Sumpf-Wolfsmilch vor.

Besonders interessant ist das Gebiet um den »Sandkrug« (3). Durch Schmelzwasserströme und nacheiszeitliche Erosionsprozesse entstand hier ein tief in den Elbhang eingeschnittenes Trockental, durch das im Mittelalter die »Alte Salzstraße«, ein Handelsweg für

Lage
Entlang der Elbe zwischen Grünhof-Tesperhude und Lauenburg

Anfahrt
S21 bis Bergedorf, dann Bus 8800 bis Tesperhude, Strandweg. Rückfahrt mit Bus 8800 ab Schnakenbek, Twiete oder Lauenburg, Elbkamp. Parkmöglichkeiten in Tesperhude

Weginformation
Tesperhude bis Sandkrug / Schnakenbek 7 km, bis Lauenburg 10 km. Das Waldgebiet ist gut begehbar. Anschlusswanderung bis zur Lauenburger Altstadt

Naturschutz
Naturschutzgebiet, westlicher Teil des Biosphärenreservats Flusslandschaft Elbe

Jahreszeit
Botanisch am attraktivsten im Mai / Juni, aber auch sonst sehenswert

Tipp
Einkehr in Gaststätte »Alter Sandkrug« mit Blick auf den Fluss und nach Artlenburg. (3) Faltblatt »Hohes Elbufer zwischen Tesperhude und Lauenburg« (auch als pdf) beim LLUR

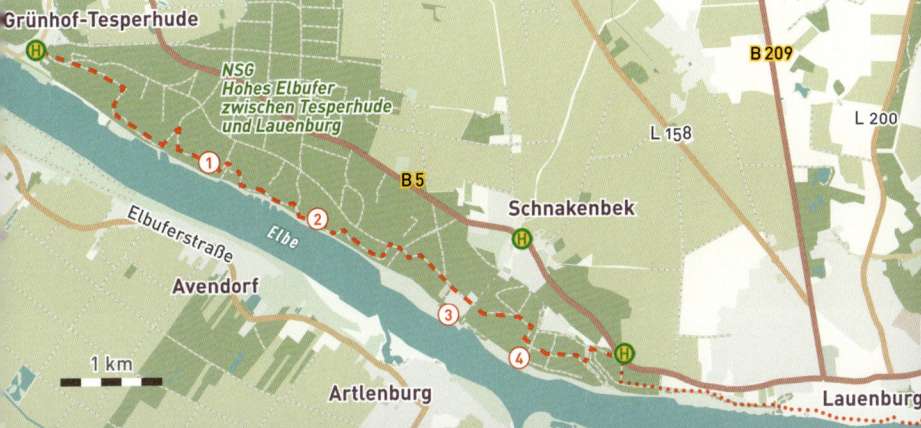

den Salztransport von Lüneburg nach Lübeck, zur Elbe führte. Die Ertheneburg, von der heute nur noch ein bogenförmiger, 3,5 m hoher Wall zu sehen ist, sicherte hier den Elbübergang. An dieser Salzstraße befindet sich beim Sandkrug ein größerer Bestand des Hain-Wachtelweizens.

An dem befestigten alten Fähranlegesteg wurden in den letzten Jahren zahlreiche seltene Pflanzenarten entdeckt wie Amerikanische und Pappel-Seide, Büchsenkraut und Braunes Zypergras.

Vom Sandkrug aus beginnt am Uferweg ein Biberlehrpfad, der die Aufmerksamkeit auf den hier lebenden Biber richtet. Der Weg vom Sandkrug nach Lauenburg bringt keine wesentlichen neuen Pflanzenarten, doch zeichnet er sich zwischen Glüsinger Grund und Kuhgrund (4) durch seine besondere Wildheit aus, mit umgestürzten riesigen Pappeln und dichtem Weidengebüsch. In Lauenburg kann man vom Kuhgrund direkt hoch zur B5 gehen oder über den Uferpromenadenweg zum ZOB. *GUK*

Pflanzenliste

Filzige Pestwurz *Petasites spurius*
Gewöhnliches Kreuzlabkraut
 Cruciata laevipes
Großes Büchsenkraut
 Lindernia dubia
Hain-Wachtelweizen
 Melampyrum nemorosum
Herzgespann *Leonurus cardiaca*
Karthäuser-Nelke
 Dianthus carthusianorum
Kaschuben-Wicke *Vicia cassubica*
Langblättriger Ehrenpreis
 Veronica maritima
Nickendes Leimkraut *Silene nutans*
Pappel-Seide *Cuscuta lupuliformis*
Salbei-Gamander
 Teucrium scorodonia
Schlangen-Lauch
 Allium scorodoprasum
Sumpf-Greiskraut
 Senecio paludosus
Weidenblättrige Aster
 Symphyotrichum salignum

Am Hohen Elbufer westlich von Lauenburg

Auf dem Elbuferwanderweg

Gewöhnliches Kreuzlabkraut

Karthäuser-Nelke

Herzgespann

Hain-Wachtelweizen

Filzige Pestwurz

Kaschuben-Wicke

Blick auf das Hohe Elbufer vom niedersächsischen Artlenburg aus

Lauenburger Fürstengarten 64

Historische Zierpflanzen in einem verwilderten Renaissancepark

Wenn in Lauenburg die Winterlinge blühen, beginnt für den Botaniker das Frühjahr. Kommen Sie im Februar oder März, wenn möglich bei Sonnenschein! Vom fürstlichen Renaissancepark sind zwar nur eine restaurierte Grotte und eine alte Ziegelmauer übrig geblieben, aber die Lage und der freie, weite Blick auf die Elbe sind einzigartig. Und natürlich die Winterlinge, die hier am ganzen Hang zwischen Fährtreppe und Askaniertreppe blühen, besonders üppig 50 m östlich der Grotte. Bereits 1820 wurden sie vom Botaniker Ernst Ferdinand Nolte von hier beschrieben. Andere verwilderte Gartenpflanzen (▶ Stinsenpflanzen, s. unten) sind gefüllt blühende Schneeglöckchen, Wilde Tulpen, Milchsterne und die Stinkende Nieswurz. Leider machen sich Armenische Brombeere und Japanischer Staudenknöterich am Hang breit. Im ebenen oberen Teil gibt es einen Rosengarten, einen Obstgarten und verschiedene exotische Baumarten. Der zweistämmige Ginkgo ist mit einer Höhe von über 12 m einer der größten in Europa. *GUK, HHP*

Anfahrt
S21 bis Bergedorf, dann Bus 8800 oder 31 bis Lauenburg ZOB. Parkplatz westlich des Geländes beim Schützenhaus, Fürstengarten 23

Weginformation
Empfehlenswert ist ein Rundgang unter Einbeziehung der historischen Unterstadt. Man kann einen Spaziergang auf dem Elbdeich Richtung Boizenburg anschließen.

Tipp
Wenn die Winterlinge blühen (Februar / März), ist an der Elbe Saison für gebratene Stinte. Einkehr möglich in der Lauenburger Unterstadt oder im »Schützenhaus«.

Stinsenpflanzen
Die Winterlinge in Lauenburg, die Wilde Tulpe in Neumühlen und die berühmten Krokusse in Husum sind Gartenpflanzen, die seit mehreren hundert Jahren in alten Parks und Gärten verwildert sind. Sie werden als Stinsenpflanzen (oder Stinzenpflanzen) bezeichnet und gelten als Zeigerpflanzen alter Gartenkultur, denn sie haben sich oft noch halten können, nachdem die Gärten selbst schon lange verschwunden waren. Der Name stammt aus dem niederländischen Friesland, wo es viele alte Herrenhäuser (Stinsen) gibt, die für ihre bunte Frühlingsflora mit vielen Stinsenpflanzen bekannt sind.

Winterlinge *Eranthis hyemalis*

Sandtrockenrasen in Panten

Betreten erlaubt: Knöllchen-Steinbrech
und Sand-Strohblume sind der Hit

Seit über 30 Jahren findet hier keinerlei Nutzung statt. Sehr ungewöhnlich für eine offene Fläche in einem Naturschutzgebiet ist, dass hier weder beweidet noch gemäht wird! Nur im ehemaligen Kiesabbaugelände sind regelmäßige Entkusselungsarbeiten erforderlich. Die eiszeitliche Sandfläche magert kontinuierlich aus, und die typische Magervegetation nimmt stetig zu, ohne dass irgendwelche Hilfen eingesetzt werden müssen. Das Gebiet kann jederzeit auch außerhalb der Wege betreten werden – auch das ist für ein Naturschutzgebiet eine große Ausnahme.

Im Mai sieht man im östlichen Bereich den Knöllchensteinbrech flächendeckend. Im Juni/Juli fällt die Sand-Strohblume in großen zusammenhängenden Beständen im ganzen Gebiet auf. Bemerkenswert ist hier das Vorkommen des Sand-Strohblumen-Eulchens: ein kleiner Schmetterling, dessen Raupen sich ausschließlich von der Sand-Strohblume ernähren und sich in ihrem Stängel entwickeln. Diese Tatsache zeigt aus ökologischer Sicht, dass es sich hier um einen alten traditionellen Standort der Sand-Strohblume handelt. Ebenso sind Mauerpfeffer und Berg-Sandglöckchen lückig verteilt.

Lage
Nordöstlich vom Ortsteil Hammer der Gemeinde Panten zwischen Elbe-Lübeck-Kanal und Pantener Straße

Anfahrt
Bus 8730 ab Ahrensburg bis Panten (durch schöne Landschaft) oder Bus 8760 ab ZOB Mölln oder Trittau bis Pantener Straße, beide nur Mo–Fr. Parkmöglichkeit: Straße Steinauer Berg, dort Infotafel.

Weginformation
Rundweg, 3 km

Naturschutz
Naturschutzgebiet seit 1996, betreut vom Verein Natur Plus e.V. Panten

Jahreszeiten
Empfehlenswert besonders im Mai und Juli/August. Die bunten Erdflechten lohnen sogar an schönen frostfreien Tagen im Januar den Besuch.

Tipp
Faltblatt »Pantener Moorweiher und Umgebung« (auch als pdf) beim Landesamt für Landwirtschaft, Umwelt und ländliche Räume Schleswig-Holstein (LLUR)

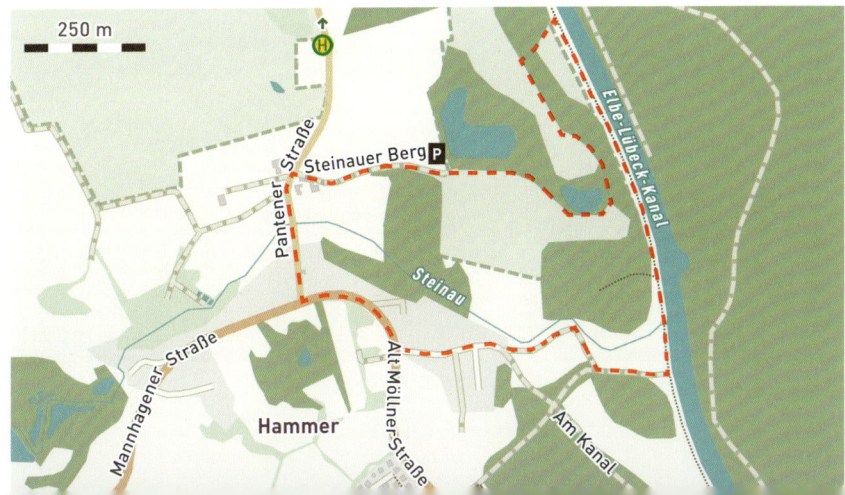

Im August findet man Rundblättrige Glockenblume, Heide-Nelke und Roten Zahntrost. Filzkraut, Ruhrkraut und Zottel-Wicke muss man etwas suchen. Bemerkenswert sind die kontinuierlich zunehmenden Silbergrasfluren, Thymianhorste und Flächen mit den Rosetten des Kleinen Habichtskrautes und des Feld-Beifußes. Auch an Letzterem ist ein auf diese Pflanze angewiesener Schmetterling zu finden. Schön ist auch im August der Anblick von Wilder Möhre und Rainfarn, die über die gesamte Fläche verteilt sind und in die Inseln mit Johanniskraut und Echte Goldrute eingesprengt sind. In einem kleinen, an das Sandgebiet angrenzenden Erlenbruch wachsen über 100 Exemplare der Breitblättrigen Sumpfwurz.

Bemerkenswert ist, dass im Gebiet über 125 Wildbienenarten und 75 Wespenarten nachgewiesen wurden. Das zeigt, dass es sich trotz oder gerade wegen der Störungen der Vegetationsdecke auch faunistisch um ein hochinteressantes Gebiet handelt, zu dem sich eine Wanderung unbedingt lohnt. Sicher sind auch noch unentdeckte Schätze zu heben! *AL*

Pflanzenliste

Berg-Sandglöckchen
Jasione montana
Breitblättrige Sumpfwurz
Epipactis helleborine
Deutsches Filzkraut *Filago vulgaris*
Echte Goldrute *Solidago virgaurea*
Feld-Beifuß *Artemisia campestris*
Gewöhnlicher Steinquendel
Acinos arvensis
Gewöhnliches Hornkraut
Cerastium holosteoides
Heide-Nelke *Dianthus deltoides*
Knöllchen-Steinbrech
Saxifraga granulata
Nelken-Haferschmiele
Aira caryophyllea
Roter Zahntrost *Odontites vulgaris*
Rundblättrige Glockenblume
Campanula rotundifolia
Sand-Strohblume
Helichrysum arenarium
Schwarze Königskerze
Verbascum nigrum
Zottel-Wicke *Vicia villosa*

Flechten der Gattung *Cladonia* können in Panten ausgedehnte Rasen bilden

Sand-Strohblume

Rundblättrige Glockenblume

Gewöhnliches Hornkraut

Silbergras

Echte Goldrute

Heide-Nelke

Silbergrasflur

Knöllchen-Steinbrech

Schwarze Königskerze

Nüssauer Heide

66

Heide-Günsel und Natternkopf im
halboffenen Sandmagerrasen

Auf den ausgedehnten eiszeitlichen Sandgebieten südlich von Mölln bedeckte früher die »Lauenburger Wärme-
heide« große Flächen. Davon sind heute nur kleine Reste wie die Nüssauer Heide erhalten geblieben, wo der
Übungsbetrieb Flächen offen hält. Wie eine ältere topo-
graphische Karte zeigt, wurde das Gebiet noch 1971 acker-
baulich und als Nadelholzforst genutzt. Auf Flurstücken
im Nordosten gibt es Reste von Bombentrichtern aus Luft-
angriffen von 1945. Weite Flächen sind heute mit lückigen
Schafschwingel- und Straußgrasrasen bewachsen, die im
Hochsommer mit Grasnelken und gelb blühenden Korbblütlern wie Nickendem Löwenzahn und Gewöhnlichem
Ferkelkraut durchsetzt sind. Hier fühlen sich Zauneidechsen, Heidelerchen und Heuschrecken wohl. Der Wechsel
von sonnigen, offenen Bereichen mit eingestreuten Gebüschen und Einzelbäumen bietet auch dem Neuntöter
günstige Lebensräume. Im Südosten am Wasserwerk
stößt man auf eine Fläche mit offenem Sandboden, wo Gewöhnlicher Natternkopf und Acker-Filzkraut stehen. *HB*

Lage
Nördlich von Büchen
Anfahrt
RE1 bis Büchen, dann Bus 8830
bis Büchen, Sportplatz, dann
1 km Fußweg über Möllner
Straße und Tannenweg. Parkplatz
im Nordwesten am Nüssauer
Weg / Steinkrug
Weginformation
Rundweg, 4,5 km
Das Übungsgebiet der Bundes-
polizei ist nur an übungsfreien
Tagen (in der Regel an Wochen-
enden) und nur auf den Wegen
begehbar. Alternativtour
nach Langenlehsten einplanen
(▶ Tour 67)
Naturschutz
FFH-Gebiet mit gesetzlich
geschützten Trockenbiotopen
Jahreszeit
Von Anfang Juli bis Anfang August
am blumenreichsten
Tipp
Faltblatt »FFH-Gebiet Nüssauer
Heide«(auch als pdf) beim
Landesamt für Landwirtschaft,
Umwelt und ländliche Räume
Schleswig-Holstein (LLUR)

Kleines Filzkraut

Acker-Filzkraut

Acker-Knautie

Heide-Günsel

Rote Schuppenmiere

Pflanzenliste

Acker-Filzkraut *Filago arvensis*
Acker-Knautie *Knautia arvensis*
Aufrechte Grasnelke
  Armeria maritima ssp. elongata
Berg-Sandglöckchen
  Jasione montana
Gewöhnlicher Natternkopf
  Echium vulgare
Heide-Günsel *Ajuga genevensis*
Hunds-Veilchen *Viola canina*
Kleines Filzkraut *Filago minima*
Nickender Löwenzahn
  Leontodon saxatilis
Rote Schuppenmiere
  Spergularia rubra
Rundblättrige Glockenblume
  Campanula rotundifolia
Silber-Fingerkraut
  Potentilla argentea

Bunte Ackerflora in Langenlehsten

67

Das Bewirtschaftungsziel dieser Schutzäcker heißt: Artenvielfalt

Bunte und blumenreiche Äcker sind heute sehr selten geworden. Die moderne Landwirtschaft bietet ihnen keinen Raum mehr. Wer im Hamburger Raum so etwas sehen möchte, muss schon den weiten Weg nach Langenlehsten auf sich nehmen. Im Rahmen des bundesweiten Vorhabens »Hundert Äcker für die Vielfalt« werden hier sogenannte Schutzäcker bewirtschaftet, um seltene und stark gefährdete Ackerbegleitpflanzen langfristig zu erhalten. Das Ergebnis ist sehenswert.

In Fortkrug führt der Weg zunächst durch die für Pkws gesperrte Eichenallee. Von den Schildern zu etwaigen Vorkommen von Wölfen und Kreuzottern nicht abschrecken lassen, sie wurden von den örtlichen Jägern angebracht. Die Äcker rechts und links des nach Osten verlaufenden Weges unterliegen der Rotationsbrache,

Lage
Gemeinde Langenlehsten, nahe der Grenze zu Mecklenburg-Vorpommern

Anfahrt
RE1 bis Büchen, dann Bus 8850 (verkehrt nur montags – freitags) bis Langenlehsten, Fortkrug, Dorfstraße, Zollhof, Wiesengrund oder Neubergholz. Parkmöglichkeit im Ortsteil Fortkrug und an der Dorfstraße

Weginformation
Rundweg ab Wiesengrund 2 km
Stichweg ab Fortkrug 1 km

Naturschutz
Teilbereiche sind Bestandteil des EU-Vogelschutzgebietes Langenlehsten. Zuständig für das Schutzacker-Projekt sind das Landesamt für Landwirtschaft, Umwelt und ländliche Räume (LLUR) und der Deutsche Verband für Landschaftspflege (DVL, Artenagentur).

Jahreszeit
Für die Trockenrasen Juli / August, für die Ackerpflanzen Mai / Juni

Berg-Sandglöckchen

Saat-Hohlzahn

Nickende Distel

Heide-Nelke

Kornblume

Heide-Günsel

Rundblättrige Glockenblume

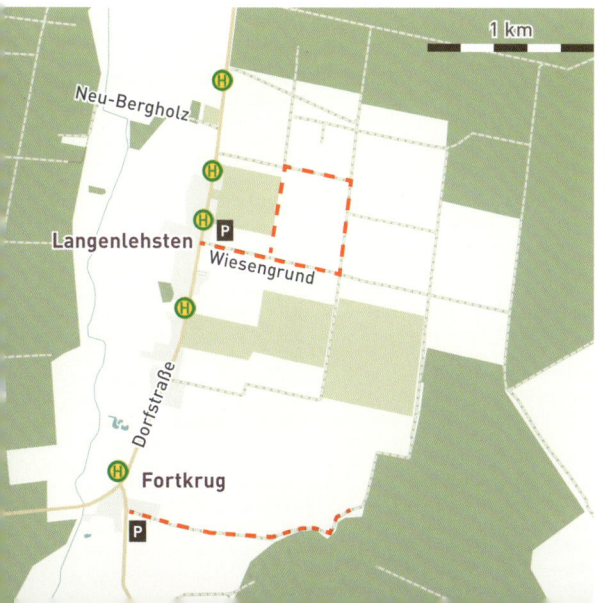

Sand-Strohblume

weswegen sich Erscheinungsbild und Arteninventar von Jahr zu Jahr ändern können. Die landwirtschaftliche Nutzung der sehr nährstoffarmen, sandigen Böden lohnte sich nicht mehr, und die Flächen dienen heute ausschließlich dem Naturschutz. Neben Pionierfluren mit Lämmersalat und Saat-Hohlzahn sind trockene Ruderalfluren oder Trockenrasen mit Heide-Günsel und Sand-Strohblume vorherrschend. Im Sommer prägen Heide-Nelke und Berg-Sandglöckchen das Bild. Fast alle Pflanzen der Schutzäcker stehen auf der Roten Liste Schleswig-Holstein. Der Weg endet am Kiefernforst, kann aber entlang einer Fahrspur weiter begangen werden. Einen Rundweg gibt es jedoch nicht.

In Langenlehsten führt der Wiesengrund nach Osten. Das rechtwinklige Wegesystem ermöglicht hier einen Rundweg. Die Schutzäcker werden hier nach ökologischen Kriterien bewirtschaftet, beispielsweise mit Blühstreifen am Wegesrand und zwischen den Äckern.

Die artenreichen Äcker sind auch für Insekten und Vögel bedeutend. Neben der in Schleswig-Holstein seltenen Heuschreckenart Warzenbeißer leben hier auch zahlreiche seltene Schmetterlinge wie der Dukatenfalter. Feld- und Heidelerchen sowie Grauammern legen ihre Bodennester an. Auch Zauneidechsen sind zahlreich zu sehen. *GB, MH*

Pflanzenliste

Acker-Filzkraut *Filago arvensis*
Acker-Gauchheil *Anagallis arvensis*
Ausdauernder Knäuel
   Scleranthus perennis
Berg-Sandglöckchen
   Jasione montana
Frühlings-Spörgel
   Spergula morisonii
Heide-Günsel *Ajuga genevensis*
Heide-Nelke *Dianthus deltoides*
Kornblume *Centaurea cyanus*
Lämmersalat *Arnoseris minima*
Nelken-Haferschmiele
   Aira caryophyllea
Nickende Distel *Carduus nutans*
Rundblättrige Glockenblume
   Campanula rotundifolia
Saat-Hohlzahn *Galeopsis segetum*
Sand-Strohblume
   Helichrysum arenarium
Silbergras *Corynephorus canescens*

Segetalpflanzen
Landläufig werden sie als Unkräuter bezeichnet. Exakt definiert handelt es sich um Pflanzen, die auf einem Acker wachsen, ohne dass sie dort gezielt eingebracht wurden. Diese Arten haben sich an die Bewirtschaftung durch den Menschen angepasst. Oder ihr Lebensrhythmus war von vornherein schon mit der Bearbeitung kompatibel. Eine Ackerbegleitpflanze muss Pflügen, Eggen und Ernten überstehen können. Viele Arten sind einjährig, ihre Samen reifen kurz vor oder mit der Kulturpflanze. So können sie sich aussäen und nach der Bodenbearbeitung aus der Samenbank im Boden auskeimen. Viele Segetalpflanzen sind selten geworden, weil sie die Intensivierung der Landwirtschaft, den Herbizid-Einsatz und die Verbesserung der Saatgutreinigung nicht vertragen können.

Typische Segetalpflanze, die Echte Kamille

Pirschbachtal

68

Liebliches Wiesental mit artenreichen Feuchtwiesen

Der Rundweg führt nördlich (1) und südlich (2) des Pirsch-bachtals entlang am Waldrand und bietet hier eine schö-ne Aussicht ins Gebiet. Auf dem Ingeborg-Dittmer-Weg mitten durch das Gebiet (3) kann man die Feuchtwiesen von Nahem erleben.

Zum Ende der letzten Vereisung floss Schmelzwasser der Gletscher aus der Lübecker Bucht über den heutigen Ratzeburger See in Richtung Stecknitz-Delvenau-Niede-rung, wo sich heute der Elbe-Lübeck-Kanal befindet. Es schuf durch seine erodierende Kraft das Pirschbachtal.

Lage
Nordwestlich der Stadt Mölln
Anfahrt
Bus 8700 ab Wandsbek Markt bis Mölln, Lankauer Weg, dann 2 km Fußweg über Lankauer Weg, Bullenbeg, Am Herzberg. Parkmöglichkeit am Südende der Lankauer Straße und bei der »Alten Ziegelei«, Stadtziegelei 1
Weginformation
Rundweg, 3,5 km. Anschlusswanderungen nach Marienwohlde, Lankau, zum Vossberg (▶ Tour 69) und am Ufer des Elbe-Lübeck-Kanals
Naturschutz
Naturschutzprojekt der Projekt-gesellschaft Tallandschaft Pirschbachtal
Jahreszeit
April / Mai für die umgebenden Wälder, Mai / Juni für die Flora der Feuchtwiesen

Geflügeltes Johanniskraut

Blick ins Pirschbachtal, im Hintergrund der Vossberg

Im 19. Jahrhundert bildeten sich in der Aue ausgedehnte Feuchtwiesen. Man hatte den Pirschbach gestaut, um Wasser zum Betreiben einer Walkmühle zur Verfügung zu haben. Für die Bearbeitung der hier hergestellten Wolltuche nutzte man die Fruchtstände der Weberkarde, sogenannte Raukarden. Ob die beiden heute im Tal vorkommenden Kardenarten jedoch Relikte des Tuchmachergewerbes sind, wie einige Heimatgeschichtler annehmen, ist zweifelhaft.

Im letzten Jahrhundert senkte man den Grundwasserspiegel ab. Möllner Bürger betrieben auf vielen kleinen Parzellen Landwirtschaft und konnten so nach dem Krieg ihre Tiere mit Futter versorgen. Trotzdem blieben noch viele Arten der Feuchtwiesen und der Hochstaudenrieder erhalten, wie Sumpfdotterblume, Bach-Nelkenwurz und Wiesen-Schaumkraut, viele Seggenarten und die Geflügelte Braunwurz. Um 1990 kamen 209 Pflanzenarten im Tal und den angrenzenden Waldrändern vor. Nachdem der letzte Bauer die Bewirtschaftung aufgegeben hatte, fielen die Hochstauden und hochwüchsigen Süßgräser und Seggen in sich zusammen. Das vertrocknende

Pflanzenliste
Gefleckter Aronstab
  Arum maculatum
Behaarte Karde *Dipsacus pilosus*
Geflügeltes Johanniskraut
  Hypericum tetrapterum
Geflügelte Braunwurz
  Scrophularia umbrosa
Gelbe Wiesenraute
  Thalictrum flavum
Goldhafer *Trisetum flavescens*
Moor-Labkraut *Galium uliginosum*
Schlangen-Lauch
  Allium scorodoprasum
Spitzblütige Binse
  Juncus acutiflorus
Sumpf-Greiskraut
  Senecio paludosus
Sumpf-Storchschnabel
  Geranium palustre
Sumpf-Veilchen *Viola palustris*
Wilde Karde *Dipsacus fullonum*

Material bildete eine dichte Streudecke, unter der es für empfindliche Arten kein Durchkommen gab. Die Artenvielfalt litt zusehends.

Das Engagement von Ingeborg Dittmer brachte den Umschwung. Die ehemalige Rektorin der Realschule vermittelte als Naturschutzbeauftragte der Stadt Mölln Ankäufe durch Naturschutzverbände und die Stiftung Herzogtum Lauenburg. Nach dem Flurbereinigungsverfahren von 1992 schloss sich die die Stiftung mit WWF, NABU und BUND zur »Projektgesellschaft Tallandschaft Pirschbach« zusammen. Sie koordiniert die Pflegemaßnahmen und ließ 2015 sieben Informationstafeln entlang des Rundweges aufstellen. *BD*

Wilde Karde

Spitzblütige Binse, Blütenstand

Gewöhnlicher Gilbweiderich

Sumpf-Storchschnabel

Beweidung mit Robustrindern

Die Tallandschaft des Pirschbachs enthält artenreiche Feuchtwiesen, ungenutzte Hochstaudenfluren und Quellbereiche. Der Bachlauf selbst wird von Erlen gesäumt, die sich zusehends in die Fläche ausbreiten. Um die Wiesen kostengünstig offenzuhalten, wurde ein Weidekonzept entwickelt: Feuchtere Bereichen werden auf 28 Hektar von Juni bis Oktober durch eine Mutterkuhherde aus Angusrindern beweidet. Auf weiteren 9 Hektar stehen ganzjährig Robustrinder (Galloways). Auf allen Flächen gibt es auch höher gelegene Teilflächen als Ausweichmöglichkeit für nasse Tage. Probleme mit dem Jakobs-Greiskraut, das auf ehemaligen Ackerstandorten flächendeckend vorkommt, hat es auf den Weiden bislang nicht gegeben.

Rund um den Vossberg

69

Abwechslungsreiche Kulturlandschaft
mit Wäldern, Knicks und bunter Dorfflora

Tallandschaft bei Marienwohlde

Lage
Nördlich von Mölln zwischen
dem Elbe-Lübeck-Kanal und den
Orten Marienwohlde und Lankau
und im Anschluss an das Pirsch-
bachtal (▶Tour 68).
Anfahrt
Bus 8700 ab Wandsbek Markt,
alternativ Busse 8700 oder 8710
ab Mölln bis Mölln, Lankauer
Weg, dann 2 km Fußweg.
Parkmöglichkeiten in Mölln
bei der »Alten Ziegelei«, Stadt-
ziegelei 1; in Marienwohlde
und bei der Kiesgrube an der
Lankauer Straße
Weginformation
Rund- und Stichwege in der
Umgebung des Pirschbachtals
Jahreszeit
April / Mai für die Wälder,
Mai bis Juli für Äcker und Grün-
land, September für die Knicks
Tipp
Bademöglichkeit am Lankauer
See. Sehenswert ist auch das
südlich des Pirschbachtals
liegende Waldgebiet Möllner
Ziegelholz.

Um das Gutsgelände der Kreisdomäne Marienwohlde
herum scheint die Zeit ein wenig stillzustehen, und das
ist gut so. Hier hat glücklicherweise nie eine »Dorfver-
schönerung« stattgefunden, und genau deshalb hat sich
entlang der Sandwege so etwas wie ein Museum der
Dorfflora erhalten können mit vielen Arten, die sonst in
unserer Kulturlandschaft sehr selten geworden sind,
wie Herzgespann, Schwarznessel, Rosen-Malve und Gewöhnliche Ochsenzunge. Wir befinden uns hier auf einer
Eisrandlage und haben nach Süden einen schönen Blick
auf die bewegte Tallandschaft, der uns in vergangene
Zeiten zurückzuversetzen scheint (1). Die Knicks sind
hier reich an Obstgehölzen: Äpfel, Wildkirschen, Süß-
und Sauerkirschen, Kirschpflaumen und Schlehen (2).

Nördlich davon in Lankau sind die schönen alten Knicks
erhalten geblieben, weil die Gemeinde im Gegensatz zu

Rosen-Malve

den umliegenden Dörfern keine Flurbereinigung durchgeführt hat. Viele Knickgehölze wurden in den letzten Jahren auf den Stock gesetzt und bilden oft sogenannte Knickharfen: waagrechte bodennahe Stämme, aus denen senkrechte Äste emporwachsen. Empfehlenswert ist ein Rundweg im Ortsteil Gretenberge über die Straßen Höhenweg und Kalkkuhle und durch einen Redder zurück Richtung Westen (3).

Der Vossberg ist ein schönes und vielgestaltiges Laubwaldgebiet am Elbe-Lübeck-Kanal zwischen Lankauer See und Pirschbachtal. Es geht in diesem kuppigen Gelände immer wieder auf und ab, entsprechend vielfältig sind die Bodenverhältnisse und die Waldgesellschaften. Vor allem an den Rändern finden wir auf frischen humosen Böden Perlgras-Buchenwälder mit Wald-Trespe und Erlen-Eschen-Wälder mit bunter Frühjahrsflora: Aronstab, Hohe Schlüsselblume, Hohler Lerchensporn und

Gewöhnliche Ochsenzunge

Schwarz-Nessel

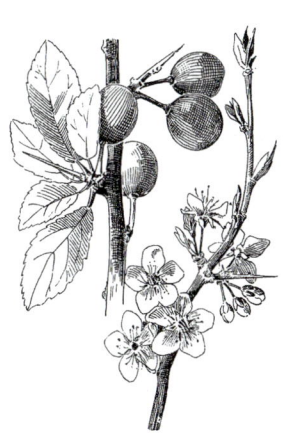

Schlehe

Sandweg mit wärmeliebenden Pflanzen bei Marienwohlde

Wald-Trespe

Wiesen-Gelbstern. An den Hängen dominiert der Wald-Schwingel, und auf ausgehagerten Kuppen steht die Draht Schmiele als Zeiger armer und sandiger Böden (4). Um die verwunschenen Waldteiche haben sich Erlenbrüche gebildet, in denen im Frühjahr die Wasserfeder blüht. Am Kanal stehen knorrige Eichen, die viele Hundert Jahre alt sind, und längs des Weges gibt es sonnige und trockene Waldsäume und am Ufer attraktiv blühende Hochstauden (5). Besonders eindrucksvoll ist die über 2 m hoch werdende Sumpf-Gänsedistel. Der Vossberg ist wegen der vielen schönen Waldbilder ideal für Spaziergänge, aber Vorsicht: Die Wege sind nicht geradlinig, und man kann sich leicht verirren. *BD, HHP*

Haselnuss

Knicks und Redder

Knicks sind auf Wällen gepflanzte Wallhecken. Redder sind Doppelknicks, heckengesäumte Gemeindewege, die ökologisch für Vögel, Säugetiere und wirbellose Tiere besonders wertvoll sind und als waldähnliche Verbindungselemente für den Biotopverbund eine wichtige Rolle spielen. Was die Pflanzenwelt betrifft, so ist hier alles zu finden, was man von artenreichen Knicks erwarten kann: Bis zu 30 Gehölze und 150 Kräuter und Moose können hier vorkommen, dazu zahlreiche Brombeerarten, die nur ein Experte unterscheiden kann. Für den Anfänger empfiehlt sich eine Geschmacksprobe. Es gibt fad/süße, fad/saure, aromatisch/süße und aromatisch/saure Brombeerfrüchte. Wer sich da durchgekostet hat, lässt sich vielleicht auch auf weitere subtile Unterschiede in Blattform, Bestachelung und Behaarung ein.

Pflanzenliste
Dorfflora (1)
Gewöhnliche Ochsenzunge
  Anchusa officinalis
Osterluzei *Aristolochia clematitis*
Herzgespann *Leonurus cardiaca*
Rosen-Malve *Malva alcea*
Schwarznessel *Ballota nigra*
Waldflora
Draht-Schmiele
  Deschampsia flexuosa
Einblütiges Perlgras *Melica uniflora*
Hohe Schlüsselblume *Primula elatior*
Wald-Schwingel *Festuca altissima*
Wald-Trespe *Bromus ramosus*
Kanalufer (5)
Sumpf-Gänsedistel
  Sonchus palustris

Hellbachtal

70

Schönes, stilles und sagenhaft vielfältiges
Wiesental – immer noch ein Geheimtipp

Das Wiesental des Hellbachs gehört unbestritten zu den
schönsten botanischen Wandergebieten Norddeutsch-
lands. Nicht nur, weil es besonders artenreich ist, sondern
auch, weil der sich am schattigen Waldrand entlangwin-
dende Weg wie in einem englischen Landschaftsgarten
immer wieder neue Blicke auf die Wiesenlandschaft frei-
gibt. Der Hellbach (4) wurde nie begradigt. An den mäandrierenden Bachschleifen wachsen Erlen und gepflanzte
Weiden, die sich zu Kopfweiden entwickeln sollen.

Lage
Von Wäldern umgebenes Wiesental zwischen Mölln und Gudow
Anfahrt
Bus 8700 ab Wandsbek Markt
bis Mölln, ZOB, dann Bus 8511
bis Mölln, Posener Straße
oder Waldstadt. (2)
Alternativ: Bus 8514 ab Mölln,
ZOB, bis Drüsen. Parkplatz
»Zum Hellbachtal«, Alter Fracht-
weg / Am Windberg, Lehmrade (1),
weitere Parkmöglichkeiten
siehe Karte
Weginformation
Rundweg vom Parkplatz bis
zum Schwarzsee und zurück,
6,7 km. Abkürzungen und Anschlusswanderungen möglich
Naturschutz
NSG Hellbachtal mit Lottsee,
Krebssee und Schwarzsee,
betreut durch die Untere Naturschutzbehörde in Ratzeburg.
Jahreszeit
Optimal um Himmelfahrt
(Mai / Juni), die schöne Landschaft lohnt aber ganzjährig
den Besuch
Tipp
Einkehr im Gartenrestaurant
»Brandt« am Drüsensee (Nordufer) mit schönem Blick auf
den See. Faltblatt »Hellbachtal
mit Lottsee, Krebssee und
Schwarzsee« (auch als pdf) beim
Landesamt für Landwirtschaft,
Umwelt und ländliche Räume
Schleswig-Holstein (LLUR).
Kostenlose Wanderkarte
auch für weitere Gebiete erhältlich bei info@hlms.de,
www.herzogtum-lauenburg.de

Das Hellbachtal ist der mittlere Teil der Mölln-Gudower-Seenkette. Schmelzwasserströme der letzten Eiszeit haben es geformt. Der Drüsensee (3) ist 7,8 m tief und wurde als Rinnensee unter dem Eis ausgespült. Der Lottsee (5) und der 26 m tiefe Krebssee (6) sind Strudelseen und wurden durch vom Gletscher herabstürzendes Schmelzwasser geformt. Der Schwarzsee (7) ist ein Toteiskolk: Als sich im Zuge des Niedertauens die Gletscher nach Norden zurückzogen, blieben große Eisbrocken liegen, wurden von Schmelzwassersanden überdeckt und lange Zeit vor dem Abtauen geschützt. Nach dem Abtauen entstanden Hohlformen, in denen heute Seen liegen.

Pflanzenliste

Wiesen
Breitblättriges Knabenkraut
   Dactylorhiza majalis
Einbeere *Paris quadrifolia*
   (am Waldrand)
Gewöhnliche Natternzunge
   Ophioglossum vulgatum
Kleiner Baldrian *Valeriana dioica*
Scheiden-Wollgras
   Eriophorum vaginatum
Schild-Ehrenpreis
   Veronica scutellata
Wiesen-Segge *Carex nigra*

Lottsee (5)
Kanadische Wasserpest
   Elodea canadensis
Pfeilkraut *Sagittaria sagittifolia*
Rispen-Segge *Carex paniculata*
Weiße Seerose *Nymphaea alba*

Krebssee (6)
Bitteres Schaumkraut
   Cardamine amara
Sumpfschneide *Cladium mariscus*

Schwarzsee (7)
Blasen-Segge *Carex vesicaria*
Färber-Scharte *Serratula tinctoria*
Gelbe Teichrose *Nuphar lutea*
Grau-Segge *Carex canescens*
Sumpf-Calla *Calla palustris*

Schwarzsee

Lottsee

Krebssee

So unterschiedlich wie die Entstehungsgeschichte dieser Seen sind auch ihre Gewässer; eine ähnliche Vielfalt an Gewässertypen dürfte es auf so kleinem Raum sonst kaum geben. Der Lottsee (5) ist ein nährstoffreicher (eutropher) See, dessen Verlandungszone besonders schön ausgebildet ist. Der waldumstandene Krebssee (6) mit seinem kalkreichen, klaren Wasser gehört zu den nährstoffarmen (oligotrophen) Seen. In seinem schmalen Schilfgürtel hat die Sumpfschneide ihren einzigen gut zugänglichen Standort im Kreis Herzogtum Lauenburg. Sein Wasser bezieht er aus Hangquellen. An einer kleinen Brücke über einen Quellsumpf findet man im Frühjahr das Bittere Schaumkraut, das sich von der sehr ähnlichen Echten Brunnenkresse durch violette Staubbeutel unterscheidet.

Ganz anders sieht der durch die Huminsäure seiner moorigen Böden braun gefärbte Schwarzsee aus (7): Man sieht keinen Grund. Der Schwarzsee ist extrem nährstoffarm und gehört mit seinem dunklen Wasser zu den dystrophen Braunwasserseen. Sein Rand wird von einem ▶ Schwingrasen (S. 174) aus aufschwimmenden Torfmoosen gebildet, auf dem sich Sumpf-Calla, Blasen-Segge und Grau-Segge angesiedelt haben. In den Buchten wachsen Gelbe Teichrosen. Die Ufer sind nicht begehbar, aber von einer Plattform aus lässt sich der geheimnisvoll wirkende See gut übersehen. Am Wegrand zum See wächst ein Grüppchen Färber-Scharte.

Gewöhnliche Natternzunge

Färber-Scharte

Als siedlungsfernes Gelände wurde das Hellbachtal lange extensiv bewirtschaftet und konnte seinen Charakter mit Röhrichten, Großseggenriedern und Feuchtwiesen bewahren. Intensive Landwirtschaft blieb ein kurzes Intermezzo und konnte die Artenvielfalt nicht nachhaltig zerstören. Heute sind die nördlichen Wiesen aus der Nutzung genommen. Einmal im Jahr muss mit Hand oder Spezialfahrzeugen gemäht werden, um Brennnesseln und Sumpf-Kratzdisteln zurückzudrängen. Dadurch haben sich seltene Feuchtwiesenpflanzen wie Breitblättriges Knabenkraut und Schild-Ehrenpreis vermehren können. An besonders feuchten Stellen wachsen im Torfmoos Wollgräser und am Rand der Wiesen etwas versteckt die Gewöhnliche Natternzunge. *BD*

Bitteres Schaumkraut

Verlandungszonen am Seeufer

Am kleinen kreisrunden Lottsee inmitten der Wiesen des Hellbachtals lassen sich die Verlandungszonen eines nährstoffreichen Sees fast wie im Lehrbuch studieren. An den tieferen Stellen kommen die untergetauchten Arten vor wie Laichkraut, Tausendblatt und Wasserpest. Im schlammigen Boden festgewachsen sind Schwimmblattpflanzen wie Weiße Seerosen und Pfeilkraut. Es folgt ein dichtes Röhricht aus Schilf, Breitblättrigem Rohrkolben und Rohr-Glanzgras. Daran schließen horstbildende Sauergräser an wie die Rispen-Segge. Die abgestorbenen Teile all dieser Pflanzen sinken herab, werden zu Torf und lassen so den Teichboden langsam höher werden. Schließlich siedeln sich Erlen an. Im Schatten der äußeren Bruchwaldzone mit Schwarz-Erlen und Weiden wachsen Busch-Windröschen und Sumpfdotterblumen.

Sumpfschneide

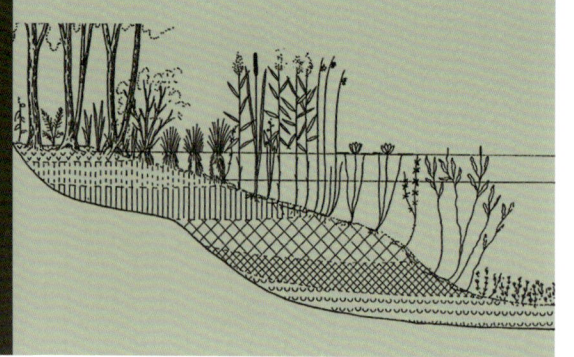

Erle und Dornfarn im Quellgebiet am Krebssee

Garrenseerinne und Salemer Moor

71

Einzigartig und eindrucksvoll:
einsame Wälder, Seen und Moore

Lage
Östlich von Ratzeburg
Anfahrt
Am besten mit dem Pkw.
Parkplatz zwischen Ratzeburg
und Mustin an der B 208 **(1)**,
Parkmöglichkeit in Salem **(2)**
Weginformation
Rundweg Garrensee, Plötschersee,
Schwarze Kuhle 9 km, mit Ab-
stecher zum Salemer Moor 12 km
Salem bis Garrensee 5 km
Naturschutz
NSG Salemer Moor mit angren-
zenden Wäldern und Seen.
Betreuung durch den Zweck-
verband Schaalseelandschaft
Tipp
Die dichten Buchenwälder
sind gut für eine Wanderung an
heißen Sommertagen. An den
Seen stehen Ruhebänke. Einkehr-
möglichkeit in Salem. Broschüre
»Naturschutzgebiet Salemer
Moor mit angrenzenden Wäldern
und Seen« (auch als pdf) beim
Landesamt für Landwirtschaft,
Umwelt und ländliche Räume
Schleswig-Holstein (LLUR)

Garrensee

Das Salemer Moor, das angrenzende Garrenseeholz und
die Seen der Garrenseerinne sind Naturschutzgebiet und
zugleich Teil eines die Landesgrenzen überschreitenden
335 km² großen Schutzgebietes rund um den Schaalsee.
Die Garrenseerinne mit Garrensee, Plötschersee und
Schwarzer Kuhle liegt von Wald umgeben abseits der großen Freizeit- und Urlaubszentren. Ihre Abgeschiedenheit
und Ursprünglichkeit ist wie geschaffen für Menschen,
die Einsamkeit mit Ruhe und Besinnung suchen. Mit
einer Wassertiefe von etwa 38 m ist der Garrensee **(3)**
ein eiszeitliches Strudelloch, ausgespült von dem vom
Gletscher herabstürzenden Schmelzwasser. Das Wasser
des Sees ist klar und so nährstoffarm, dass an seinem
Rand nur eine spärliche Vegetation zu finden ist: niedri-
ges Schilf, wenige Seggenbülten, Strandlingsrasen am
Ufersaum und untergetaucht das seltene Brachsenkraut.

Stelzwurzeln der Erlen deuten auf unterschiedliche Wasserstände hin. Langfristige unterirdische Schwankungen des Grundwassers lassen den Wasserspiegel des Garrensees alle paar Jahre steigen und wieder fallen. In den letzten Jahren ist er aber nur noch gefallen. Man vermutet starken Wasserentzug durch Tiefbrunnen der nahen Stadt Ratzeburg. Auch der 14 m tiefe und ebenso nährstoffarme Plötschersee (4) ist als Auskolkung durch eiszeitliches Schmelzwasser entstanden. Zwischen den Hangwäldern eingeschlossen, wirkt er ruhig und geheimnisvoll. Sein Pflanzengürtel ist genauso schmal und artenarm wie der des Garrensees.

Entlang des östlichen Ufers des Plötschersees erreicht man am Ende den stark vermoorten Verbindungsgraben zur Schwarzen Kuhle. Er weitet sich zu einem Erlen-Birken-Bruch mit Seggen, Farnen, Binsen und Torfmoosen (5). Im tieferen Wasser wächst untergetaucht der ▶ Wasserschlauch (S. 205), der ab Juni seine dottergelben Blüten über die Wasseroberfläche schiebt. Mit Fangblasen an den Blättern fängt er hauptsächlich Wasserflöhe. Kaum zu glauben, dass hier bis 2001 ein Fichtenforst war,

Pflanzenliste

Garrensee (Ufer)
Brachsenkraut *Isoetes lacustris*
Strandling *Littorella uniflora*
Straußblütiger Gilbweiderich
 Lysimachia thyrsiflora
Moor (östlich des
 Plötschersees)
Gewöhnlicher Wasserschlauch
 Utricularia vulgaris
Sumpf-Calla *Calla palustris*
Wald (Schwarze Kuhle)
Einblütiges Perlgras *Melica uniflora*
Kleines Immergrün *Vinca minor*
 (großer Bestand, nicht blühend)
Waldmeister *Galium odoratum*
Salemer Moor
Glocken-Heide *Erica tetralix*
Rauschbeere *Vaccinium uliginosum*
Scheiden-Wollgras
 Eriophorum vaginatum
Schmalblättriges Wollgras
 Eriophorum angustifolium
Sumpf-Porst
 Rhododendron tomentosum

Schuppenfrüchtige Gelb-Segge

Brachsenkraut, am Ufer angespült

Glocken-Heide

Schwarz-Erlen mit Stelzwurzeln am Garrensee

Rauschbeere

der durch Anstau eines Abflussgrabens zum Absterben gebracht wurde. Die letzten Sitkafichten stehen verstreut in diesem skandinavisch anmutenden kleinen Tal.

Die Schwarze Kuhle ist der letzte See der Garrensee-rinne und nur etwa 10 m tief (6). Sein braunes Wasser zeigt, dass es sich um einen dystrophen Braunwasser-see handelt, arm an Nährstoffen, aber reich an von Torf-moosen gebildeter Huminsäure. Die Torfmoose bilden hier eine auf dem See frei schwimmende Pflanzendecke, einen sogenannten ▸ Schwingrasen (S. 174), der weit in den See hineinragt und vom Rand aus seine langsame Verlandung einleitet.

»Lass Deine Augen offen sein, geschlossen Deinen Mund, und wandle still, so werden Dir geheime Dinge kund.«
Dieser Spruch von Hermann Löns steht am Westeingang des Salemer Moors (7). Eine Informationstafel weist auf

Salemer Moor zu Pfingsten mit fruchtendem Wollgras

Schmalblättriges Wollgras

Moortümpel am Ostrand des Salemer Moors

Gewöhnlicher Wasserschlauch

Besonderheiten hin: auf Rotbauchunke, Laubfrosch, Kranich und 26 verschiedene Torfmoosarten. Eine uralte Eiche steht am Eingang (8). Das Betreten des Moores ist streng verboten, aber vom Wege aus sieht man am Randsumpf um Pfingsten die weißen Fruchtstände der Wollgräser. Die Teiche am Ostrand (9) zeigen über die Jahre ähnliche Wasserstandschwankungen wie der Garrensee, mit dem das Moor über das Grundwasser in Verbindung steht. Die eigentliche Moorfläche war bis vor 150 Jahren baumfrei. Die heute dominierenden Kiefern haben sich erst angesiedelt, als man für Torfstiche den Wasserspiegel ein wenig abgesenkt hatte. *BD*

Wälder am Ratzeburger See und am Küchensee

72

Artenreiche Quellwälder mit hochwüchsigen Schachtelhalmen

Der Große Ratzeburger See und der Küchensee wurden von weichselzeitlichen Gletscherzungen geformt, die sich bis zu 30 m tief in die Umgebung eingeschnitten hatten. In den Wäldern am Seeufer mit ihren steilen Hängen und ihren gluckernden Quellen fühlt man sich

Lage
Nördlich und südlich von Ratzeburg

Anfahrt für Rundweg Küchensee
Bus 8700 ab Wandsbek Markt oder ab Ratzeburg Bahnhof bis Ratzeburg, Lüneburger Damm. Parkmöglichkeit an der Schlosswiese in Ratzeburg (1)

Anfahrt für Wälder nördlich von Ratzeburg
Am besten mit dem Pkw, Parkmöglichkeiten in Römnitz (2) oder Kalkhütte (6). Alternativ mit dem Schiff (siehe unten)

Weginformation
Küchensee-Rundweg 8 km Rundweg Römnitz bis Kalkhütte und Rundweg nördlich Kalkhütte jeweils 4 km

Naturschutz
NSG Nordufer des Großen Ratzeburger Sees

Jahreszeit
Besonders interessant von April / Mai bis in den Frühsommer. Fast alle genannten Pflanzen können von den Wegen aus gesehen werden.

Tipp
Ab Ratzeburg Schlosswiese mit Schiffen der Schifffahrt Ratzeburger See bis Bäk oder Römnitz (vier Fahrten täglich, montags nicht, außer an Feiertagen), zurück ab Bäk. Empfehlenswert zur Einkehr sind unter anderem die »Fischerei« in Ratzeburg (1), die »Farchauer Mühle« (5) und die Eisdiele »Alpina Holiday« in Bäk.

wie im Mittelgebirge. Besonders schön sind die Quellhänge am Küchensee südwestlich Ratzeburgs [3]. Um die Hangquellen herum finden wir beeindruckende Bestände des Winter-Schachtelhalms und beide ▶ Milzkrautarten (S. 321). Eine große Besonderheit ist der Hain-Schwaden, ein osteuropäisches Gras, das in Deutschland nur um Ratzeburg und Schwerin vorkommt. Das alles können wir direkt am Weg beobachten. Zur Seeseite hin finden wir Feuchtwälder mit Erle, Esche und Berg-Ahorn und Hochstaudenfluren mit Mädesüß und Kohl-Kratzdistel. Auf dem See trainieren die Sportler des berühmten Ratzeburger Rudervereins.

Beim Farchauer Hof am Südende des Küchensees [4] floss während der Eiszeiten das Schmelzwasser des Gletschers nach Süden ab. Ein Abstecher führt uns zum Restaurant Farchauer Mühle. Über eine Holzbrücke queren wir den Ausfluss des 1925 errichteten Wasserkraftwerks Farchau [5], das über den Schaalseekanal mit Wasser aus dem 10 km entfernten Schaalsee gespeist wird. Der Weg steigt an. Unten liegen Erlenbrüche, oben Buchenwälder mit Wald-Schwingel, Waldmeister, Echte

Pflanzenliste

Küchensee (Quellhänge) [3]
Gegenblättriges Milzkraut
  Chrysosplenium oppositifolium
Hain-Schwaden *Glyceria nemoralis*
Wald-Labkraut *Galium sylvaticum*
Wechselblättriges Milzkraut
  Chrysosplenium alternifolium
Winter-Schachtelhalm
  Equisetum hyemale
Wolliger Hahnenfuß
  Ranunculus lanuginosus

Ratzeburger See (Buchen-Hangwälder am Ostufer) [6, 7]
Christophskraut *Actaea spicata*
Dunkles Lungenkraut
  Pulmonaria obscura
Finger-Segge *Carex digitata*
Riesen-Schachtelhalm
  Equisetum telmateia
Waldgerste *Hordelymus europaeus*

Römnitz [2]
Echtes Seifenkraut
  Saponaria officinalis
Meerrettich *Armoracia rusticana*
Pyrenäen-Storchschnabel
  Geranium pyrenaicum
Schwarznessel *Ballota nigra*

Küchensee

Wechselblättriges Milzkraut

Echtes Seifenkraut

Riesen-Schachtelhalm

Christophskraut

Meerrettich

Wald-Labkraut

Goldnessel und an sandigen Stellen auch Maiglöckchen. Auf dem ehemaligen Kleinbahndamm geht es zurück zum Ausgangspunkt.

Genauso eindrucksvoll sind die Wälder östlich des Großen Ratzeburger Sees. In Kalkhütte (6) wurde früher Kalktuff angebaut, der sich bildet, wo kalkhaltiges Wasser an die Oberfläche tritt. Die Vielfalt der Waldgesellschaften ist hier besonders groß. Grundwassernah stehen hier Erlenbrüche und Erlen-Eschen-Wälder, weiter oben am Hang gibt es Waldschwingel-Buchenwald und Perlgras-Buchenwald. Nur kleinflächig ausgebildet ist der sehr seltene Waldgersten-Buchenwald. Vom ▶ Leberblümchen (S. 321), das hier um 1960 große Bestände hatte, sind nur noch wenige Reste zu finden. Aber wegen der vielen anderen seltenen Arten ist der Besuch dieser beiden Wälder immer noch äußerst lohnend. Sie stehen unter Naturschutz, aber ihre Vielfalt lässt sich von den Rundwegen aus gut erschließen. Der Riesen-Schachtelhalm steht im Steinort (7) direkt am Weg.

Bei der ehemaligen mecklenburgischen Staatsdomäne Römnitz (2) gibt es noch altmodische Dorfstraßen mit grobem Kopfsteinpflaster und breiten Sandstreifen – ideal für eine bunte und artenreiche Dorfflora. Bemerkenswert häufig ist eine einfache, weiß blühende Form des Seifenkrautes. *HHP*

Kalkflachmoor bei Zarrentin

73

Sumpf-Glanzkraut und Sumpf-Herzblatt
am Südufer des Schaalsees

Ein kleiner Schritt über die Grenze nach Mecklenburg
bringt uns an den Schaalsee bei Zarrentin, und damit
in einen extrem seltenen Lebensraum mit zahlreichen
vom Aussterben bedrohten Arten, die man sonst kaum
zu Gesicht bekommt. Vom Informationszentrum Pahlhuus erreicht man nach fünf Minuten einen Moorlehrpfad am Südende des Schaalsees, der auf einem
Holzsteg durch einen nach der europäischen Fauna-
Flora-Habitat-Richtlinie streng geschützten Lebensraum führt. Naturschutzgebiet! Bitte den Steg – auch für
Fotos – nicht verlassen! Spuren abgeknickter Pflanzen
zeigen, dass davon abgewichen wird. Nach Passieren
einer Wiesen- und Bruchwaldzone geht es mitten durch
die dichten Bestände der Sumpfschneide, die ein ein-

Lage
Südöstlich von Zarrentin
am Schaalsee
Anfahrt
Mit Pkw bis Informationszen-
trum »Pahlhuus«, Wittenburger
Chaussee 13, Zarrentin,
www.schaalsee.de
Parkplatz gebührenpflichtig
Naturschutz
Naturschutzgebiet, FFH-Gebiet
und Biosphärenreservat
Pflanzenliste
Armleuchteralgen *Characeae*
Echte Sumpfwurz *Epipactis palustris*
Fleischfarbenes Knabenkraut
  Dactylorhiza incarnata
Gewöhnliches Fettkraut
  Pinguicula vulgaris
Sumpf-Glanzkraut *Liparis loeselii*
Sumpf-Herzblatt *Parnassia palustris*
Sumpfschneide *Cladium mariscus*

Neuer Steg durch das Kalkflachmoor

Sumpf-Herzblatt

Echte Sumpfwurz

drucksvolles Bild bieten. Ein paar Schritte weiter lohnt es sich, die Vegetation sehr aufmerksam zu beobachten. Das Fleischfarbene Knabenkraut ist um Mitte Juni in Blüte zu bewundern (Fernglas!). Im Juli kommen Sumpf-Glanzkraut, Sumpfwurz und Sumpf-Herzblatt zur Blüte, durch deren Bestand der Weg gebaut worden ist. Auch das Gewöhnliche Fettkraut steht unweit des Weges. Diese botanisch hochinteressante Fläche muss regelmäßig entkusselt werden. Folgt man dem Weg am Ufer des Schaalsees weiter nach Osten, gelangt man zur Schaale, dem natürlichen Ausfluss des Sees. Von der Brücke aus sind Armleuchteralgen am Grund des kaum strömenden Gewässers erkennbar. Die Fortsetzung als Rundweg ist von hier aus wenig attraktiv. Am besten ist es, den gleichen Pfad zurückzugehen und die Pflanzen aus einem anderen Blickwinkel zu betrachten. Beste Jahreszeit Mitte Juni bis Ende Juli. Einkehrmöglichkeiten in Zarrentin. Der Austrocknung des Moores soll durch Einbau von Stauen in Gräben begegnet werden. Renaturierungsplanungen haben in 2020 begonnen. *HB*

Seekreide

Der Schaalsee ist ein kalkreiches, aber nährstoffarmes, also kalk-oligotrophes Gewässer, ein in Norddeutschland seltener Seentyp. Kennzeichnend sind die Armleuchteralgen *Characeen*, die zur Bildung der Seekreide beitragen. Sie entnehmen dem im Seewasser gelösten Hydrogencarbonat das Kohlendioxid, das bei der Photosynthese zu Zucker und Stärke umgebaut wird. Dadurch bildet sich in der Umgebung der Pflanzen Seekreide (Calciumcarbonat), die nicht wasserlöslich ist und sich am Grund des Sees als gelblich-weißgrauer Schlamm absetzt. Am Südufer bei Zarrentin gibt es auch oberhalb des heutigen Seespiegels meterdicke Kreidelager, ein Zeichen dafür, dass der Wasserstand früher höher war. Das Sumpfschneiden-Röhricht *Cladietum marisci* soll seine Hauptverbreitung in der frühen Nacheiszeit gehabt haben, als kalk-oligotrophe Seen Mitteleuropas häufiger waren.

Sumpfschneide

Kreis Pinneberg – Schleswig-Holstein im Kleinen

Im Westen die Elbmarschen, dann die Geest mit Sand, Heide und Moor, im Osten schließlich die Laubwälder. Das Ost-West-Profil des Kreises ähnelt dem des gesamten Bundeslandes; das schrieb schon Johanna Urbschat 1972 in ihrer Flora des Kreises Pinneberg. Die Exkursionsvorschläge zeigen die Vielfalt der Landschaftsräume und ihrer Pflanzenwelt.

Eine Frühjahrs-Radtour nach Hetlingen führt zu Tausenden blühender Schachblumen – dem botanischen Publikumsmagnet in der Haseldorfer Marsch. Den Übergang von der Marsch in die Geest markiert eine deutlich Kante, die sich von Wedel über Holm bis nach Elmshorn zieht. Mit Nachlassen der Schmelzwasserströme bliesen starke Südwestwinde den Sand aus dem Elbe-Urstromtal zu Dünenrücken auf der Geest auf. Diese Binnendünen sind heute überwiegend bewaldet, wie im Autal bei Wedel oder dem angrenzenden Klövensteen. Beim Rundgang durch die Holmer Sandberge kann man die ehemals offene Dünenlandschaft mit Heiden und Trockenrasen noch erleben. Durch den Anstieg des Meeresspiegels und das kühlere und feuchtere Klima vermoorten die Flusstäler und Senken auf der Geest. Die weitläufigen Moore des Kreises Pinneberg sind heute weitgehend trockengelegt, abgetorft und kultiviert. Tävsmoor, Buttermoor und andere blieben als Reste erhalten und stehen mittlerweile unter Schutz. Das Himmelmoor bei Quickborn ist eines der letzten Moore in Deutschland, in denen bis vor Kurzem noch Torf abgebaut wurde. Der Borsteler Wohld, das östlichste Exkursionsgebiet, liegt bereits auf den Grundmoränen der Saale-Eiszeit. In dem Buchenwald wächst eine artenreiche Krautschicht. Eine Ausnahmestellung nimmt die Liether Kalkgrube ein, die neben einem geologischen Aufschluss allerhand botanische Raritäten zu bieten hat.

Moorregeneration im Himmelmoor

Autal bei Wedel

74

Wiesental der Wedeler Au mit blütenreichen
Feuchtwiesen und verwunschenen Moorwäldern

Blühende Schlehen an der Wedeler Au

Lage
An der Bahnlinie der S1
zwischen Rissen und Wedel,
Regionalpark Wedeler Au
Anfahrt
S1 bis Rissen, dann 1,5 km
Fußweg bis Egenbüttelweg.
Rückfahrt mit S1 ab Wedel.
Parkplatz dort oder beim
Wildgehege Klövensteen
Weginformation
4,5 km
Naturschutz
FFH-Gebiet Schleswig-
Holsteinisches Elbästuar
Jahreszeit
Mai / Juni zur Wiesenblüte
Tipp
Im Klövensteen sowie in Wedel
finden sich zahlreiche Einkehr-
möglichkeiten. Faltblatt »Autal
und Marsch« beim Regionalpark
Wedeler Au. Mit der App »Ent-
deckerrouten« kann man sich
vom Startpunkt bis zur Mündung
mit Informationen zu Natur und
Geschichte begleiten lassen:
www.entdeckerrouten.org

Schmelzwasser, das vom Rand der Gletscher zum Elbe-
Urstromtal floss, formte Ende der letzten Eiszeit das
kleine Tal der Wedeler Au. Um die Niederung besser be-
wirtschaften zu können, begradigte man den Bachlauf
und legte Entwässerungsgräben an. Mitte der 1980er
Jahre begann der naturnahe Rückbau der Wedeler Au.
Die Stadt Wedel entfernte Uferverbauungen und legte
Bachschlingen an. Sie kaufte Gewässerrandstreifen auf
und nahm sie aus der Nutzung. Aus der Ferne gut er-
kennbare Röhrichte schirmen die Wedeler Au heute vor
Nährstoffeinträgen ab.

Galloways auf den Autalwiesen

Zunächst auf dem unbefestigten Egenbüttelweg, führt der Spaziergang bald auf schmalen Pfaden durch bewegtes Gelände (1). Es sind ehemalige ▶ Binnendünen (S. 273), die heute mit Nadelwald bestanden sind. Mountainbiker haben an einigen Hängen den Sand freigelegt. Auch für Nichtbotaniker bezaubernd sind die südlich des Weges gut einsehbaren vermoorten Dünentälchen, in denen verschiedene Torfmoosarten und dichte Polster des Frauenhaarmooses, Schmalblättriges Wollgras und Grau-Segge wachsen (2). Nach Westen geht der Wald in eine halb offene Wiesenlandschaft über, in der Galloway-Rinder der Stiftung Naturschutz Schleswig-Holstein das ganze Jahr weiden. Den Talrand säumen alte Stiel-Eichen, an deren Stammfüßen im Frühjahr Große Sternmiere und Vielblütige Weißwurz blühen. Beiderseits des nach Süden schwenkenden Weges liegen Flächen, auf denen noch das Breitblättrige Knabenkraut (▶ Knabenkräuter S. 49) vorkommt (3). Die Wiesen lassen sich aufgrund von Nässe und Beweidung nicht betreten. Es lohnt ein Blick in den von Erlen gesäumten Gehlengraben mit Aufrechter Berle und Baldrian (4). An der 2013 an der Wedeler Au angelegten Wassererlebniszone hat sich eine üppige Hochstaudenflur mit Blut-Weiderich, Gilbweiderich und Wasserdost eingestellt, mit Blühhöhepunkt

Knoblauchsrauke

Im Frühling säumt die kniehohe Pflanze mit den saftig grünen Blättern und den kleinen weißen Blüten zahlreiche Wegränder. Als Kreuzblütler enthält die Knoblauchsrauke *Alliaria petiolata* würzig schmeckende Senföle. Die frisch gepflückten Blätter lassen sich ähnlich wie Bärlauch hervorragend für Salat, Kräuterquark oder Pesto verwenden.

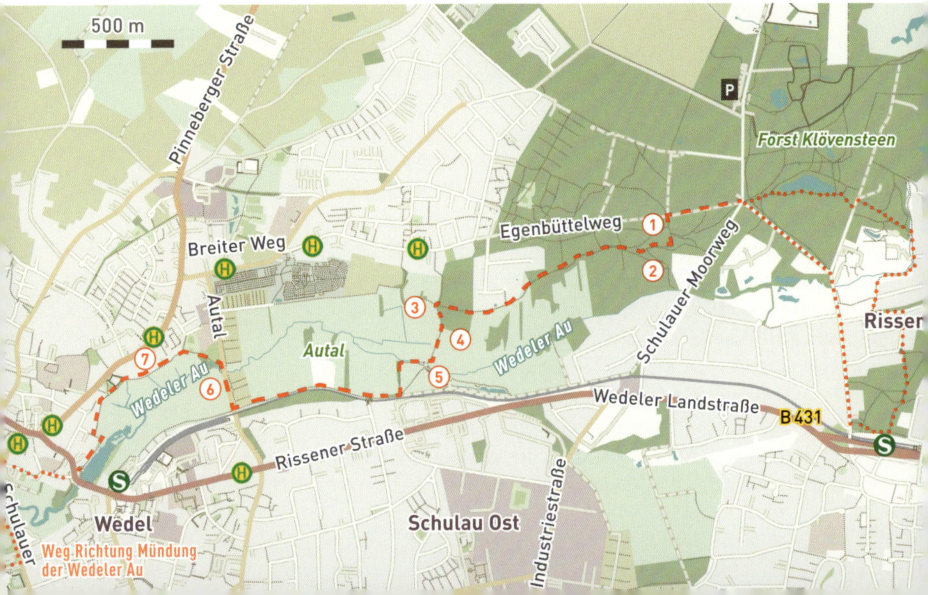

Zottiges Weidenröschen

Aufrechte Berle

Gewöhnlicher Gilbweiderich

Großer Klappertopf

Breitblättriges Knabenkraut

Pflanzenliste

Wedeler Au
Aufrechte Berle *Berula erecta*
Blut-Weiderich *Lythrum salicaria*
Flachfrüchtiger Wasserstern
  Callitriche platycarpa
Gelbe Schwertlilie
  Iris pseudacorus
Gewöhnlicher Gilbweiderich
  Lysimachia vulgaris
Wasserdost
  Eupatorium cannabinum
Zottiges Weidenröschen
  Epilobium hirsutum

Feuchtwiesen
Breitblättriges Knabenkraut
  Dactylorhiza majalis
Großer Klappertopf
  Rhinanthus serotinus
Kuckucks-Lichtnelke
  Lychnis flos-cuculi
Teich-Schachtelhalm
  Equisetum fluviatile

Moorwälder
Goldenes Frauenhaarmoos
  Polytrichum commune
Grau-Segge *Carex canescens*
Schmalblättriges Wollgras
  Eriophorum angustifolium
Torfmoose *Sphagnum spec.*

im Spätsommer (5). Im Wasser breitet sich großflächig der Flachfrüchtige Wasserstern aus. Auf der Feuchtwiese westlich der Straße Autal sind üppige Bestände der rosafarbenen Kuckucks-Lichtnelke im Mai und des Großen Klappertopfs im Juni gut zu erkennen (6). Entlang von Altwässern der Wedeler Au, die im Zuge des naturnahen Rückbaus entstanden, führt ein Pfad zum Nordrand des Autals. Vor wenigen Jahren gepflanzte Bäume alter Kirsch- und Apfelsorten säumen den Weg (7) und geleiten den Wanderer zum Mühlenteich. Hinter dem Stauwehr jenseits der Mühlenstraße wird die Wedeler Au zum Tide-Gewässer (▶ Ebbe und Flut, S. 55), das von der Terrasse des Restaurants Wassermühle einsehbar ist. Wer noch Reserven hat, kann durch die Wedeler Marsch bis zur Mündung der Wedeler Au weiterlaufen. *BE*

Fahrradtour zur Schachblumen-blüte bei Hetlingen

75

Pestwurz, Gold-Hahnenfuß und hunderttausend Schachblumen

Vom Startpunkt beim roten Theaterschiff *Batavia* hat man rechter Hand einen guten Blick auf die Geestkante, die den ehemaligen Uferverlauf des Elbstroms markiert. Die Geestkante und kleine Dünen in der Marsch sind Standorte des Feld-Mannstreus, der sandige, nährstoffarme Böden liebt (1). Der eng mit der Stranddistel verwandte Doldenblütler ist im Stromtal der Elbe verbreitet und mittlerweile stark gefährdet. Die Marsch ist eine junge Landschaft und entstand erst nach der letzten Eiszeit. Mit der Klimaerwärmung vor 4.000 Jahren stieg der Meeresspiegel, und die Nordsee drang in das Urstromtal ein. Mit dem Wechsel der Gezeiten lagerte sich Schlick ab, aus dem sich die schweren, fruchtbaren Böden der Marsch

Lage
In der Wedeler und Haseldorfer Marsch zwischen Wedel und Hetlingen, Regionalpark Wedeler Au

Anfahrt
S1 bis Wedel, dann Fußweg über Mühlenstraße, Schulstraße und Jungfernstieg zur Schulauer Straße

Weginformation
Radrundtour, 16 km, auf asphaltierten Wegen

Naturschutz
FFH-Gebiet Schleswig-Holsteinisches Elbästuar

Jahreszeit
Mitte April bis Mitte Mai zur Blüte der Schachblumen. Der Termin für das Schachblumenfest wird kurzfristig bekannt gegeben: www.elbmarschenhaus.de. Im Winterhalbjahr zum Gänseeinflug bei Sonnenuntergang

Tipp
Einkehrmöglichkeiten im Theaterschiff »Batavia«, »Obst-Paradies Winterros« und Gaststätte »Fährmannssand« Von den Beobachtungsständen der Carl-Zeiss-Vogelstation lassen sich zahlreiche Vogelarten an der ehemaligen Kleientnahmestelle beobachten. Ausstellung über die Elbmarschen im Elbmarschenhaus.

Schachblumenblüte in der Elbmarsch

Gold-Hahnenfuß

Wiesen-Schaumkraut

Gewöhnliche Pestwurz

entwickelten. Kopfweiden säumen die Wege und Gräben und prägen das Landschaftsbild. An den Ufern schieben sich im zeitigen Frühjahr die rosafarbenen Blütenstände der Gewöhnlichen Pestwurz aus dem Boden, deren riesige Blätter erst nach der Blüte erscheinen (2). Mit etwas Glück begleitet der Gesang eines Blaukehlchens den Radfahrer. Viele der Marschwiesen werden mittlerweile extensiv bewirtschaftet. Bereits aus der Ferne sind hier die dicht an dicht stehenden weißen Blütenstände

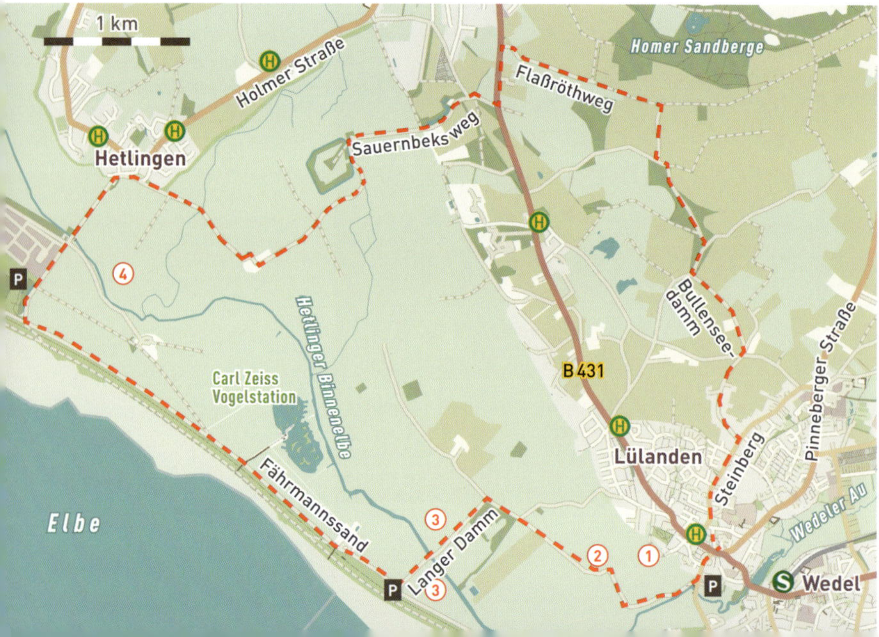

Sumpfdotterblume

Blutweiderich

Schwanenblume

des Wiesen-Schaumkrauts zu erkennen. Dazwischen pendeln die roten Blüten der ▶ Schachblumen (S. 192) im Wind. Da die Wiesen durch die Entwässerung früher gemäht werden konnten und die Düngung konkurrenzkräftige Gräser förderte, ging die aparte Pflanze immer weiter zurück. Mit einer vertraglich festgelegten Bewirtschaftung konnten sich die Bestände der Schachblume erholen. Vor dem Deich in Hetlingen werden an einem Wochenende Ende April/Anfang Mai die Wiesen zum Betreten freigegeben (4). Nicht nur Schachblumen lassen sich dann aus der Nähe betrachten, auch Wiesen-Fuchsschwanz, Scharbockskraut, Großer Sauerampfer und Gold-Hahnenfuß blühen zur selben Zeit oder wenig später. In den Gräben und feuchten Senken blühen im Hochsommer Hochstauden wie Blut-Weiderich, Mädesüß und Schwanenblume. Der Rückweg führt nach Osten über die B 431 und durch die Geest zurück nach Wedel. *BE*

Pflanzenliste

Marschwiesen
Gold-Hahnenfuß
Ranunculus auricomus agg.
Großer Klappertopf
Rhinanthus serotinus
Großer Sauerampfer
Rumex acetosa
Schachblume
Fritillaria meleagris
Scharbockskraut
Ficaria verna
Wiesen-Fuchsschwanz
Alopecurus pratensis
Wiesen-Schaumkraut
Cardamine pratensis
Gräben und Bracks
Blut-Weiderich
Lythrum salicaria
Gewöhnliche Pestwurz
Petasitis hybridus
Schwanenblume
Butomus umbellatus
Sumpfdotterblume
Caltha palustris
Geestkante und Sommerdeiche
Feld-Mannstreu
Eryngium campestre

Feld-Mannstreu

Tävsmoor und Haselauer Moor

Auf schmalen Pfaden zu Moorgewässern,
Schwingrasen und urwüchsigen Bruchwäldern

Im Juni begrüßt der Duft einer Wildrosenhecke den Besucher entlang der Asphaltstraße am Flugplatz. Vom Nordrand des Naturschutzgebietes lohnt sich nach 500 m ein Abstecher zum Südufer des Moorteichs (1). Hier wachsen direkt an der Wasserkante Niedermoorarten wie Sumpf-Blutauge, Sumpf-Helmkraut und Sumpf-Haarstrang. Auch lohnt es sich, diesen Weg weiter zu erkunden. Zurück auf dem Hauptweg, passieren wir zwei Schönungsteiche (2). Eine Herde Burenziegen hält den Gehölzaufwuchs an den Ufern und auf den Flächen im Zaum. Die vor einigen Jahren rund um das Moor angelegten Teiche klären das zufließende nährstoffreiche Wasser, bevor es in den Kern des Moores fließt. Eine gut postierte Aussichtskanzel bietet einen Blick über das große Moorgewässer, bei passender Windrichtung auch auf Segelflugzeuge, die beim Landeanflug zum Greifen

Lage
In den Gemeinden Heist und Appen, südlich des Flugplatzes Uetersen / Heist, Regionalpark Wedeler Au

Anfahrt
Anfahrt mit dem Pkw von der B 431 in den Schlackenweg – Bültenkoppel abbiegen. Alternativ von Appen / Hauptstraße in den Tävsmoorweg

Weginformation
Rundweg, 5,5 km auf asphaltierten Feldwegen und schmalem Moorpfad. Mit Einschränkungen auch als Radtour geeignet.

Naturschutz
Naturschutzgebiet, seit 1989 vom Verein zum Schutz des Tävsmoors e.V. betreut

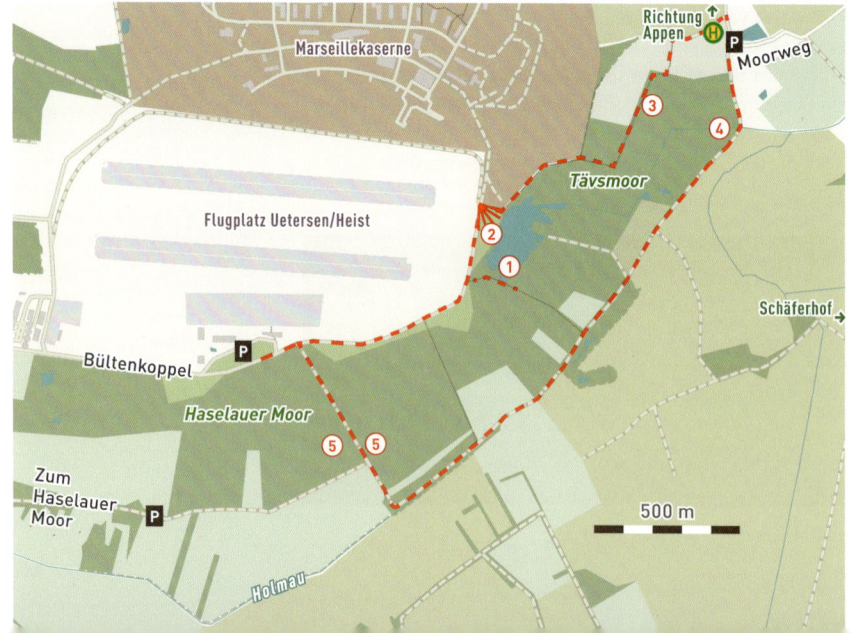

Blick von der Aussichtskanzel über den Großen Moorteich

nah sind. Der weitere Weg durch den Birkenwald erlaubt vereinzelte Durchblicke auf die offene Moorfläche, wo zwischen Schilf die weißen Fruchtstände des Schmalblättrigen Wollgrases deutlich zu erkennen sind (3). Schilf und Rohrkolben zeigen die bessere Nährstoffversorgung an. Trotzdem wachsen im unzugänglichen Moorkern auch Hochmoorarten wie Polei-Rosmarinheide oder Sonnentau. Das 150 Hektar große Übergangsmoor, das sich in einer abflussarmen Rinne entwickeln konnte, vermittelt zwischen Hoch- und Niedermoor. Es wird seit den 1990er Jahren durch Grabenanstaue wieder vernässt.

Am Wegesrand gedeihen unscheinbarere Vertreter der Moorvegetation wie die kleine, gelb blühende Blutwurz oder die Igel-Segge, deren Früchte sparrig vom Halm abstehen. Am Südrand des Tävsmoors ist der Weg wieder asphaltiert und führt an extensiv bewirtschafteten, artenreichen Niedermoorwiesen entlang. Wo die Straße die Appelbek quert, kann man mit dem Fernglas

Jahreszeit
Im Juni zur Blüte der Wildrosen und zum Fruchten des Wollgrases
Tipp
Besuch des »Schäferhofs« mit Naturerlebnisräumen und Hofcafé am Wochenende. Faltblatt »Naturschutzgebiet Tävsmoor / Haselauer Moor« beim Kreis Pinneberg

Blutwurz

Schmalblättriges Wollgras

Igel-Segge

Sumpf-Blutauge

Sumpf-Haarstrang

Pflanzenliste

Moor
Blutwurz *Potentilla erecta*
Gagel *Myrica gale*
Igel-Segge *Carex echinata*
Schilf *Phragmites australis*
Schmalblättriges Wollgras
    Eriophorum angustifolium
Sumpf-Blutauge
    Comarum palustre
Sumpf-Haarstrang
    Peucedanum palustre
Sumpf-Helmkraut
    Scutellaria galericulata

Bruchwald
Gelbe Schwertlilie
    Iris pseudacorus
Sumpffarn
    Thelypteris palustris
Teich-Schachtelhalm
    Equisetum fluviatile

Feuchtwiese und Gräben
Bach-Nelkenwurz
    Geum rivale
Breitblättriges Knabenkraut
    Dactylorhiza majalis
Großer Klappertopf
    Rhinanthus serotinus
Sumpf-Reitgras
    Calamagrostis canescens
Wasserfeder
    Hottonia palustris

Sumpf-Calla entdecken (4). Direkt am Weg wachsen Großer Klappertopf und das an seinen hellgrün glänzenden Halmen zu erkennende Sumpf-Reitgras. Auf einer nicht zugänglichen Wiese wächst ein größerer Bestand des Breitblättrigen Knabenkrauts. (▶ Knabenkräuter, S. 49) Der den Feldweg begleitende Graben bietet mit Wasserfeder und Bach-Nelkenwurz manche botanische Überraschung. Der Weg zweigt schließlich nach Norden ab und führt durch Bruchwald zurück zum Flugplatz. Im Unterwuchs der Birken und Weiden leuchten zu dieser Jahreszeit die gelben Blüten der Schwertlilien. Bemerkenswert sind die üppigen Bestände des Teich-Schachtelhalms und des in Schleswig-Holstein gefährdeten Sumpffarns (5). Seine hellgrünen Blattwedel sind im Vergleich zu anderen Farnarten besonders zart und auf die hohe Luftfeuchtigkeit der Bruchwälder angewiesen. *BE, DH*

Holmer Sandberge

Größtes Binnendünengebiet Schleswig-Holsteins
mit bizarren Baumgestalten und Sandpionieren

Der »Katastrophenweg« führt nach wenigen Minuten zu
der ersten freigelegten Sanddüne (1), deren weißer Sand
vor der Kulisse des dunklen Nadelforstes leuchtet. Großflächige Sandflächen und Heiden prägten bis vor 100 Jahren das Landschaftsbild rund um die Sandberge, bis die
massive Aufforstung mit Kiefern einsetzte. Ab 2005 rode-
te die Gemeinde Holm auf mehreren Flächen den immer
weiter vordringenden Wald und schob den Oberboden ab
(2). Auf den trockenen Sandböden findet sich wieder eine
Reihe gefährdeter Pflanzenarten, die an Trockenheit und
starke Sonneneinstrahlung angepasst sind. Da wachsen
die kleinen, graugrünen Horste des Silbergrases, dessen
schmale, zusammengefaltete Blätter nur wenig Wasser verdunsten. Auch die Sand-Segge besiedelt offene
Sandböden. Dafür bildet sie unterirdische Ausläufer, von
denen in regelmäßigen Abständen Sprosse ausgehen,
weshalb man sie auch die »Nähmaschine Gottes« nennt.
Die häufig ringförmig ausgebildeten Horste der Sparri-
gen Binse siedeln in den etwas feuchteren Dünensenken,
ebenso wie die Glocken-Heide. Zwergsträucher wie Besenheide und Krähenbeere breiten sich zunehmend auf
den Dünen aus. Eine botanische Besonderheit ist die
Quendel-Seide, die man mit etwas Glück im Spätsommer auf einer Heidepflanze entdecken kann (3). Die auch
Teufelszwirn genannte Pflanze besitzt kein Chlorophyll

Lage
Gemeinde Holm,
Regionalpark Wedeler Au

Anfahrt
S1 bis Wedel oder S3 bis Pinneberg, dann Bus 489 oder 594
bis Holm Steinberge, dann
1 km Fußweg zum Parkplatz
Am Sportzentrum / In der Heide

Weginformation
Rundweg, 5 km, unbefestigter
markierter Weg

Naturschutz
FFH-Gebiet, Pflege durch die
Gemeinde Holm

Jahreszeit
Mitte August bis Anfang
September zur Heideblüte

Tipp
Einkehrmöglichkeiten in Holm.
Faltblatt »Holmer Sandberge«
beim Regionalpark Wedeler Au.
Mit der App »Entdeckerrouten in
der Metropolregion« erhält man
auf dem Rundweg Informationen
zu Natur und Geschichte:
www.entdeckerrouten.org

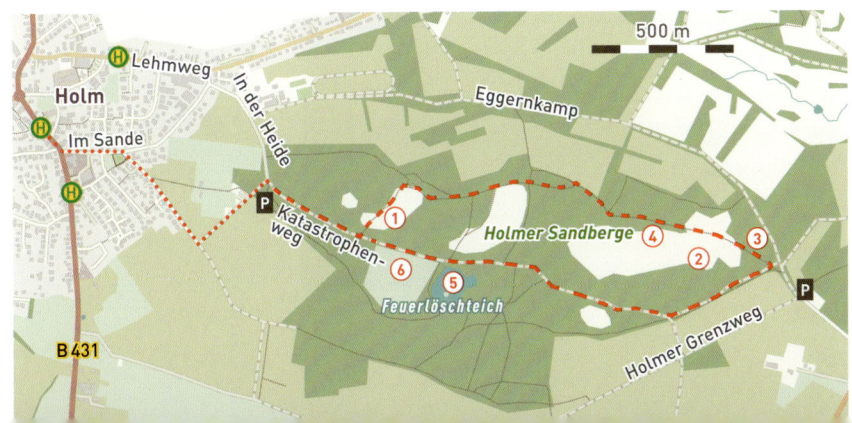

und windet ihre dünnen Triebe um ihre Wirtspflanze, auf der sie schmarotzt. Um den offenen Lebensraum der gefährdeten Pflanzenarten zu erhalten, müssen die aufwachsenden Kiefern und Birken regelmäßig entfernt werden. Hierfür setzt die Gemeinde Holm mittlerweile einen Schlegelmäher ein.

In den lichten Kiefernforsten, die die offenen Dünenflächen umgeben, fallen im Unterwuchs die glänzenden Blätter der Spätblühenden Traubenkirsche ins Auge (4). Die aus Nordamerika stammende Gehölzart, die bis in die 1950er Jahre im Forst angepflanzt wurde, konnte sich in vielen Wäldern stark vermehren. Vögel fressen mit Vorliebe die schwarzen Beeren und breiten die Samen mit ihrem Kot großräumig aus. Am Nordrand der östlichen Offenfläche stehen als Relikte der früheren Holznutzung einige eindrucksvolle ▶ Kratteichen (S. 30) (5). Auch im Waldinneren sind die mehrstämmigen Stieleichen immer wieder anzutreffen.

Zurück führt die Wanderung auf dem »Katastrophenweg«, der seinen Namen dem angrenzenden Feuerlöschteich verdankt (6). Am Wegesrand blühen im Sommer Echtes Johanniskraut, Berg-Sandglöckchen und auch das giftige Jakobs-Kreuzkraut, auch Jakobs-Greiskraut genannt (7). Am Teich lohnt sich eine Pause, um den Blick über die Wasserfläche mit den hier eingebrachten weiß und rot blühenden Seerosen schweifen zu lassen. *BE*

Pflanzenliste

Offene Sanddünen
Besenheide *Calluna vulgaris*
Borstgras *Nardus stricta*
Frühlings-Spörgel
  Spergula morisonii
Gewöhnliche Krähenbeere
  Empetrum nigrum
Gewöhnlicher Strandhafer
  Ammophila arenaria
Glocken-Heide *Erica tetralix*
Pfeifengras *Molinia caerulea*
Quendel-Seide *Cuscuta epiphytum*
Sand-Segge *Carex arenaria*
Sand-Straußgras *Agrostis vinealis*
Silbergras *Corynephorus canescens*
Sparrige Binse *Juncus squarrosus*
Wegesrand
Berg-Sandglöckchen
  Jasione montana
Echtes Johanniskraut
  Hypericum perforatum
Jakobs-Greiskraut *Senecio jacobea*

Heideblüte in den Binnendünen

Sparrige Binse

Sand-Segge

Silbergras

Besenheide

Quendel-Seide

Berg-Sandglöckchen

Binnendünen

Als die Gletscher der letzten Eiszeit vor 15.000 Jahren zu schmelzen begannen, lagerten die Schmelzwasserströme große Mengen Sand und Geröll im Elbe-Urstromtal ab. Nach Ende der Eiszeit fielen große Flächen trocken, und Stürme wehten den Sand parallel zum Fluss auf. Auf den Binnendünen entwickelten sich allmählich Wälder. Im Mittelalter holzte man viele der Wälder ab, legte Äcker an oder nutzte die mageren Böden als Schafweide. Vertritt und Beweidung rissen die spärliche Pflanzendecke immer wieder auf, sodass der Sand erneut in Bewegung geriet. Das Anpflanzen von Strandhafer zur Befestigung des Flugsands brachte keine langfristige Verbesserung. Nach dem Ersten Weltkrieg begann die systematische Aufforstung mit Kiefern. Die meisten Binnendünen am Elbufer sind heute mit Wald bewachsen.

Liether Kalkgrube

Geologische Enthüllungen mit Wow-Effekt.
Pflanzenartenvielfalt auf kalkreichem Standort

78

Lage
Östlich der Ortschaft
Klein Nordende

Anfahrt
RB oder RE bis Elmshorn, dann
Bus 6503 oder 6504 bis Klein
Nordende, Sandhöhe, dann
900 m Fußweg. Ausgeschilderter
Parkplatz in Klein Nordende am
Finkhörn / Langengang

Weginformation
500 m langer, zu Beginn steiler
Stichweg in die Grube und 2 km
langer Panorama-Rundweg

Naturschutz
Naturschutzgebiet und Nationales
Geotop. Betreut von der Gemeinschaft zur Erhaltung von Kulturgut
in Tornesch e.V.

Jahreszeit
April mit blühenden Schlehen-
gebüschen, im Sommer zur Blüte
verschiedener Orchideenarten

Tipp
Der betreuende Verein bietet
Führungen an und freut sich
über Helfer bei Pflegeeinsätzen:
www.lietherkalkgrube.de
Faltblatt »Naturschutzgebiet
Liether Kalkgrube« bei der
Gemeinschaft zur Erhaltung
von Kulturgut in Tornesch e.V.
und dem Kreis Pinneberg.

Blick vom Panorama-Rundweg in die Kalkgrube

Betritt man die nur 16 Hektar große Grube, scheint man in eine ferne Gebirgslandschaft einzutauchen. Ein Salzstock presste hier über Jahrmillionen die Gesteine des Rotliegenden und des Zechsteins aus bis zu 8 km Tiefe an die Oberfläche. Nachdem in der Umgebung zunächst roter Ton für die Ziegelherstellung abgebaut worden war, entstand die Liether Kalkgrube ab 1926 durch die Gewinnung von Düngekalk. Mit dem Einstellen des Abbaus im Jahr 1986 entwickelte sich auf den kalkreichen und teils quelligen Schotterflächen ein reiches Vegetationsmosaik.

Der Panorama-Rundweg (1) lohnt sich besonders im Frühjahr, wenn die Schlehenhecken blühen und die noch unbelaubten Gehölze einen freien Blick auf die geologischen Formationen erlauben. An den Rändern der Gehölze und Knicks wachsen Arten wie Gundermann und ▶ Knoblauchsrauke (S. 263), aber auch Kulturzeiger wie Garten-Goldnessel und Kleines Immergrün (2).

Von botanischen Kostbarkeiten ist der Stichweg gesäumt, der in die 35 m tiefe Grube führt. Neben Informationen zu Geologie und Ökologie lassen sich eine Reihe der über 140 hier vorkommenden Pflanzenarten entdecken. An den oberen, trockenen Hängen wachsen kleinwüchsige Arten der Sandtrockenrasen wie Kleines Habichtskraut, Gewöhnlicher Hornklee, Heide-Nelke und Berg-Sandglöckchen (3). Auf den wechselfeuchten Kalkböden an den Ufern der Gewässer blühen im Juni üppige Bestände des Übersehenen Knabenkrauts (▶ Knabenkräuter, S. 49) und des Großen Klappertopfes (4). Etwas

Pflanzenliste

Stichweg Kalkgrube
Berg-Sandglöckchen
 Jasione montana
Echte Sumpfwurz *Epipactis palustris*
Echtes Tausendgüldenkraut
 Centaurium erythraea
Geflecktes Knabenkraut
 Dactylorhiza fuchsii
Gewöhnlicher Hornklee
 Lotus corniculatus
Großer Klappertopf
 Rhinanthus serotinus
Kleines Habichtskraut
 Hieracium pilosella
Sumpf-Dreizack *Triglochin palustre*
Sumpf-Herzblatt *Parnassia palustris*
Übersehenes Knabenkraut
 Dactylorhiza praetermissa
Wald-Erdbeere *Fragaria vesca*

Panorama-Rundweg
Garten-Goldnessel
 Galeobdolon argentatum
Gundermann *Glechoma hederacea*
Kleines Immergrün *Vinca minor*
Schlehe *Prunus spinosa*

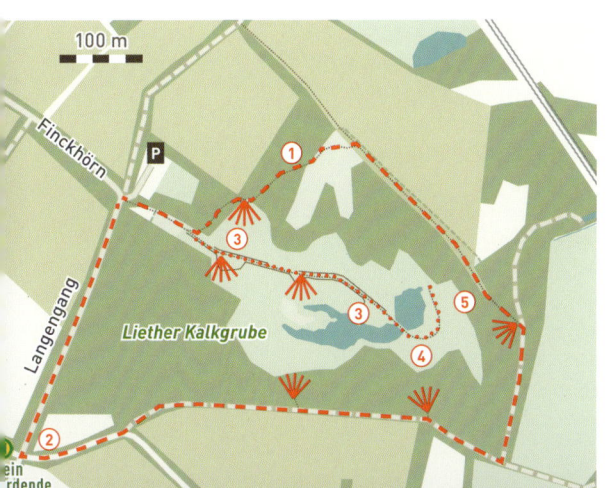

Schlehe

Gewöhnlicher Hornklee

Geflecktes Knabenkraut

Echtes Tausendgüldenkraut

Kleines Immergrün

Großer Klappertopf

Sumpf-Herzblatt

genauer hinsehen muss man beim Sumpf-Dreizack, dessen schmale Sprosse leicht zu übersehen sind. Die Binsenart verträgt Salz und ist deshalb häufig in Meeresnähe zu finden. Später im Sommer blühen Echte Sumpfwurz und Sumpf-Herzblatt. Die weißen, parabolförmigen Kronblätter des Kalk liebenden Sumpf-Herzblatts sammeln das Sonnenlicht, sodass Insekten die Blüten am kühlen Tagen zum Aufwärmen aufsuchen. Folgt man dem Stichweg bis zum Nordhang, findet man im Sommer manche Wald-Erdbeere (5), aber auch viele junge Birken und Weiden. Nur durch regelmäßige Pflegeeinsätze ist es möglich, die Schotterflächen offen zu halten. Pumpen sorgen dafür, dass die Liether Kalkgrube nicht voll Wasser läuft und heute ein Ort der botanischen und geologischen Entdeckungen ist. *BE*

Himmelmoor

Beeindruckende Weite: Im größten Hochmoor
Schleswig-Holsteins wurde bis vor Kurzem noch
Torf abgebaut

Über 200 Jahre wurde im Himmelmoor Torf abgebaut. Zum
Torstechen schickte man Strafgefangene aus Rendsburg
ins Moor, in den beiden Weltkriegen auch Kriegsgefan-
gene. Dann löste das industrielle Frästorfverfahren das
Handstechen von Torfsoden ab. 2018 endete der Torfabbau im Himmelmoor und die 1990 begonnene Renaturierung wurde auf die heutigen Abbauflächen ausgedehnt.
Mehr als 60 Prozent der Fläche bleiben nun ausschließlich der Natur vorbehalten. Die restlichen Flächen sind
mit Wanderwegen, Ruhebänken und einem Moorlehrpfad
für die Naherholung erschlossen.

Der Moorspaziergang beginnt am ehemaligen Torfwerk, wo Schautafeln einen ersten Überblick geben, und
führt gegen den Uhrzeigersinn um das Moor. Am Wander-

Lage
Im Nordwesten Quickborns

Anfahrt
Bahnlinie A1 bis Quickborn,
von dort Bus 294 (nur Mo – Sa)
bis Quickborn, Am Mühlenberg,
dann 2 km Fußweg über Himmel-
moorchaussee zum Torfwerk.
Parken am Ortsausgang Quickborn oder beim Torfwerk

Weginformation
Rundweg, 4 km, auf breiten
bis schmalen Wegen um den
östlichen Teil des Moors

Naturschutz
Landschaftsschutzgebiet mit
zahlreichen gesetzlich geschützten Biotopen. Ein Naturschutzgebiet ist in Planung. Betreuender
Verein ist der Förderverein
Himmelmoor, www. foerderverein-
himmelmoor.de

Jahreszeit
Die Weite der Landschaft beeindruckt das ganze Jahr über.

Tipp
Der Rundweg entspricht dem
Moorlehrpfad. Der Förderverein
hat die alte Torfbahn für
Besucherfahrten reaktiviert.
Termine unter www.torfbahn-
himmelmoor.de.
Faltblatt FFH-Gebiet »Himmel-
moor« beim Kreis Pinneberg.

In den 1990er Jahren wiedervernässte Moorflächen

weg entlang der Wiesen und Knicks kann man im Frühjahr Busch-Windröschen, März-Veilchen und Milzkraut entdecken. Im Sommer blühen in den von Schwarz-Erle, Moor-Birke und Faulbaum geprägten Bruchwäldern Hexenkraut und Baldrian (1). Nähert man sich dem Kern des Moores, so fällt auf, dass der Unterwuchs in den Wäldern fast nur noch aus ▶ Pfeifengras (S. 80) besteht (2). Hier und da kann man schon kleine Torfmoospolster und Glocken-Heide entdecken. Im Nordosten, auf dem Weg zum Aussichtspunkt, führt ein Holzsteg entlang einer Torfkante, wo im tiefer gelegenen, nassen Bruchwald Torfmoose und Wollgras gedeihen. Direkt am Wegesrand stehen größere Bestände der Polei-Rosmarinheide (3), die als besonders typische Art für Hochmoore gilt. Ein kleiner Abstecher vom Aussichtspunkt nach Norden führt an ehemaligen Torfstichen vorbei, die sich in Regeneration befinden (4). Hier wachsen größere Bestände des Scheiden Wollgrases und des Mittleren Sonnentaus. Eine weitere Sonnentauart, nämlich der Rundblättrige Sonnentau, kann zusammen mit der vorher genannten Art unmittelbar am Fuß des Aussichtspunkts auf dem offenen Torfboden am Rand der Abbaufläche bestaunt werden. Der Weg nach Süden führt auf dem Torfkörper

Pflanzenliste

Moor

Besenheide *Calluna vulgaris*
Gewöhnliche Moosbeere
  Vaccinium oxycoccus
Glocken-Heide *Erica tetralix*
Mittlerer Sonnentau
  Drosera intermedia
Moor-Birke *Betula pubescens*
Pfeifengras *Molinia caerulea*
Polei-Rosmarinheide
  Andromeda polifolia
Rundblättriger Sonnentau
  Drosera rotundifolia
Scheiden Wollgras
  Eriophorum vaginatum
Schmalblättriges Wollgras
  Eriophorum angustifolium
Sumpf-Calla *Calla palustris*
Torfmoose *Sphagnum spec.*
Weißes Schnabelried
  Rhynchospora alba

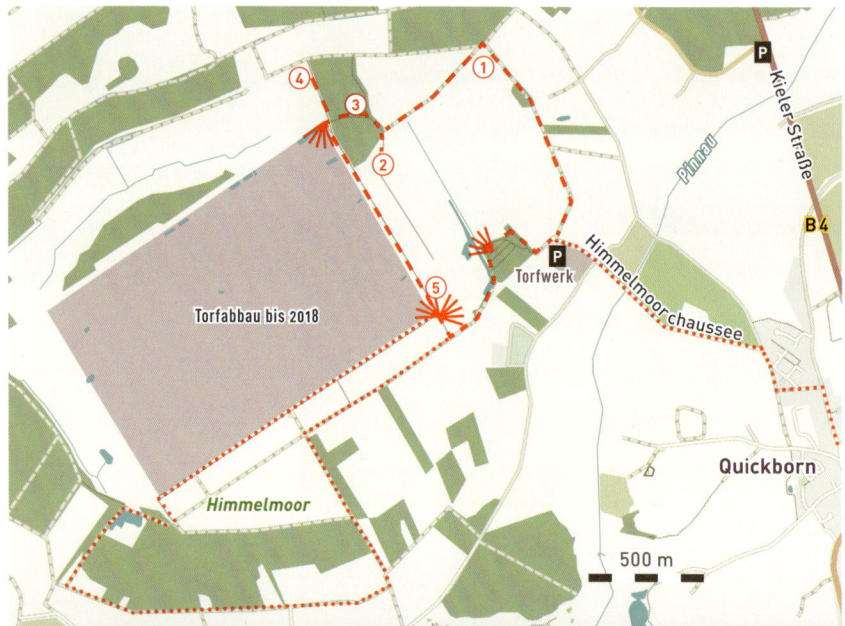

Polei-Rosmarinheide

Sumpf-Calla

Mittlerer und Rundblättriger Sonnentau

Torfabbau im Himmelmoor 2016

Gleise der alten Torfbahn

entlang der Gleise der Torfbahn vorbei an der neu überstauten Abbaufläche sowie den älteren Regenerationsflächen, die riesige Schwingdecken von Sumpf-Calla beherbergen (5).

Zum Abschluss des Rundweges hat man von einem weiteren Aussichtspunkt einen schönen Blick auf den in Regeneration befindlichen Teil des Moores mit offenen Wasserflächen, vielen Vögeln und den weiten Horizont. *WE*

Borsteler Wohld und Kummerfelder Gehege

80

Alt- und totholzreiche Buchenwälder, Bäche, feuchte Senken und Steilhänge: Hier wachsen Gefingerter Lerchensporn, Ährige Teufelskralle und Vielblütige Weißwurz

Lage
Gemeinde Kummerfeld, zwischen Ellerhop und Hohenraden, Teil des Staatsforsts Rantzau
Anfahrt
S3 bis Pinneberg, dann Bus 594 bis Borstel Hohenraden, Roffloh. Parkmöglichkeit am Waldrand
Weginformation
Rundweg, 4 km, unbefestigt
Naturschutz
FFH-Gebiet, Bilsbek-Niederung wird durch den NABU Schleswig-Holstein betreut
Jahreszeit
Ideal zwischen Mitte Mai und Mitte Juni
Tipp
Himmelmoor (▶ Tour 79) und das Arboretum Ellerhoop-Thiensen (▶ Tour 81) liegen in der Nähe.

Efeu erklimmt die alten Bäume

Wir starten unseren Spaziergang am Ende des Wohldweges (1) und stoßen bald auf eine alte, teilweise abgestorbene Eiche – ein Naturdenkmal, das den Namen »Kocheiche« führt (2). Der Sage nach soll hier nach grausamem Schicksal ein Koch begraben sein.

Im Buchenwald, in dem Hainbuche, Stiel-Eiche, Birke und andere Laubgehölze eingemischt sind, liegen feuchte Senken mit Baumarten wie Schwarz-Erle, Gewöhnliche Esche, Hybrid-Pappel und Silber-Weide. Auffällig sind die Büsche der immergrünen Stechpalme mit ihren glänzenden und stachelig-gezähnten Blättern. Auch fallen armdicke Stämme des immergrünen Efeus auf, der bis in die Kronen der Bäume klettert.

Ährige Teufelskralle

Einige Bäume stehen durch die Gewichtslast kurz vor dem Zusammenbruch. Immer wieder sind Nadelholzgruppen mit teilweise mächtigen Stämmen eingestreut. Am Weg wachsen Sträucher wie Haselnuss, verschiedene Weißdornarten und Gewöhnlicher Schneeball. Leider wird der Wald durch den umfangreichen Holzeinschlag und im Westen durch die Anlage eines Waldfriedhofs beeinträchtigt.

Im Frühjahr fallen in der Krautschicht Busch-Windröschen und Große Sternmiere ins Auge. Nur lokal anzutreffen sind Arten wie Kriechender Günsel, Hohe Schlüsselblume, Dunkles Lungenkraut, Sanikel und Vielblütige Weißwurz (4). Hingewiesen sei ferner auf einen kleinen Bestand der Einbeere, deren Früchte für den Menschen leicht giftig sind, sowie die weißlich-gelben Blütenstände der Ährigen Teufelskralle, die nichts mit der in der Apotheke gehandelten afrikanischen »Teufelskrallenwurzel« zu tun hat. Gegen- und Wechselblättriges ▶ Milzkraut (S. 321), Scheiden-Gelbstern, Gefleckte Taubnessel und der sehr früh blühende Gefingerte Lerchensporn (8) lassen sich ebenfalls während des Spaziergangs entdecken.

Im Nordwesten genießen wir einen schönen Blick auf die Bilsbek-Niederung (3). Der Weg entlang der Niederung führt an einem mächtigen, mit Zunderschwämmen besetzten Buchenstamm vorbei, an dem sich die holz-

Pflanzenliste

Buchenwald

Adlerfarn *Pteridium aquilinum*
Ährige Teufelskralle *Phyteuma spicatum*
Busch-Windröschen *Anemone nemorosa*
Dunkles Lungenkraut *Pulmonaria obscura*
Efeu *Hedera helix*
Einbeere *Paris quadrifolia*
Gefingerter Lerchensporn *Corydalis solida*
Große Sternmiere *Stellaria holostea*
Großes Zweiblatt *Listera ovata*
Hohe Schlüsselblume *Primula elatior*
Kriechender Günsel *Ajuga reptans*
Sanikel *Sanicula europaea*
Scheiden-Gelbstern *Gagea spathacea*
Vielblütige Weißwurz *Polygonatum multiflorum*

Weiher

Nickender Zweizahn *Bidens cernua fo. discoideus*
Scheinzyper-Segge *Carex pseudocyperus*

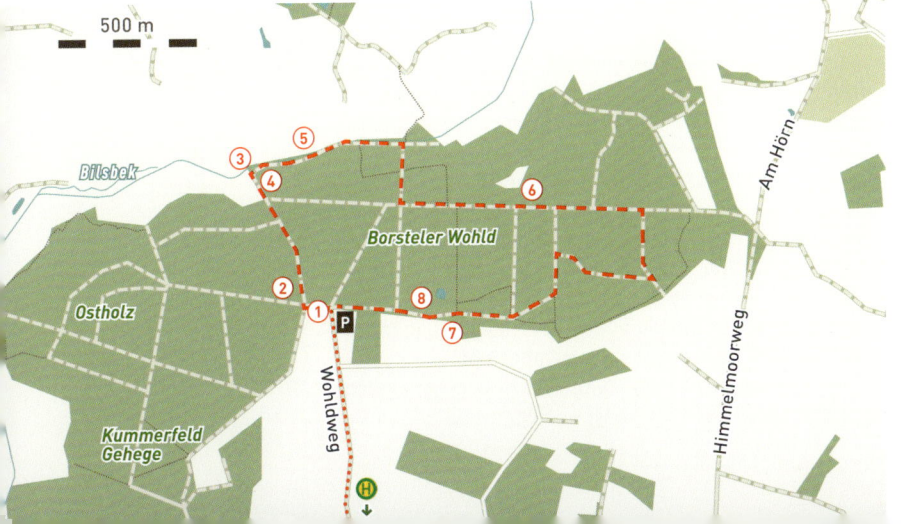

Kriechender Günsel

Gefingerter Lerchensporn

Einbeere

Scheiden-Gelbstern

Zunderschwamm

Der Zunderschwamm *Fomes fomentarius* kommt als Baumschädling vor allem an Buchen und Birken vor. Er baut die gerüstbildenden Lignine und Cellulose des Holzes ab und macht es so mürbe, dass die Stämme abbrechen. Interessant ist, dass dieser Pilz früher eine große wirtschaftliche Bedeutung hatte. Aus dem filzig-lockeren, saugfähigem Gewebe der Fruchtkörper kann man Lappen herstellen und für viele Zwecke nutzen: 1. Zum Feuer machen, denn die Lappen werden durch Feuersteinfunken leicht entflammt und »brennen wie Zunder«. Das war vor der Erfindung der Zündhölzer überlebenswichtig; auch der Gletschermann Ötzi trug solchen Zunder bei sich. 2. Man kann daraus Textilgegenstände wie Mützen und Taschen herstellen. 3. In der Chirurgie wurde Zunder früher zur Wundbehandlung und Blutstillung verwendet – eine Anwendung, die heute wieder auf großes Interesse stößt.

abbauende Funktion dieses Pilzes studieren lässt (5). Ein Abstecher bringt uns zu einer verwunschenen Feuchtwiese, auf der im Frühjahr Wasser-Minze, Sumpf-Vergissmeinnicht und Kuckucks-Lichtnelke blühen (6). Entlang der Waldwege trifft man immer wieder auf Adlerfarn, der mit bis zu 2 m langen Wedeln der größte heimische Farn ist. Er bildet stellenweise Massenbestände (7). Ein Weiher liegt verborgen in einem Krater. Die Ufer werden von Weiden und einer Reihe von Sumpf- und Wasserpflanzen gesäumt, wie Sumpf-Labkraut, Bach-Sternmiere, Gewöhnlicher Wolfstrapp und später im Jahr auch von einer seltenen Form des Nickenden Zweizahns sowie der Scheinzyper-Segge. *WS*

Arboretum Ellerhoop-Thiensen **81**

Einst Baumschule, jetzt Norddeutsche Gartenschau und ein Ort der Superlative

Der vom Förderkreis Arboretum Baumpark Ellerhoop-Thiensen e.V. geführte Garten ist heute ein Publikumsmagnet mit Gastronomie und Pflanzenverkauf. 1943 erwarb die Baumschule Timm & Co. den historischen Münsterhof und richtete in den 1950er Jahren in Zusammenarbeit mit dem Dendrologen Gerd Krüssmann ein 3,5 Hektar großes Arboretum ein. 1980 kaufte der Kreis Pinneberg die Anlage und übertrug die Betriebsträgerschaft wenige Jahre später an den Förderkreis unter Leitung von Hans-Dieter Warda, der den auf 17,3 Hektar erweiterten Garten bis heute führt und gestaltet. Sie finden hier den weißesten Garten, den ältesten Baum der Welt (als Modell) und die größte Sammlung von Strauchpfingstrosen *Paeonia suffruticosa* in Deutschland. Aber auch der NDR-Fernsehgarten, die Farbphilosophie von Picasso, ein einmaliger Bauerngarten mit einem einmaligen Gärtner sowie lehrreiche Dokumente der Erdgeschichte ergänzen das überaus vielfältige Angebot. Blühhöhepunkte sind die Narzissenwiese im April, die Strauchpfingstrosen im Mai oder die Lotosblüte im Spätsommer. Der Garten ist gegen Eintritt, mit Ausnahme einer Winterpause, das ganze Jahr geöffnet. *AZ*

Lage
Gemeinde Ellerhoop, zwischen Pinneberg und Barmstedt
Anfahrt
S3 bis Pinneberg, dann Bus 185 bis Arboretum, dann 1,2 km Fußweg, vorbei am Gartenbauzentrum Schleswig-Holstein bis zum alten Münsterhof
Tipp
Weitere Infos unter:
www.arboretum-ellerhoop.de

Bauerngarten vor dem Münsterhof

Kreis Segeberg – Knicklandschaft und Wiesenniederungen

Den Süden und Westen des Kreises prägen die nährstoffärmeren Böden der Geest. Hier konnten sich entlang der Geestbäche oder beim Verlanden nährstoffarmer Seen Hochmoore bilden. So führen die beiden südlichen Wandervorschläge in das kleine, gut erhaltene Ohmoor an der Hamburger Landesgrenze und durch die abgetorften Hochmoorflächen der Oberalsterniederung. Besonders nährstoffarm sind die Flugsande der Binnendünen, auf denen sich die Barker Heide mit einem Mosaik aus Heiden, Trockenrasen und Mooren entwickelte.

Von Norden und Osten ragen die Ablagerungen der Weichsel-Eiszeit ins Kreisgebiet. Die nährstoffreicheren Bedingungen des ostholsteinischen Hügel- und Seenlandes sind Grund für die artenreiche Frühlingsflora in Wäldern und Forsten wie bei Endern oder den Bauernwäldern bei Schieren. Sehenswert sind diese Bauernwälder nicht nur aufgrund botanischer Seltenheiten, sondern auch als Kulturlandschaft. Die bizarren Baumgestalten entstanden durch einen jahrhundertelangen Rückschnitt zur Brennholzgewinnung. Auch die Knicks – auf Wällen gepflanzte Feldhecken – erfüllten einen ähnlichen Nutzen. Neben Holz lieferten die in einem dichten Netz angelegten Knicks Früchte und Arzneipflanzen und dienten der Einfriedung der Felder und zum Windschutz. Heute ist die Anzahl der Knicks deutlich zurückgegangen. Um effizienter Landwirtschaft zu betreiben, wurden Knicks Mitte des letzten Jahrhunderts in Flurbereinigungsverfahren vielfach beseitigt. Heute sind Knicks in Schleswig-Holstein gesetzlich geschützt. Sie bieten wichtige Lebensräume für Flora und Fauna, vernetzen Biotope und bereichern das Landschaftbild.

Von Knicks gesäumter Feldweg bei Großenaspe

Norderstedter Ohmoor 82

Kleines, aber schönes und interessantes Gebiet direkt am Flughafen – ideal zum Kennenlernen der Hochmoorflora

Zuerst führt der schattige Weg 500 m durch unspektakuläres Gelände mit Stickstoff liebenden Allerweltspflanzen, aber dann weitet sich der Blick auf die nördliche Startbahn des Flughafens. Morgens und nachmittags kann es hier laut werden. Die Flughafenverwaltung sorgt dafür, dass hier die Bäume nicht in den Himmel wachsen, und lässt sie in rund 5 m Höhe knüppelartig beschneiden (1). Drei runde Bürotürme auf der gegenüberliegenden Seite markieren, wie weit das Ohmoor vor 70 Jahren reichte – im Süden reichte es sogar 2 km bis ins Hamburger Gebiet hinein. Von den ehemals 450 Hektar sind heute nur noch 51 Hektar erhalten, sonst wurde alles bebaut oder in Grünland umgewandelt. Ein breiter Streifen entlang des Flughafenzaunes wird seit Jahren offen gehalten. Zwischen ▶ Pfeifengras (S. 80) und Birken-

Lage
Stadt Norderstedt, an der Hamburger Landesgrenze unmittelbar westlich des Flughafengeländes

Anfahrt
U2 bis Niendorf-Markt, dann Bus 24 und 191 bis Sperlingsweg. Zugang über Sachsenstieg, dort auch Parkmöglichkeit

Weginformation
Rundweg, 3 km, unbefestigt

Naturschutz
FFH-Gebiet, gesetzlich geschützte Biotope. Die Loki Schmidt Stiftung pachtet und betreut 3,9 Hektar

Jahreszeit
Mitte Juni bis September

Tipp
Die Loki Schmidt Stiftung bietet Führungen an, Anfragen per Mail: naturfuehrer@loki-schmidt-stiftung.de

Zentrale Moorfläche mit Moor-Birken und Pfeifengras

Kreis Segeberg

stubben leuchten hier Ende Mai bis Anfang Juni die weißen Fruchtstände der Wollgräser und zeigen, dass wir
uns hier auf ehemaligem Moorgelände befinden (2). Dieses Gelände ist gut für Entdeckungen. Am Rande eines
kleinen Teiches gibt es sogar Sonnentau. Unser Weg
führt nach Westen über eine kleine Brücke mitten in den
lichten und etwas monoton wirkenden Moor-Birkenwald, der sich zwischen und auf den alten Abtorfungen
gebildet hat, und damit in den interessantesten Teil des
Ohmoors (3). Vom Weg aus können wir in den feuchten
Senken schön entwickelte Torfmoosrasen sehen und
bunte Hochmoorflora mit Seltenheiten wie Gewöhnliche
Moosbeere, Glocken-Heide, Rundblättriger Sonnentau,
Weißem Schnabelried und Polei-Rosmarinheide, auch
wenn dazu manchmal das Fernglas zu Hilfe genommen
werden muss. Seinen Artenreichtum verdankt dieses
Moor den vielen kleinen Handtorfstichen der Nachkriegs-

Torfmoospolster mit
Rundblättrigem Sonnentau

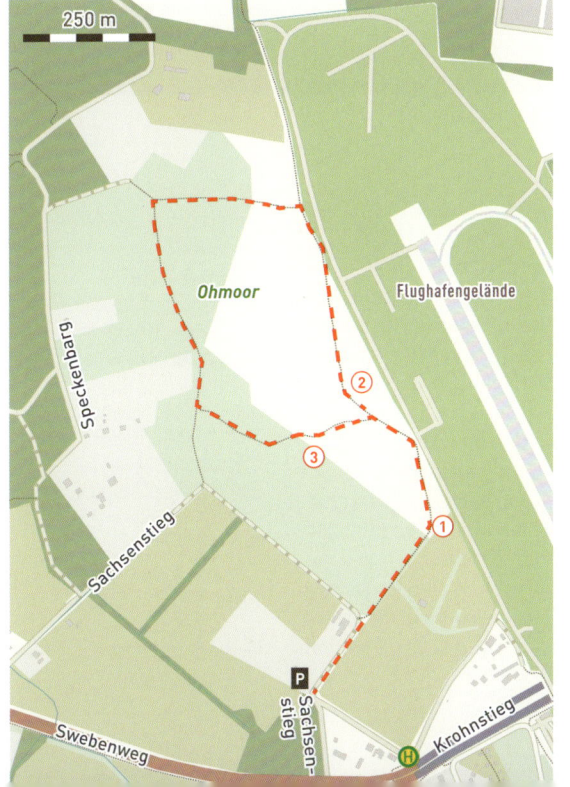

Torfstichgewässer

Gewöhnliche Moosbeere

Amerikanische Heidelbeere

Schmalblättriges Wollgras

Blütenstand des Schabelrieds

Weißes Schnabelried

zeit, die ein Mosaik unterschiedlich feuchter Moorlebensräume geschaffen haben. Blicke auf offene Hochmoorbereiche gibt es immer wieder auch von anderen Stellen des Rundweges aus, der uns schließlich wieder zurück an den Flughafenzaun führt.

Der nördliche Teil des heutigen Ohmoors war früher unter vielen unterschiedlichen Nutzern aufgeteilt. Einige haben hier Torf gestochen, andere Gärten bewirtschaftet. So stoßen wir immer wieder auf alte Kulturpflanzen: Große Blutberitzen etwa oder Zierpflanzen wie den Drüsigen Gilbweiderich. An mehreren Stellen finden sich hohe Sträucher der Amerikanischen Kulturheidelbeere, die es im Hamburger Raum nur im Umfeld des Ohmoors gibt. *HHP*

Pflanzenliste
Amerikanische Heidelbeere
Vaccinium corymbosum
Gewöhnliche Moosbeere
Vaccinium oxycoccus
Glocken-Heide *Erica tetralix*
Polei-Rosmarinheide
Andromeda polifolia
Rundblättriger Sonnentau
Drosera rotundifolia
Scheiden-Wollgras
Eriophorum vaginatum
Schmalblättriges Wollgras
Eriophorum angustifolium
Weißes Schnabelried
Rhynchospora alba

Oberalsterniederung zwischen Alsterquelle und Naherfurt

83

Wiesen, Weiden, Moorgebiete – und dazwischen die mäandrierende Alster

In ihrem Oberlauf hat die Alster nur wenig Gefälle und fließt träge durch eine Niederungslandschaft, die sie nach kräftigen Niederschlägen weiträumig überschwemmt. Erst ab Kayhude beginnt sie rascher zu fließen. Hervorgegangen ist die Oberalsterniederung aus einem eiszeitlichen Stausee, der später großflächig vermoorte. Durch Entwässerung, Torfabbau und den Ausbau des Flusses auf Betreiben Hamburgs, das hier Eigentumsrechte an der Alster hatte, entstand die heutige Wiesen- und Weidenlandschaft. Diese wieder zu artenreichen Lebensräumen zu entwickeln und die Alster möglichst schonend zu »unterhalten«, sind Ziele des Naturschutzes.

Die Weite der Landschaft so nah an der Großstadt ist ungewöhnlich und zu jeder Jahreszeit beeindruckend. Blühende Wiesen aber muss man suchen. Das »Läuten« des Großen Brachvogels, das früher im ganzen Niede-

Lage
Zwischen Henstedt und Nahe

Anfahrt
1. Wakendorfer Moor:
Bus 7550 von Ochsenzoll bis Kayhude-Naherfurt. Mit dem Pkw über die B432 bis Naherfurt.
2. Schlappenmoor:
Am einfachsten mit dem Pkw von Naherfurt über Wilstedt, Togenkamp und Horst. Parkmöglichkeit nördlich Horst und Alsterlauf
3. Drei-Moore-Wanderung:
Ab Ulzburg Süd Bus 593 bis Rhen, Paracelsius Klinik (fährt selten)

Weginformation
1. Wakendorfer Moor:
Rundweg, 3 km
2. Schlappenmoor:
Hin- und Rückweg, 4 km
3. Drei Moore-Wanderung:
zwischen zwei Bushaltestellen, 9 km (enthält die 2. Wanderung)

Naturschutz
Naturschutzgebiet Oberalster-Niederung, Betreuung durch AG aus Naturschutzring Tangstedt, NABU und Landesjagdverband Schleswig-Holstein. Naturschutzgebiet Henstedter Moor, Betreuung NABU

Jahreszeit
Mitte Mai bis Mitte Juni

Tipp
Faltblatt »Oberalsterniederung« (auch als pdf) beim Landesamt für Landwirtschaft, Umwelt und ländliche Räume Schleswig-Holstein (LLUR)

Alsterniederung bei Wakendorf

rungsbereich zu hören war, hat nachgelassen. Er bevorzugt extensiv bewirtschaftetes Grünland. Das Naturschutzgebiet erstreckt sich teilweise als schmales Band entlang der Alster. Die früher existierenden Hochmoore wie das Wakendorfer Moor, das Schlappenmoor, das Alsterquellmoor und das Henstedter Moor sind weitgehend abgetorft und nur in Degenerationsstadien erhalten. Vernässungsmaßnahmen wurden durchgeführt und sind weiterhin geplant.

Kuckucks-Lichtnelke

Es empfehlen sich wegen der Weitläufigkeit des Gebiets verschiedene Einzelwanderungen. *Zu Redaktionsschluss März 2021: Durch Abbau der Alsterbrücke ist die in 2. und 3. beschriebene Wanderung bei Kartenpunkt 4 unterbrochen.*
1. Das Wakendorfer Moor mit Abstecher zur Alster. An die Stelle des einstigen Hochmoores sind Moor-Birken-Bruchwälder und Weidengebüsche getreten. Die ehemaligen Feuchtwiesen liegen brach. Kuckucks-Lichtnelken und Schlangen-Knöterich sind vereinzelt zu sehen. Die Gelbe Teichrose wächst über weite Strecken in der Alster und zeigt die langsame Strömung an. Dazu gesellen sich das Gewöhnliche Pfeilkraut sowie an schlammigen Ufern der Gift-Hahnenfuß. Hier kann man Gebänderte Prachtlibellen beobachten.
2. Wiesenspaziergang zum Schlappenmoor: Vom Parkplatz nördlich der Alster geht es durch Wiesen zum Schlappenmoor (5) und zurück. Diese Tour bietet einen guten Eindruck von unterschiedlich genutzten Wiesen (3). Brachgefallene Flächen werden von Hochstauden mit Sumpf-Kratzdistel, Mädesüß, Rohr-Glanzgras und RispenSegge dominiert, dazwischen gibt es extensiv genutzte, seggenreiche Feuchtwiesen und einige konventionelle Wirtschaftswiesen. An der Alsterbrücke (4) liegen artenreiche Feuchtwiesen mit Schlangen-Knöterich. Jenseits der Brücke hat man einen Einblick in eine Feuchtwiese mit Kuckucks-Lichtnelken. Anfang Juni stehen Sibirische Schwertlilie und das Übersehene Knabenkraut in Blüte, offenbar ▶ Ansalbungen (S. 156) der hier früher nicht nachgewiesenen Arten. Der weitere Weg führt durch einen artenarmen Birkenbruchwald (5). Vom Pirol bis zur Dorngrasmücke sind viele Vögel zu hören. Es ist zu empfehlen, den gleichen Weg zurückzugehen.

Pflanzenliste
Wakendorfer Moor
Kuckucks-Lichtnelke
Lychnis flos cuculi
Gewöhnliches Pfeilkraut
Sagittaria sagittifolia
Schlangen-Knöterich
Bistorta officinalis
Gift-Hahnenfuß
Ranunculus sceleratus
Schlappenmoor
Breitblättriges Knabenkraut
Dactylorhiza majalis
Kohl-Kratzdistel *Cirsium oleraceum*
Sumpf-Calla *Calla palustris*
Übersehenes Knabenkraut
Dactylorhiza praetermissa
Wasserfeder *Hottonia palustris*
Wiesen-Segge *Carex nigra*
Henstedter Moor
Rundblättriger Sonnentau
Drosera rotundifolia
Scheiden-Wollgras
Eriophorum vaginatum
Schmalblättriges Wollgras
Eriophorum angustifolium
Schnabel-Segge *Carex rostrata*

1. Wanderung

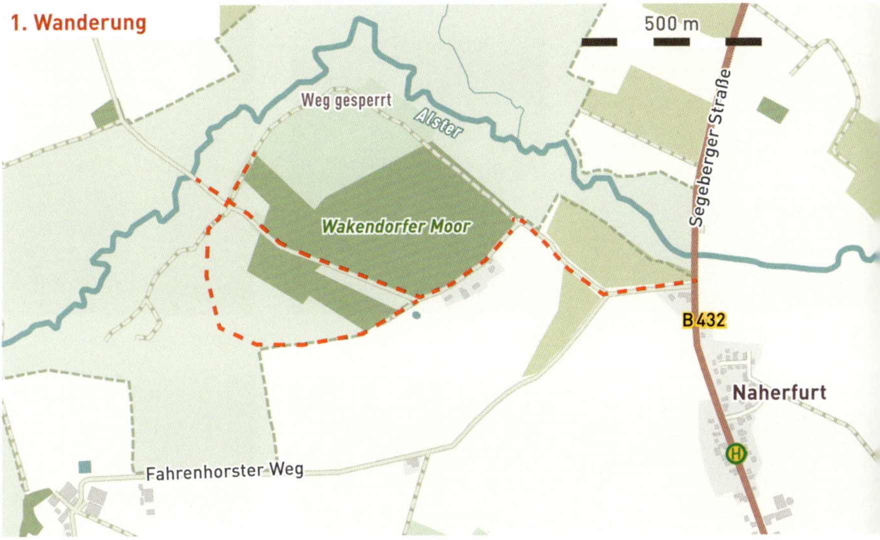

500 m

Weg gesperrt
Alster
Wakendorfer Moor
Segeberger Straße
B 432
Naherfurt
Fahrenhorster Weg

2. und 3. Wanderung

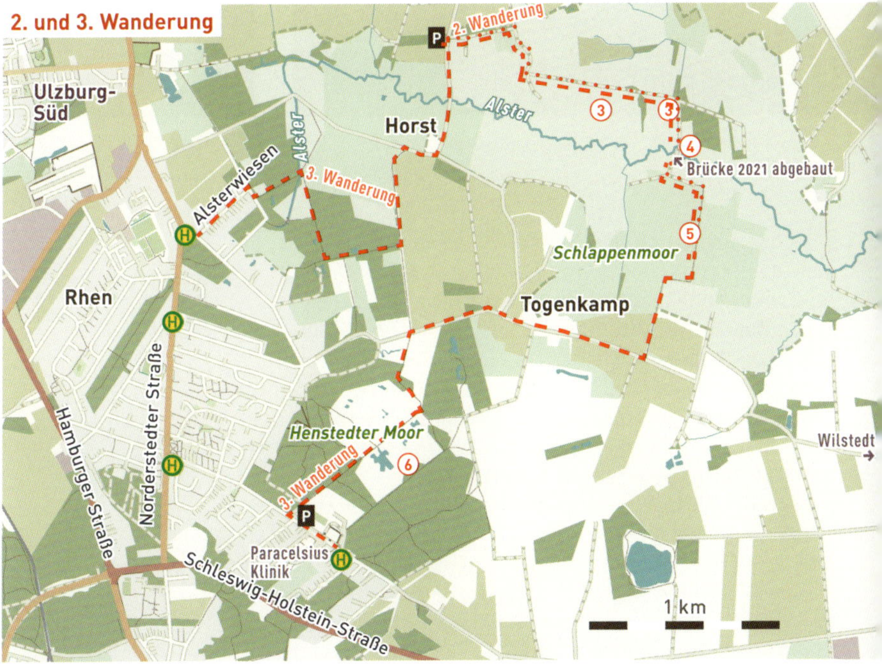

P 2. Wanderung
Ulzburg-Süd
Alster
Horst
③
③
④
Brücke 2021 abgebaut
Alsterwiesen
Alster
3. Wanderung
⑤
Schlappenmoor
Rhen
Togenkamp
Wilstedt
→
Norderstedter Straße
Hamburger Straße
Henstedter Moor
3. Wanderung
⑥
P
Paracelsius Klinik
Schleswig-Holstein-Straße
1 km

Walzen-Segge

Kohl-Kratzdistel

Schnabel-Segge

Schlappenmoor mit Gelber Schwertlilie

Scheinzyper-Segge

3. Wanderung durch drei Moore: Zunächst durchquert man das Naturschutzgebiet Henstedter Moor. Große Teile sind weitgehend trocken, nur teilweise gibt es noch alte Torfstiche mit Wollgräsern, Torfmoosen und Rundblättrigem Sonnentau (6). Das Gelände ist vom Torfabbau zerklüftet und teils von lichtem Birkenwald bedeckt. Herden der Schnabel-Segge heben sich durch ihre meergrüne Farbe von den dunkelgrünen Flatterbinsen ab, die nährstoffreichere Verhältnisse signalisieren.

Der Weg führt weiter über Togenkamp in die Birkenwälder des Schlappenmoores. Ab hier deckt sich die Strecke mit der des »Wiesenspaziergangs«. Am Parkplatz wendet man sich nach Süden und erreicht nach Querung von Alster und Alsterquellmoor die Haltestelle Rhen, An der Alsterquelle (Bus 293). *HB*

Forst Endern

Stattliches Knabenkraut neben
Buchen- und Eichenfarn

Das leicht kuppige Waldgebiet ist Teil der Kisdorfer Endmoränenlandschaft der Weichsel-Eiszeit. Es fällt von
90 m bei Rathkrügen sanft zur Alsterniederung ab. Die
ungewöhnliche Höhe wird durch eine Anhebung infolge
des Salzaufstiegs gedeutet (Salzstock Hüttblek-Sievers-
hütten). Buchenwälder sowie feuchte bis quellige Erlen-
und Eschenbrüche, aber auch eintönigere Nadelforste
bestimmen das Waldbild. Die Preußische Landesaufnahme von 1880 stellte den Staatsforst Endern noch
als reines Laubwaldgebiet dar. Die Bredenbek, eines
der schönsten Fließgewässer im Hamburger Umland,
mäandriert in einem Bachbett mit Prall- und Gleithängen
durch den Wald und fließt der Rönne zu, die in die Alster
mündet. Schon Franz Elmendorff, damaliger Vorsitzen-
der des Botanischen Vereins, notierte 1934 viele vom Weg
aus zu sehende Pflanzenarten für das Gebiet. Das Stattliche Knabenkraut hat hier noch heute eines seiner
schönsten Vorkommen. Wie alle Orchideen steht es unter
Naturschutz, und die Standorte sollten nicht betreten
werden (1).

Lage
Zwischen Kisdorf und Nahe

Anfahrt
Parkplätze am Elmenhorstweg
am Nordrand des Forstes

Weginformation
Rundweg, 3,5 km,
auf Wald- und Feldwegen

Naturschutz
Landschaftsschutzgebiet, teil-
weise Vogelschutz- und FFH-
Gebiet, Bruchwälder als gesetzlich
geschützte Biotope ausgewiesen,
Teile des Waldes sind Wildruhe-
zone. Landesforst, der vom NABU
Kisdorfer Wohld betreut wird

Jahreszeit
Frühblüher in der ersten
Maihälfte, für Farnfreunde
auch später attraktiv

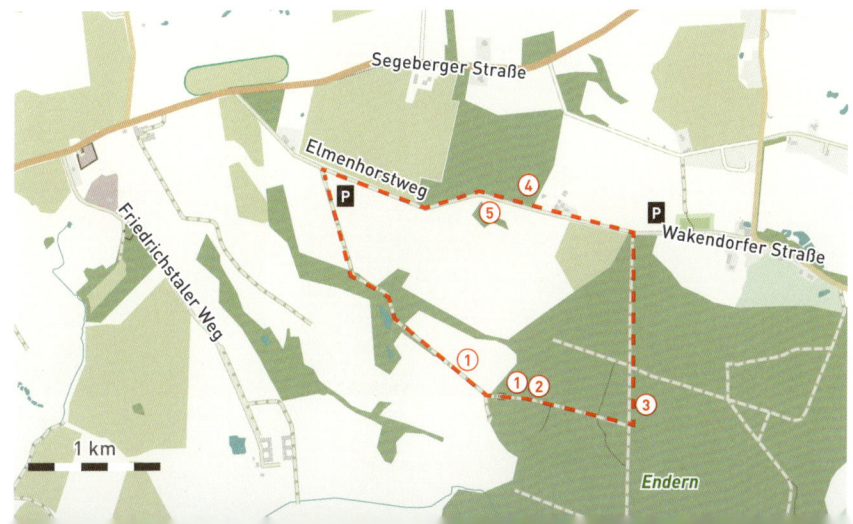

Eichen- und Buchenfarn sind an den Wegböschungen zu finden (3). Die am Feldweg viel fotografierten ▶ Schachblumen (S. 192) sind allerdings ▶ Ansalbungen (S. 156). Wespenbussard, Hohltaube, Schwarz- und Mittelspecht, aber auch Eisvogel und Gebirgsstelze sind hier Brutvögel. Der Laubfrosch hat um den Kisdorfer Wohld ein bedeutendes, aber inselartiges Vorkommen, das durch die geplante Autobahn 20 weiter isoliert wird. Um die Population des Laubfrosches zu stärken, hat die Stiftung Naturschutz Schleswig-Holsteins an den Wegrändern zahlreiche Teiche angelegt, sodass an warmen Sommerabenden Froschkonzerte zu einem Spaziergang locken. *HB*

Pflanzenliste

Farne und Schachtelhalme

Buchenfarn *Phegopteris connectilis*
Eichenfarn
   Gymnocarpium dryopteris (3)
Riesen-Schachtelhalm
   Equisetum telmateia (4)
Rippenfarn *Blechnum spicant*

Höhere Pflanzen

Bleiche Segge *Carex pallescens*
Dunkles Lungenkraut
   Pulmonaria obscura (5)
Einbeere *Paris quadrifolia*
Gefleckter Aronstab
   Arum maculatum
Gegenblättriges Milzkraut
   Chrysosplenium oppositifolium
Großes Zweiblatt *Listera ovata* (2)
Grünliche Waldhyazinthe
   Platanthera montana
Hain-Gilbweiderich
   Lysimachia nemorum
Sanikel *Sanicula europaea*
Stattliches Knabenkraut
   Orchis mascula (1)
Sumpf-Pippau *Crepis paludosa*
Wald-Veilchen
   Viola reichenbachiana

Stattliches Knabenkraut

Stattliches Knabenkraut, Blüte

Gegenblättriges Milzkraut

Wald-Veilchen

Laubfrosch

Sumpf-Pippau

Großes Zweiblatt

Riesen-Schachtelhalm

Rippenfarn

Barker Heide mit Niederung der Buerwischbek

85

Auf alten Schaftriften durch Heide, Moor und Magerwiesen

Bereits 1938 wurden 41 Hektar der ehemals von Bad Bramstedt bis Bad Segeberg reichenden Heide unter Schutz gestellt. 2003 erweiterte das Land das Naturschutzgebiet auf 682 Hektar. Im »Dritten Reich« bepflanzte der Reichsarbeitsdienst die geologisch hochinteressanten ▶ Binnendünen (S. 273) mit nicht heimischen Kiefern. Diese breiteten sich nach dem Krieg auch auf den Sandheideflächen aus, als dort keine Schafe mehr weideten und keine Heidesoden für die Dachfirste der Reetdächer geplaggt wurden (▶ Bewirtschaftung von Heiden, S. 103). 1982 fällte man die meisten der aufgewachsenen Kiefern. Inzwischen ist durch Abschieben einzelner Flächen, Schafbeweidung sowie Plaggen des Heidekrauts eine typische Sandheide wiedererstanden (1).

Lage
Zwischen Hartenholm und Bark

Anfahrt
RB82 bis Bad Segeberg, dann Bus 7600 bis Bockhorn West, dann 1,5 km Fußweg über Moorweg ins Naturschutzgebiet. Parkmöglichkeiten in der Nähe von Bark am Birkenweg

Weginformation
Rundweg, 9 km, unbefestigt, im Süden auch als Radweg ausgewiesen

Naturschutz
Naturschutzgebiet, betreuender Verband ist der Landesjagdverband Schleswig-Holstein

Jahreszeit
August zur Heideblüte

Tipp
Verschiedene Einkehrmöglichkeiten in Bockhorn

Sanddünen mit Aufwuchs aus Kiefern und Moorbirken

Lungen-Enzian

Glocken-Heide

Mindestens die Hälfte der Naturschutzgebietsflächen befinden sich mittlerweile in öffentlicher Hand (Stiftung Naturschutz Schleswig-Holstein, Kreis Segeberg, Gemeinde Bark). Das machte es möglich, den Grundwasserstand im »Hohen Moor« anzustauen. Das nordöstlich an die Sandheide angrenzende, flachgründige Hochmoor war weitgehend entwässert und von Moor-Birken und Pfeifengras überwachsen. Es ist in sehr kleine Flurstücke aufgeteilt, die von unterschiedlichen Eigentümern unterschiedlich genutzt wurden. Daher gibt es hier sehr feuchte, bäuerliche Torfstiche mit Sumpf-Calla, Schmalblättrigem Wollgras, Polei-Rosmarinheide und Weißem Schnabelried (2).

Behaarter Ginster

Englischer Ginster

Besenginster

Besenginster

Vorsicht, die schönen gelben Blüten können explodieren. Nämlich dann, wenn sich eine Hummel auf ihnen niederlässt, um Nektar zu saugen. Die Staubblätter befinden sich in einer spitzten Tüte, dem sogenannten Schiffchen, das aus den beiden vorderen Blütenblätter gebildet wird, und drücken gegen dessen Wand. Durch das Gewicht der Hummel wird das Schiffchen heruntergedrückt, die Staubblätter schnellen explosionsartig nach oben und bepudern die Hummel überall mit Blütenstaub. Auch die Früchte können explodieren. An heißen Sommertagen trocknen die holzigen Hülsenfrüchte aus, wodurch innere Spannungen entstehen. Irgendwann sind sie so stark, dass die beiden Wände sich mit einem leisen Knall voneinander lösen, ruckartig einrollen und dabei die Samen ein paar Meter weit wegschleudern.

Wandert man den Weg am Südrand der Sandheide entlang, gelangt man in die Niederung der Buerwischbek, die in naturnahen Mäandern fließt.

Der Weg selbst war früher eine Schaftrift, zu erkennen an den ungewöhnlich breiten Wegrändern. Auf kleinem Raum finden sich hier verschiedene Pflanzengemeinschaften der Trockenrasen, Niedermoore und Feuchtheiden (3). Als Besonderheit wachsen hier einige Wildbirnen. Die Verbuschung des Wegrandes wird durch regelmäßiges Abholzen verhindert. Der Weg führt vorbei an extensiv genutzten Magerwiesen, Bruchwäldern, Trockenrasen mit Scharfem Mauerpfeffer sowie Englischem Ginster, Behaartem Ginster und Besenginster (4). In den Senken der Dünen haben sich typische Heideböden mit einer wasserundurchlässigen Ortsteinschicht gebildet. Auf den wasserstauenden Böden konnten sich Feuchtheiden und Zwischenmoore entwickeln, mit Glocken-Heide, Lungen-Enzian, Breitblättrigem Knabenkraut, Polei-Rosmarinheide, Königsfarn und Gewöhnlichem Moorbärlapp (5). Der Wanderer kommt an einem weiteren flachgründigen Hochmoor, »Lindeloh«, vorbei (6). Auf den verschiedenen Moorflächen wachsen Moorlilie, Gewöhnliche Moosbeere, Rundblättriger Sonnentau und Moose wie das Gezähnte Torfmoos oder das Goldene Frauenhaarmoos. Wer genau hinsieht, kann in den Dünen runde Gruben, die ehemaligen Köhlergruben, erkennen (7). *UB*

Leezener Au-Niederung und Hangwälder

86

Artenreiche Feuchtwiesen, Niedermoore und kalkreiche Quellen in weiträumiger Tallandschaft

Lage
Zwischen Kükels und Leezen

Anfahrt
U1 bis Ochsenzoll, dann Bus 7550 bis Leezen, Marktplatz, dann zu Fuß etwa 1 km nach Norden über Hamburger Straße, Heiderfelder Straße, Hans-Jacob-Möller-Straße und Hörn ins Gebiet.
Mit dem Pkw über Segeberger Chaussee B432 bis Abzweigung nach Kükels, dann Dorfstraße folgen bis Klostertwiete

Weginformation
Verschiedene Stichwege in die Niederung, an denen Informationstafeln (i) aufgestellt sind. Fahrradmitnahme empfehlenswert, um verschiedene Zugänge ansteuern zu können.

Naturschutz
FHH-Gebiet

Jahreszeit
Mai / Juni zur Blütezeit von Sumpf-Dotterblume, Schlangen-Knöterich, Kuckucks-Lichtnelke und Breitblättrigem Knabenkraut

Tipp
Faltblatt »FFH-Gebiet Leezener Au-Niederung und Hangwälder« beim Landesamt für Landwirtschaft, Umwelt und ländliche Räume Schleswig-Holstein (LLUR)

Kuckucks-Lichtnelke   Sumpfdotterblume   Hain-Wachtelweizen

Während der Weichsel-Kaltzeit räumte das unter dem Gletscher abfließende Schmelzwasser ein Tunneltal aus. Gleichzeitig hinterließ der Gletscher hohe Sandaufschüttungen, die heute östlich des Gebietes abgebaut werden. Nach Abschmelzen des Eises verblieb eine Landschaft aus Seen mit Inseln, die später verlandeten und zu mächtigen Niedermooren aufwuchsen. Bis in die 1960er Jahre war nur eine extensive Grünlandnutzung möglich. Dadurch entstand auf 311 Hektar eine arten- und strukturreiche Niederungslandschaft, die bis zum Mözener See reicht. Die mit der Begradigung der Leezener Au eingeleitete Entwässerung, aber auch die Nutzungsaufgabe vieler Flächen bedrohten die Artenvielfalt des Gebiets, bis 2005 der Gewässerpflegeverband Mözener Au gemeinsam mit der Kurt und Erika Schrobach-Stiftung ein Natur- und Gewässerschutzprojekt ins Leben rief. Seit 2007 werden viele Flächen extensiv mit Robustrindern wie Wasserbüffeln und Highlands beweidet, um konkurrenzstarke Arten wie Rohr-Glanzgras, Schilf und Flatter-Binse zurückzudrängen. Die Au wird wieder ihrer natürlichen Entwicklung überlassen. Sie ist abschnittsweise naturnah mit flutender Vegetation, begleitet von feuchten Hochstaudenfluren und Röhrichten. Kleinflächig finden sich Auwälder aus verschiedenen Weidenarten.

Typische Feuchtwiesenarten wie Kuckucks-Lichtnelke und Sumpfdotterblume sind oft anzutreffen, aber auch bedrohte Arten wie Schlangen-Knöterich und Rasen-Segge. Am Talrand, aber auch mitten in der Niederung

Pflanzenliste
Bitteres Schaumkraut
Cardamine amara
Breitblättriges Knabenkraut
Dactylorhiza majalis
Hain-Wachtelweizen
Melampyrum nemorosum
Gelbe Schwertlilie
Iris pseudacorus
Kuckucks-Lichtnelke
Lychnis flos-cuculi
Rasen-Segge *Carex cespitosa*
Rispen-Segge *Carex paniculata*
Schlangen-Knöterich
Bistorta officinalis
Stumpfblütige Binse
Juncus subnodulosus
Sumpfdotterblume
Caltha palustris

befinden sich zahlreiche, unterschiedlich stark schüttende Quellen. Stellenweise sind sogar hoch aufgewachsene Quellhügel inmitten der Moorflächen zu sehen. Hier wachsen die hohen Bulte der Rispen-Segge, weitere Seggenarten und Bitteres Schaumkraut. Besonders sind auch die kalkreichen, aber nährstoffarmen Niedermoore im Gebiet, vor allem in der Umgebung der Quellen. Hier wachsen das Breitblättrige Knabenkraut und die sehr seltene Stumpfblütige Binse. Die steil ansteigenden Talhänge und die Randbereiche der eiszeitlichen Sandaufschüttungen sind meist bewaldet. Natürlicherweise stocken hier artenreiche Waldmeister-Buchenwälder, Hainsimsen-Buchenwälder und Eichen-Hainbuchenwälder, in denen man den Hain-Wachtelweizen findet. Die angepflanzten Nadelholzwälder werden nach und nach wieder in Laubwälder umgewandelt. Die landschaftsprägenden Kopfweiden in der Niederung werden regelmäßig beschnitten, ebenso wie die Knicks und die früher als Krattwälder genutzten Erlenbruchwälder. *UB*

Rasen-Segge

Wasserbüffel in der Leezener Au

Großer Segeberger See und Stipsdorfer Dolinenlandschaft

87

Einzigartige Gipskarstlandschaft.
In den Knicks lässt sich die Vielfalt der Wildrosen und Weißdorne entdecken

Blick vom Segeberger Kalkberg über den ehemaligen Steinbruch auf den Großen Segeberger See

Lage
Nordöstlich von Bad Segeberg
Anfahrt
RE8, RE80 und RB81 bis Bad Oldesloe, dann RB82 bis Bad Segeberg, dann 600 m Fußweg zum Südufer des Sees. Parkplatz »Backofenwiese« am Südufer
Weginformation
Rundweg, 9 km, markiert, um den See führend
Naturschutz
Größtenteils Landschaftsschutzgebiet
Jahreszeit
Sumpfdotterblumen im Frühjahr, Rosen- und Weißdornblüte im Mai / Juni
Tipp
Einkehrmöglichkeiten am Startpunkt »Goldmarie«, auf halber Strecke am Campingplatz, Restaurant »Zum Klüthsee«. Besuch der Kalkberghöhle und des Fledermaus-Zentrums »Noctalis« in Bad Segeberg: www.noctalis.de

Die Gipskarstlandschaft von Bad Segeberg ist geprägt durch einen Salzstock mit Gips aus wasserreichem Calciumsulfat und Anhydritgestein aus reinem Calciumsulfat. Durch Salztektonik gelangten diese Gesteinsschichten in Oberflächennähe, wo das Grundwasser nach Abtauen des eiszeitlichen Permafrostbodens Hohlräume in Salzstock, Gips und Anhydrit spülte. Einige Hohlräume sackten ein und schufen durch Nachrutschen der oberirdischen Gesteins- und Geröllmassen größere und kleinere Senken. So entstanden die Seen um Bad Segeberg und die Stipsdorfer Dolinenlandschaft.

Es bietet sich an, vom Südufer über die neue Seepromenade im Uhrzeigersinn um den See zu wandern. An verschiedenen Stellen informieren Schautafeln zu Naturthemen. Das steile Westufer ist mit teils feuchten

Sumpf-Schachtelhalm

Hangwäldern bestanden. Der Wanderweg verläuft zwischen Hang und See direkt am Ufer entlang, mit Blick auf Uferbäume, Röhricht und zahlreiche Wasservögel. Der See misst an seiner tiefsten Stelle 12 m.

Linksseitig des Weges findet sich ein großer Bestand von Sumpf-Schachtelhalm (1). Nach Überquerung der Steinbrücke über die Rönnau (Abfluss des Sees), vorbei an der nördlichen Badestelle und über die Wührenbek (Zufluss vom Klüthsee), durchquert man Feuchtwiesen und Erlenbruchwälder. Dort blühen Ende April Sumpfdotterblumen und ab Ende Mai Gelbe Schwertlilien und Breitblättriges Knabenkraut (2). Der Wanderweg führt anschließend etwas weiter vom Ostufer entfernt durch die Stipsdorfer Dolinenlandschaft (3). Diese reizvolle, stark gegliederte Hügellandschaft zeichnet sich durch Knicks, Gebüsche und viel Grünland aus. Die Senken sind teils Einsturzdolinen, teils Erdfälle. Einige von ihnen wurden durch Abbau des Gipsgesteins vergrößert.

Pflanzenliste

Uferpflanzen

Breitblättriges Knabenkraut
  Dactylorhiza majalis
Gelbe Schwertlilie
  Iris pseudacorus
Kuckucks-Lichtnelke
  Lychnis flos-cuculi
Rauhaariges Veilchen *Viola hirta*
Sumpf-Schachtelhalm
  Equisetum palustre
Sumpfdotterblume *Caltha palustris*

Knickgehölze

Busch-Rose *Rosa corymbifera*
Eingriffliger Weißdorn
  Crataegus monogyna
Glanz-Rose *Rosa nitidula*
Hecken-Rose *Rosa dumetorum*
Sammet-Rose *Rosa sherardii*
Stumpfblättrige Rose
  Rosa obtusifolia

Eingriffliger Weißdorn

Rauhaariges Veilchen

Gelbe Schwertlilie

Botanisch besonders interessant sind die vielen verschiedenen Wildrosenarten in den Knicks und Gebüschen
wie Sammet-Rose, Stumpfblättrige Rose, Hecken-Rose,
Glanz-Rose und Busch-Rose sowie Weißdorn-Büsche,
deren Blütenfarben von Reinweiß über Rosa bis Tiefrot
variieren. Ob es sich bei den Weißdornen um eine Lokal-
rasse oder Bastardisierungen von wilden und gepflanzten Sträuchern handelt, ist ungeklärt. Sehr schön ist der
Blick über den großen Segeberger See vom Aussichtspunkt im Dolinengebiet. Es lohnt sich auch, dem Hinweis-
schild zum Moosberg zu folgen. In 81 m Höhe hat man
einen weiteren Ausblick über See und Stadt (4).

In Bad Segeberg empfiehlt sich eine Besteigung des
Segeberger ▸ Kalkbergs (S. 213). Von der Gipfelplattform
des Naturdenkmals kann man bei guter Sicht über das
schleswig-holsteinische Hügelland bis Lübeck blicken.
Auch die Kalkberghöhle und das Fledermaus-Zentrum
»Noctalis« lohnen einen Besuch. *UB*

Dolinen und Erdfälle
Reicht das lösliche Gestein
auf Salzstöcken bis an die
Erdoberfläche und wird
nicht mit Lockergestein, wie
z.B. Sand, überdeckt, nennt
man den Einbruchskessel
Einbruchsdoline. Ist das
lösliche Gestein auf Salzstöcken von Lockergestein
überlagert, bildet sich bei
Einbruch der Hohlräume
durch das Nachrutschen des
Lockergesteins ein Erdfall.

Segeberger Kalkberghöhle

Die über 2 km lange Höhle im Gipsfelsen entstand vermutlich in den letzten 5.000 Jahren mit der allmählichen Auslaugung durch einen hohen Wasserspiegel. Dabei lieferte der Kleine Segeberger See am Fuße des Bergs lange Zeit frisches, mit Gips ungesättigtes Wasser nach. Erst 1913 wurde die nördlichste Karsthöhle Deutschlands entdeckt. Sie ist heute Winterquartier von über 25.000 Fledermäusen sieben verschiedener Arten. Damit ist sie eines der größten bekannten Winterquartiere Europas.

Schlafende Wasserfledermäuse

Wasserfledermaus im Flug

Säulenhalle

Lauggang

Bauernwälder bei Schieren, Steinbek und Stubben

88

Ehemalige Nieder- und Mittelwälder mit vielfältiger Frühlingsflora, schönen Waldbildern und geschneitelten Hainbuchen

Lage
Zwischen Schieren, Stubben und Strukdorf
Anfahrt
Am einfachsten mit dem Pkw über die A20 bis Ausfahrt Geschendorf. Die Orte Schieren und Stubben liegen nördlich und südlich der Autobahn. Parken am Rand der Wälder möglich.
(1) Schieren, Bockhorstweg 5; (2) Rehhorst, Stubbenkoppel 1 oder (5) Weede, Lindenstraße/ Herrenbranden
Weginformation
Die Wälder können über als Stichwege angelegte Wald- und Wirtschaftswege betreten werden.
Naturschutz
Kein Schutzstatus, aber schon seit längerem als Naturschutzgebiete vorgeschlagen
Jahreszeit
Frühblüher im April

Krattwald in Schieren

Die sehenswerten Bauernwälder gehören mit Ausnahme des Krattwaldes bei Schieren zum Staatsforst Reinfeld. Sie wurden früher gemeinschaftlich als Nieder- oder Mittelwald bewirtschaftet und lieferten Brennholz, Viehfutter, Besenreisig, Streu für die Ställe, Zaunpfähle sowie Gerberlohe (Eichenrinde). Zusätzlich wurden sie von Rindern und Schafen beweidet.

Der Kopf-Hainbuchenwald oder Krattwald bei Schieren ist für Schleswig-Holstein eine absolute Rarität (1). Hier finden sich dicke Hainbuchenbaumstümpfe, die ungefähr in Brusthöhe geköpft wurden und aus denen jüngere

Gewässer in Steinbek

Triebe ausgeschlagen sind. Diese Kopfbäume wurden bis Anfang des 20. Jahrhunderts alle 10 bis 20 Jahre geschnitten, was man auch schneiteln oder »auf den Stock setzen« nennt. Um die Eigenart dieser Wälder zu erhalten, müssen sie mindestens alle 30 Jahre gekappt werden, was heutzutage nur noch als Pflegemaßnahme erfolgt. Auch in diesem Wald stehen solche Pflegeschnitte an.

Bei der Ortschaft Stubben liegt ein Niederwald, bei dem die Regeneration durch Stockausschlag aus den im Boden verbliebenen Wurzelstöcken und Stümpfen erfolgte (2). Auch befindet sich dort ein Waldstück mit Mittelwaldnutzung. Große alte Stieleichen überragen eine überwiegend aus Haselsträuchern bestehende Strauchschicht. Weitere Mittelwälder liegen westlich von Westerrade (3, 4) und südlich von Strukdorf (5, 6).

Pflanzenliste

Frühblüher

Bach-Nelkenwurz *Geum rivale*
Bitteres Schaumkraut
  Cardamine amara
Busch-Windröschen
  Anemone nemorosa
Echter Salomonssiegel
  Polygonatum odoratum
Einbeere *Paris quadrifolia*
Gefleckter Aronstab
  Arum maculatum
Gelbes Windröschen
  Anemone ranunculoides
Grosse Sternmiere
  Stellaria holostea
Gundermann *Glechoma hederacea*
Hohe Schlüsselblume
  Primula elatior
Hunds-Veilchen *Viola canina*
Scharbockskraut *Ficaria verna*
Waldmeister *Galium odoratum*

All diesen Nieder- und Mittelwäldern ist gemeinsam, dass sie aufgrund der lichten Belaubung über eine üppige, artenreiche Krautschicht mit besonders vielen Frühblühern wie Busch-Windröschen und Gelbes Windröschen, Scharbockskraut, Hohe Schlüsselblume, Hunds-Veilchen und Große Sternmiere verfügen. In den feuchteren Bereichen kommen Teiche und Tümpel mit einer artenreichen Wasser- und Ufervegetation sowie Erlenbrüche vor. An den größeren Gewässern nistet der Kranich. *UB*

Bach-Nelkenwurz

Gundermann

Echter Salomonssiegel

Waldmeister

Hunds-Veilchen

Kopfhainbuche in Schieren

Bäuerliche Waldnutzung

Im Niederwald schnitten die Bauern die Triebe der Bäume und Sträucher zur Brennholzgewinnung alle 10 bis 20 Jahre auf Boden- oder Brusthöhe zurück.

Die Regeneration erfolgte aus den Wurzelstöcken oder Stümpfen. Mittelwälder hingegen, deren Bewirtschaftungsform seit dem 13. Jahrhundert bekannt ist, waren Mischpflanzungen aus Unterholz wie beispielsweise Haselsträucher sowie Oberholz aus älteren Bäumen. Während man das Unterholz alle 15 bis 30 Jahre als Brennholz schlug, ließ man die Überhälter als Bauholz bis zu einem Alter von 150 Jahren wachsen.

Auf den Stock setzen   Köpfen   Schneiteln

Kreis Stormarn – Frühlingswälder

Die Wälder im Kreis Stormarn zählen zu den schönsten und artenreichsten in Norddeutschland. Das Tal der Süderbeste bei der Rohlfshagener Kupfermühle, die Fohlenkoppel und der Zarpener Wohld bei Reinfeld wurden schon vor mehr als 100 Jahren im Frühjahr regelmäßig von den Hamburger Botanikern aufgesucht, wenn hier Schlüsselblumen, Lerchensporn, Lungenkraut und Gelbes und Weißes Windröschen blühen. Kein Wunder, denn wie eine Untersuchung aus dem Jahr 2015 ergeben hat, gehören sie zu den »Hot-Spots« der artenreichen Wälder in Schleswig-Holstein. Noch viele weitere, aus Platzgründen nicht beschriebene Wälder lohnen einen Besuch.

Die botanisch interessanten Wälder findet man vor allem im Bereich der Jungmoräne. Die fruchtbaren Ton- und Lehmböden sind nur wenig entkalkt, denn das Abschmelzen der Eismassen liegt hier nur rund 11.000 Jahre zurück – und das ist geologisch gesehen eine kurze Zeit. Die Landschaft Stormarns wurde von den Gletschervorstößen und den Schmelzwässern der Eiszeiten geformt und zeichnet sich durch eine wellige und unruhige Oberfläche aus, in die sich die Täler von Trave, Beste, Alster und Bille eingeschnitten haben. Eiszeitliche Bildungen sind auch Tunneltäler wie bei Ahrensburg mit Mooren, Bruchwäldern und Feuchtwiesen, und Wallberge wie Stellmoor und am Höltigbaum, die heute mit trockenen Eichenwäldern bedeckt sind.

Zu den Besonderheiten Stormarns zählt auch das Brenner Moor, ein berühmtes Salz-Quellmoor im Tal der Trave nordwestlich von Bad Oldesloe.

Vogel-Kirschen fallen im Wald nur zur Blütezeit auf

Stellmoor-Ahrensburger Tunneltal 89

Schwimmender und schwankender Steg
durch ein botanisch, geologisch und archäo-
logisch bedeutsames Gebiet

Ein spannender Teil des Rundganges führt über den
schwimmenden, hier und da leicht schwankenden, etwa
400 m langen Holzsteg (1), der das vermoorte Tal quert.
Der mit hohem Aufwand renovierte Steg führt über mehrere Meter mächtige wassergesättigte Torfablagerungen
des verlandeten Alten Teiches. Zwischen den Gebüschen
aus Grau-Weiden erkennt man die typische Flora eines
nährstofffreichen Weidenbruches mit vielen bultbilden-
den Seggen. Der Weg führt dicht an Schilfröhrichten entlang, und das »Karre-karre-kit-kit« der Teichrohrsänger
ist gut zu hören. Dichte Decken aus Teichlinsen zeigen
an verschiedenen Stellen nährstoffreiche Verhältnisse an. Sumpfhaarstrang und Gemeiner Wasserfenchel
wachsen stellenweise neben dem Steg und lassen sich
gut vergleichen. Am Südende des Moorsteges liegen die

Anfahrt
U1 bis Ahrensburg-West und über
die Fußgängerbrücke am Parkplatz
ins Gebiet. Alternativ U1 bis
Ahrensburg-Ost, dann zu Fuß
weiter in südwestlicher Richtung
Weginformation
Rundweg, 6 km
Naturschutz
Naturschutzgebiet und
FFH-Gebiet, Betreuung durch
Verein Jordsand
Jahreszeiten
Mai bis August
Tipp
Faltblatt »Stellmoor-Ahrensburger
Tunneltal« (nicht als pdf) beim
Landesamt für Landwirtschaft,
Umwelt und ländliche Räume
Schleswig-Holstein (LLUR,
Flintbek)

Zungen-Hahnenfuß

Gemeiner Wasserfenchel

Scheinzyper-Segge

Reste der Burg Arnesvelde, deren Geschichte auf einer Infotafel erläutert wird (2). In der Bruchwaldwildnis wachsen Sumpffarn und Sumpf-Calla. Kraniche brüten seit einigen Jahren in unzugänglichen Bruchwaldteilen. Der Rand des Laubwaldes im Forst Hagen weist knorrige alte Eichengestalten auf, und es öffnen sich immer wieder Ausblicke auf die Talwiesen (3). Hier blühen im Mai Sumpfdotterblumen.

Holzsteg durch das vermoorte Tal

Geologisch von besonderem Interesse ist ein Wallberg östlich der Straße Ahrensfelder Weg und südlich des U-Bahnhofes Ahrensburg-Ost (4). Man kann auf seinem Scheitel ca. 200m entlanggehen. Der bahndammähnliche gewundene Wallberg mit den steilen Flanken zeigt noch eindrucksvoll die Gestalt, wie sie nach dem Abschmelzen des Gletschereises geformt worden ist. Verschiedene Infotafeln auf dem Alfred-Rust-Wanderweg geben Hinweise auf die durch den Archäologen Rust ans Licht gebrachten Funde aus einer Zeit, als hier noch Rentiere durch die offene Tundra mit Zwergbirken, Polarweiden und Silberwurz zogen und von Rentierjägern verfolgt wurden. Die Fundstücke aus den Grabungen befinden sich im Museum Schloß Gottorf in Schleswig. *HB*

Pflanzenliste

Gemeiner Wasserfenchel
Oenanthe aquatica
Rispen-Segge *Carex paniculata*
Scheinzyper-Segge
Carex pseudoyperus
Steife Segge *Carex elata*
Straußblütiger Gilbweiderich
Lysimachia thyrsiflora
Sumpf-Calla *Calla palustris*
Sumpf-Haarstrang
Peucedanum palustre
Sumpf-Stermiere *Stellaria palustris*
Sumpf-Blutauge *Comarum palustre*
Sumpffarn *Thelypteris palustris*
Sumpf-Veilchen *Viola palustris*
Walzen-Segge *Carex elongata*
Zungen-Hahnenfuß
Ranunculus lingua

Bruchwald mit Sumpfdotterblume

Brenner Moor bei Bad Oldesloe 90

Salzwiesenflora im Binnenland

Im größten binnenländischen Salzflachmoor Schleswig-Holsteins kann man im Sommer vom Bohlenweg aus weiße Salzausblühungen sehen. Das Wasser tritt aus einem etwa 500 m tiefen Salzstock zutage und hat mit etwa 3 Prozent fast den gleichen Salzgehalt wie die Nordsee. Nur wenige Pflanzen (sogenannte Halophyten oder ▶ Salzpflanzen S. 131) sind in der Lage, mit einer derartig hohen Kochsalzkonzentration im Boden zurechtzukommen. Dazu zählen Strand-Aster, Gewöhnlicher Salzschwaden, Strand-Dreizack und Salz-Binse – alles Arten, die wir sonst nur an Nord- und Ostseeküste antreffen. Faszinierend zu beobachten ist das Wechselspiel von salzfeindlichen und salztoleranten Arten in Abhängigkeit von Salzgehalt und Bodenfeuchte. Stellenweise bildet die fädige Gelbgrünalge *Vaucheria*, die auch salztolerant ist, grüne Flächen. *HHP*

Lage
Nordwestlich Bad Oldesloe, am rechten Traveufer
Anfahrt
RE8, RE80 oder RB81 bis Bad Oldeslohe, dann Bus 8103 bis Heimstraße, dann 1 km Fußweg zum Moor. Parkplatz gegenüber der Jugendherberge, Konrad-Adenauer-Ring 2, dann zu Fuß entlang der Trave nach Norden
Naturschutz
Naturschutzgebiet. Betreuung durch die AG Geobotanik in Schleswig-Holstein und Hamburg
Tipp
Hervorragend gestalteter Lehrpfad, alle Infos zum Moor herunterladbar unter: www.brennermoor.ag-geobotanik.de

Strand-Aster am Steg

Salzstelle mit Queller

Forst Beimoor

Tiergarten, Ochsenkoppel und Kalkkuhle
heißen die schönsten Partien dieses berühmten
Exkursionsgebietes

Hohe Schlüsselblume

Lage
Nordöstlich von Ahrensburg
an der A1
Anfahrt
U1 bis Großhansdorf, dann
1,8 km Fußweg über Schaap-
kamp, Hoisdorfer Landstraße
und Beimoorweg nach Norden.
Parkplätze an der K 106 Beimoor-
weg (Ahrensburg-Hammoor)
oder am Südeingang des Waldes
am Beimoorweg
Weginformation
Rundweg Ochsenkoppel 8 km
Rundweg Tiergarten 7 km
Naturschutz
Teilweise FFH-Gebiet
Jahreszeit
Ende April bis Mitte Juni

Pflanzenliste
Aronstab *Arum maculatum*
Breitblättrige Sumpfwurz
　Epipactis helleborine
Einbeere *Paris quadrifolia*
Großes Zweiblatt *Listera ovata*
Grünliche Waldhyazinthe
　Platanthera montana
Hain-Gilbweiderich
　Lysimachia nemorum
Hain-Veilchen *Viola riviniana*
Hohe Schlüsselblume
　Primula elatior
Kreuzdorn *Rhamnus catharticus*
Wald-Schachtelhalm
　Equisetum silvaticum
Wiesen-Schachtelhalm
　Equisetum pratense
Zittergras-Segge *Carex brizoides*

Im Beimoor-Wald sind die naturnahen Laubwaldanteile im Nordwesten im »Tiergarten« und im Nordosten in der »Ochsenkoppel« zu finden. Die Waldteile »Ochsenkoppel« und »Kalkkuhle« sind attraktive botanische Exkursionsgebiete, trotz des Lärms der den Forst durchschneidenden Autobahn. Der Boden wird durch feine Tonmineralien geprägt, die sich hier am Ende der letzten Eiszeit am Grunde eines Eisstausees ablagerten. Eschen und Flatterulmen wachsen hier. Auch Hohe Schlüsselblume, Einbeere, Wiesen-Schachtelhalm und Aronstab sind in diesem historisch alten Wald zu finden. In den Niederungen stocken Erlenbruchwälder mit Gelber Schwertlilie,

Wiesen-Schachtelhalm

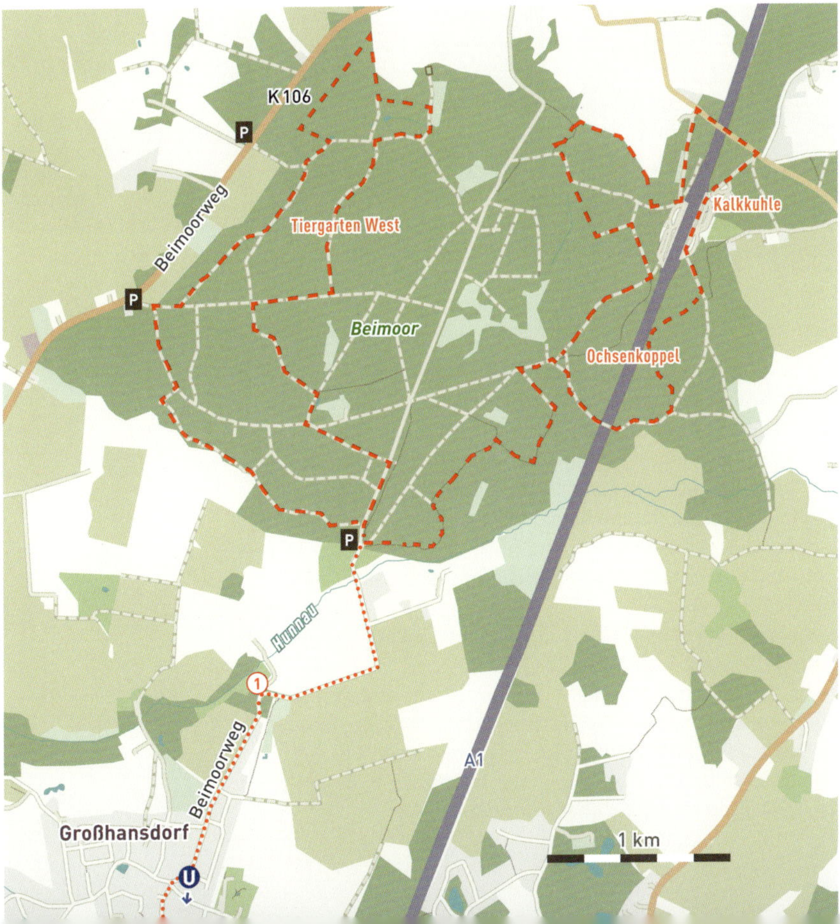

Hain-Gilbweiderich

Breitblättrige Sumpfwurz

Aronstab

Hain-Veilchen

Grünliche Waldhyazinthe

Großes Zweiblatt

Walzen-Segge und Wasserfenchel. Pfeifengras-Moor-Birkenbruchwälder mit Torfmoosen und Wollgras an lichten Stellen sind im Nordwesten des Waldes verbreitet. Auf sandigen Moränenrücken im Süden gibt es Buchenwälder mit Säurezeigern wie Zweiblättrige Schattenblume und Pillen-Segge. Zahlreiche Kleingewässer sind in den Wald eingestreut, sodass Kamm- und Teichmolch, Moorfrosch und Libellen beobachtet werden können. Auch gibt es eine reiche Vogelwelt.

Auf dem Nordende eines aufgelassenen Bahndammes liegt der Versuch zur Wiederbelebung eines Trockenrasens (1), den das Umweltamt Großhansdorf betreibt. Die vorkommenden Arten: Natternkopf, Mittlerer Klee, Echte Goldrute, Rundblättrige Glockenblume. Beim Abstieg vom Damm sind im Mauerwerk der Nordwand ▶ Mauerrauten-Farne (S. 29) sichtbar (Fernglas!). *HB*

Sielbek-Wald

Bruchwald mit hohen Flatter-Ulmen und eindrucksvollem Winter-Schachtelhalm

Das Bruchwaldgebiet an der Sielbek zwischen Rade und Wiemerskamp ist ein gelungenes Beispiel einer Bachrenaturierung. Die Sielbek trieb früher eine Mühle bei Rade an und war dazu zum Rader Mühlenteich und zum Bruchmühlenteich aufgestaut. Beide Teiche sind schon seit Langem abgelassen. Der ausgetrocknete Bruchwald, der dominiert war von Hybrid-Pappeln, beginnt sich natürlicher zu entwickeln. An quelligen Stellen finden sich Sumpfdotterblume und Bitteres Schaumkraut (1). Am vermutlichen Standort der Mühle nahe der Straße bei Rade steht eine große Flatter-Ulme, deren Moosbesatz bemerkenswert ist (2). Eine weitere große Flatter-Ulme steht etwas weiter bachaufwärts (3). Die weit um Hamburg herum größte Population des Winter-Schachtelhalms kann man unterhalb des alten Staudammes des Bruchmühlenteiches im nördlichen Bereich bewundern (4). Feuchte Laubmischwälder mit Rot- und Hainbuche, Eschen und vielfältiger Frühlingsflora sind kleinflächig nördlich des Parkplatzes vertreten (5). *HB*

Lage
Waldgebiet zwischen Rade und Wiemerskamp

Anfahrt
Am einfachsten mit Pkw, dann Waldparkplatz auf der südlichen Seite am Wulksfelder Weg in einer Kurve zwischen Rade und Wiemerskamp

Jahreszeit
Ende April bis Mitte Mai

Tipp
Einkehr in der »Rader Schule« mit Gartenrestaurant direkt an der Sielbek gelegen

An der renaturierten Sielbek

Tal der Süderbeste bei der Rohlfshagener Kupfermühle

93

Reiche Laubwaldflora an den Hängen und im Talgrund – seit mehr als hundert Jahren ein Lieblingsgebiet der Hamburger Botaniker

An der Süderbeste mit ihrem starken Gefälle wurden gegen Ende des Mittelalters mehrere Mühlen und Kupferhämmer betrieben. Der letzte Kupferhammer bestand in Rohlfshagen bis nach 1918. Hier sollen um 1900 Platten für das Dach der Lübecker Marienkirche hergestellt worden sein. Die Wanderung beginnt am Mühlenteich-Stauwehr der Rohlfshagener Kupfermühle, von hier geht man ein Stück als Sackgasse nach Westen – bis zu zwei verlandeten Bombentrichtern (1). Hier verläuft sich der Pfad. Die Wegeunterführung unter der Bahnstrecke weiter nach Westen gibt es zurzeit nicht, ob sie je wieder hergestellt wird, ist offen. Der am Hangfuß verlaufende Pfad bietet dem Spaziergänger einen schönen Einblick in

Lage
Sattenfelde bei Tremsbüttel, südwestlich von Bad Oldesloe
Anfahrt
RB81 bis Kupfermühle. Zwei Waldparkplätze östlich von Sattenfelde
Weginformation
Rundweg, 3 km
Jahreszeit
Bei normaler Frühjahrsentfaltung ab Mitte April am eindrucksvollsten
Tipp
Einkehr in der »Rohlfshagener Kupfermühle«

Süderbeste

Gelbes Windröschen

Hohler Lerchensporn

Dunkles Lungenkraut

Schuppenwurz

Gefleckter Aronstab

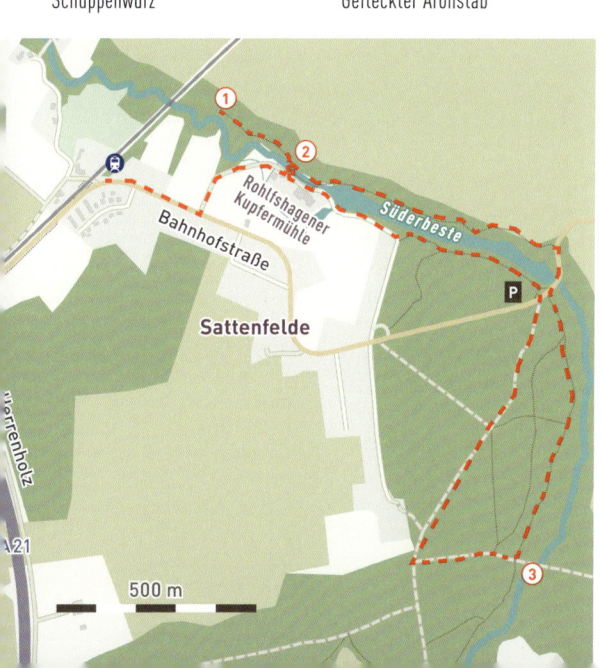

Milzkraut, Lungenkraut und Leberblümchen sind Pflanzennamen, die auf die mittelalterliche Signaturenlehre und auf Ärzte wie Paracelsus (1493 – 1541) oder Tabernaemontanus (1525 – 1590) zurückgehen. Man glaubte an einen Zusammenhang zwischen Merkmalen wie Form, Farbe oder Geruch von Pflanzen (oder Tieren) und ihrer Wirkung auf den Menschen. Das Lungenkraut ändert seine Blütenfarbe von blau nach rot und wurde, weil sich das Blut in der Lunge ebenfalls so verfärbt, gegen Lungenkrankheiten verschrieben. Die Blätter des Milzkrautes ähneln der Milz, also hat man sie bei entsprechenden Beschwerden angewendet. Das Leberblümchen half angeblich bei Leberbeschwerden, denn seine Blätter erinnern durch ihre Form und ihrem Glanz an eine frische, noch feuchte Leber. Die moderne Medizin hat diese Anschauungen allerdings nicht bestätigen können.

Weg am Mühlenteich

Pflanzenliste

Ausdauerndes Bingelkraut
  Mercurialis perennis
Berg-Ehrenpreis *Veronica montana*
Dunkles Lungenkraut
  Pulmonaria obscura
Dünnährige Segge *Carex strigosa*
Gefleckter Aronstab
  Arum maculatum
Gegenblättriges Milzkraut
  Chrysosplenium oppositifolium
Gelbes Windröschen
  Anemone ranunculoides
Hohler Lerchensporn *Corydalis cava*
Mittlerer Lerchensporn
  Corydalis intermedia
Scheiden-Gelbstern
  Gagea spathacea
Schuppenwurz *Lathrea squamaria*
Ufer-Segge *Carex riparia*
Wald-Schwingel *Festuca altissima*
Wolliger Hahnenfuß
  Ranunculus lanuginosus

die Vegetation der sickerfeuchten bis nassen Laubmischwälder der Jungmoräne. Weiße und Gelbe Windröschen
und der Hohle Lerchensporn (2) sind nicht zu übersehen.
Die Wanderung am Rohlfshagener Mühlenteich findet
ihre Fortsetzung an der mäandrierenden Süderbeste auf-
wärts, die sich ihr Bett tief in das Tal eingegraben hat,
bis zum ersten Querweg (3). Dicht am Weg am Fuß alter
Buchen findet man die feinen, schnittlauchartigen Blätter des vereinzelt zur Blüte kommenden Scheiden-Gelbsterns. Am Bachlauf lassen sich häufig Gebirgsstelzen
beobachten. Weinbergschnecken sind im Bereich der
Grünlandbrachen nicht selten und sind ein Hinweis auf
den Kalkreichtum der Jungmoränenböden, auf den auch
die Pflanzenwelt hinweist. *HB*

Rund um den Grabauer See

Teichufer und artenreiche Feuchtwälder
lohnen den Weg

Der Grabauer See ist ein flaches Fischzuchtgewässer,
das durch Aufstau der Norderbeste entstanden ist. Die
Seeumrundung beginnt, indem wir von der Dorfstraße
über die Lindenallee nach Südwesten zum See abbiegen.
Das Nordufer ist im Bereich der Bruch- und Hangwälder
im April / Mai wegen der Waldflora von Interesse. Erlen-
wälder mit Traubenkirschen und üppiger Krautvegetation
begleiten auf der Seeseite den Weg, bis sich dann die
Liethwiesen (1) dazwischenschieben. Zahlreiche Gräben
deuten auf einen hohen Grundwasserstand hin, sodass
hier nur eine extensive Mahdnutzung möglich ist. Ein großer Teil des Grünlandes wurde von der Stiftung der Spar-
kassen Holstein aufgekauft und wird hoffentlich wieder
in naturnähere Wiesen umgewandelt. Auf der Hangseite
begleitet bald ein Hangwald mit quelligem Fuß den Weg,
darin zahlreiche Berg-Ulmen, Eschen und Berg-Ahorne.
Aronstab begegnet uns immer wieder; an trockeneren

Lage
Zwischen Sülfeld und Bad Oldesloe, im Tal der Norderbeste

Anfahrt
RE8, RE80 und RB81 bis
Bad Oldesloe, dann Bus 7141
oder 8140 bis Grabau.
Parkmöglichkeit in Grabau
an der Dorfstraße, gegenüber
den Gutsgebäuden

Weginformation
Rundweg, 5 km, an Hangwäldern,
Feuchtwiesen und Fischteichen
entlang

Jahreszeit
Mitte April (Laubwaldflora) bis
Ende Mai / Juni (Wiesenflora),
Juli / August (Hochstauden / Ufer)

Tipp
Einkehr im »Dorfkrug Grabau«.
Sehenswert sind die alten
Gutsgebäude sowie im weiteren
Umfeld im Nordwesten bronze-
zeitliche Grabhügel. (7)

Hügelgrab

Weg an den Liethwiesen

Pflanzenliste

Bach-Nelkenwurz *Geum rivale*
Berg-Ulme *Ulmus glabra*
Breitblättrige Sumpfwurz
   Epipactis helleborine
Echter Baldrian
   Valeriana officinalis agg.
Gefleckter Aronstab
   Arum maculatum
Hohe Schlüsselblume
   Primula elatior
Kuckucks-Lichtnelke
   Lychnis flos-cuculi
Laichkraut-Arten
   Potamogeton trichoides,
   P. pusillus. P. lucens
Mauerlattich *Mycelis muralis*
Sumpf-Gänsedistel
   Sonchus palustris
Sumpf-Helmkraut
   Scutellaria galericulata
Wald-Sternmiere
   Stellaria nemorum
Walzen-Segge *Carex elongata*

Hangteilen stocken Buchenmischwälder mit Busch-Windröschen, Waldmeister, Echter Goldnessel und Wald-Zwenke. Weiter nach Westen ist der Einfluss der nahen Ackerflächen unverkennbar, hier zeigen am knickgesäumten Weg Stickstoff liebende Pflanzen den hohen Nährstoffeintrag an. Interessanter wird die Wanderung wieder nach Durchqueren des Ortsrandes von Sülfeld und Passieren des Radweges auf dem alten Bahndamm [2] beim Eintauchen in den Wald [3]. Auf gut markiertem Waldweg geht es im Bogen am hohen Seeufer vorbei, mit Abstecher über einen Steg mit Helmkraut, Walzen-Segge und Winkel-Segge [4]. An der Straße sieht man die ersten Fischteiche [5], die teilweise zugewachsen sind. Am

Teichdamm am Norderbeste-Weg blüht im Juli/August die Breitblättrige Sumpfwurz in einem kräftigen Bestand (variable Blütenfärbung!). Im Sommer begleitet den Wanderer das »Plumps« der im Graben abtauchenden Frösche. Großseggen, Echter Baldrian, Wasser-Minze und weitere Hochstauden wachsen hier, an den Teichen bietet Wasserdost vielen Faltern Nahrung, vereinzelt kommt Sumpf-Gänsedistel vor. Die Ackerflächen am Rückweg (6) nach Grabau bieten noch mal Abwechslung mit Klatsch-Mohn, Kornblumen und Windhalm. *HB*

Sumpf-Helmkraut

Echter Baldrian

Sumpf-Gänsedistel

Grabauer See

Fohlenkoppel und Zarpener Wohld

Botanisches Schatzkästchen ersten Ranges mit Ausblick auf die Türme Lübecks

Frühlingswald mit Hohlem Lerchensporn

Lage
Artenreiche, historisch alte Laub-mischwälder nördlich von Reinfeld

Anfahrt
RE8, RE80 und RB81 bis Bad Oldesloe, Bus 8170 (nur Mo – Sa). Parkplatz für Fohlenkoppel in Reinfeld an der Weizenkoppel (K 75), Parkmöglichkeit für Zarpener Wohld in Zarpen-Rehhorst

Weginformation
4 km, auch als Tageswanderung vom Bahnhof Reinfeld (am Herrenteich nach Norden) geeignet

Jahreszeit
Mitte April bis Mitte Mai

Tipp
Einkehrmöglichkeit im »Forsthaus Bolande« in Reinfeld. Anschluss-wanderung in den Forst Kneeden möglich.

Das Waldgebiet der Fohlenkoppel trägt den Forstnamen »Neuer Hau«. Es senkt sich in die westliche Talflanke des Heilsau-Tales ab, zu der einige tiefe Bachschluchten füh-ren. Der Pfad führt am Waldrand entlang und ermöglicht einen guten Eindruck von der Frühlings-Bodenflora die-ses Laubmischwaldes. Teppiche von Busch-Windröschen kommen hier zur Blüte, auch das Gelbe Windröschen steht dazwischen. An den Hängen gibt es große Bestän-de des Hohlen Lerchensporns. Für den Rückweg ist die gleiche Strecke zu empfehlen. Als Verlängerung für eine Tagestour eignet sich der Fußweg durch den Wald zum Zarpener Wohld. Ein Buchenmischwald an einem steil abfallenden und im unteren Bereich teils quelligen Tal-hang, der als Teil des ca. 12 km langen Zarpener Os, des längsten Wallbergs in Schleswig-Holstein, gedeutet wird. Wallberge sind meist lang gestreckte Ablagerungen von Schmelzwassersanden und -kiesen, die sich unter den Gletschern gesammelt haben, als das Schmelzwasser herausfloss.

Im Tal liegen seit 2004 wieder aufgestaute Teiche, die im Mittelalter von Mönchen des Klosters Zarpen angelegt wurden. Inmitten der intensiv genutzten Ackerlandschaft ist dieser Hangwald ein botanisches Schatzkästchen. Er wurde schon 1931 von Franz Elmendorff beschrieben, dem damaligen Vorsitzenden des Botanischen Vereins. Einige Schluchten sind tief in den Hang hinein erodiert; hier liegen moosreiche Findlinge frei. Nahe am Weg sind Zwiebel-Zahnwurz, Lungenkraut, Aronstab und Einbeere zu erkennen. Vom Nordenende des Waldes hat man einen Ausblick auf die Türme von Lübeck. Es empfiehlt sich, den gleichen Weg zurückzugehen, da die Straßen wenig Interessantes bieten.

Zwiebel-Zahnwurz, Blütenstand

Zwiebel-Zahnwurz, Brutknollen

Nasse Schlucht, Fohlenkoppel

Ausdauerndes Bingelkraut

Wolliger Hahnenfuß

Pflanzenliste

Ährige Teufelskralle
  Phyteuma spicatum
Ausdauerndes Bingelkraut
  Mercurialis perennis
Dunkles Lungenkraut
  Pulmonaria obscura
Dünnährige Segge *Carex strigosa*
Gefleckter Aronstab
  Arum maculatum
Gelbes Windröschen
  Anemone ranunculoides
Hohe Schlüsselblume
  Primula elatior
Hohler Lerchensporn *Corydalis cava*
Sanikel *Sanicula europaea*
Scheiden-Gelbstern
  Gagea spathacea
Wald-Schwingel *Festuca altissima*
Wolliger Hahnenfuß
  Ranunculus lanuginosus
Zarpener Wohld
Einbeere *Paris quadrifolia*
Zwiebel-Zahnwurz
  Cardamine bulbifera

Eine Anschlusswanderung führt von der Fohlenkoppel ab Reinfeld-Bolande nach Süden durch das Steinkampsholz und über Äcker und Wiesen bei Steinfeld-Hohenkamp in den Forst Kneeden. Die Busch-Windröschen sind hier sehr formenreich: rot blühende, extrem klein- und großblütige Formen sowie solche mit verlaubten Blütenblättern und mit zweiblütigen Infloreszenzen. Am Südausgang des Kneeden folgt man ein kleines Stück der Bundesstraße 75 Richtung Reinfeld, biegt hinter der Eisenbahnüberführung in den zweiten Weg rechts ab, der am Traveufer entlang bis Bad Oldesloe führt, Weglänge 8,7 km. *HB*

Waldrand am Steinkampsholz

Anhang

25 Jahre Botanische Exkursionen in der »wachsenden Stadt«

»In diesem Wanderführer erscheinen Hamburg und seine Umgebung als vielfältige und naturkundlich außergewöhnlich interessante Landschaft, und dies zu Recht. Wer aber nur einige Jahre naturkundliche Wanderungen gemacht hat, weiß, wieviel Schönes schon in kurzer Zeit dem Wachstum der Stadt hat weichen müssen.«

Diese Sätze aus dem »Botanischen Wanderführer« von 1991 treffen auch heute noch zu. Noch immer gibt es für den Pflanzenfreund in und um Hamburg unendlich viel zu entdecken. Aber der Wandel der Landschaft und die Veränderung der Flora sind weiter fortgeschritten.

Was hat sich in unserem Exkursionsgebiet in den 25 Jahren seit der letzten Auflage des »Wanderführers« geändert? Der Pflanzenwelt steht heute weniger Platz zur Verfügung als früher, dafür sind einige der verbliebenen Gebiete deutlich besser geschützt. Aber es ist heute schwieriger, sich an der Vielfalt der heimischen Pflanzenwelt zu erfreuen. Die einst so reichhaltige Ruderalflora ist kaum noch großflächig anzutreffen. In den Naturschutzgebieten kommen nach wie vor viele seltene und interessante Pflanzen vor, aber leider befinden sich diese Vorkommen oft nicht in Sichtweite des Spaziergängers, der aus guten Gründen die ausgewiesenen Wege nicht verlassen darf.

Vor allem hat sich ein starker Wandel in der Landschaft zwischen den Exkursionszielen vollzogen, er betrifft das Unkraut am Wegesrand. Die städtische Spontanvegetation ist dramatisch zurückgegangen. Güterbahnhöfe wurden zu Wohngebieten, Brachflächen im Hafen zu Containerstellplätzen und sich selbst überlassene Straßenränder gärtnerisch begrünt. Damit schwand der Lebensraum für den spontanen städtischen Wildwuchs, die typische Großstadtflora. Das ist schade. Wo kann man noch Rainfarn, Margeriten oder Wilde Malve für einen Wildblumenstrauß pflücken, wo Sauerampfer als Wildgemüse für die Küche? Wo finden Spatzen Samenkörner und Wildbienen ihren Nektar? Wichtigste Gründe für diesen Rückgang sind die »wachsende Stadt« und der Strukturwandel des Hafens. Hinzu kommt der Drang des Menschen, die verbliebenen Flächen mit Grün aus dem Baumarkt zu bedecken. Ein Trend, der übrigens in Hamburg deutlich stärker ausgeprägt ist als in anderen Großstädten. Aber Rasen, großblumige Narzissen und exotische Ziergehölze sind nur ein kümmerlicher Ersatz für die ursprüngliche Wildflora.

Eindeutig positiv ist die Entwicklung der Naturschutzgebiete. Es stehen heute deutlich mehr Flächen unter Naturschutz als 1991. Und das ist gut so, denn aufgrund der großflächigen Flurbereinigungen und Grundwasserabsenkungen geht es den seltenen Pflanzen in Nordwestdeutschland deutlich schlechter als in den Mittelgebirgen oder den Alpen.

Umso wichtiger ist es, die seltenen Arten und ihre Lebensräume auch wirklich effizient zu schützen und die dazu nötigen Pflegemaßnahmen zu ergreifen.

Ein großer Fortschritt ist auch, dass sich heute jedermann leicht über Naturschutzgebiete informieren kann. Es gibt Faltblätter, Informationstafeln und zahlreiche Angebote im Internet, während man vor 25 Jahren froh war, wenn man in einer Fachzeitschrift einen Aufsatz oder bei einer Behörde ein unveröffentlichtes Gutachten finden konnte.

Der botanische Erlebniswert vieler Naturschutzgebiete ist allerdings noch verbesserungsfähig. Vogelfreunden genügt es, ihre Lieblinge durchs Fernglas zu beobachten. Botaniker müssen dichter ran, oft brauchen sie sogar eine Lupe dazu. Für sie wäre es schon eine Erleichterung, wenn man Wegesperrungen in Naturschutzgebieten aufheben würde, nachdem die Brutzeit der Vögel beendet ist.

Botanische Exkursionen sind Veranstaltungen, bei denen es um den lustvollen Erwerb von Wissen geht. In diesem Sinne hat Carl von Linné die Botanik als »scientia amabilis« bezeichnet, als liebenswerte Wissenschaft. Wichtigstes Ziel des »Wanderführers« ist es, der heimischen Natur und speziell der Botanik neue Freunde zu gewinnen. Wer die Pflanzenwelt der Heimat in all ihrer Schönheit erlebt hat, wird sich auch für ihren Schutz einsetzen wollen. Nicht zuletzt wenden wir uns daher mit diesem Buch an eine neue Generation von Schülern, Schülerinnen und Studierenden, die sich auf eigene Faust mit der heimischen Flora vertraut machen möchte. Sie sind die Umweltschützer von morgen.

Literaturhinweise und Informationsquellen

▶ **Der Hamburger Pflanzenatlas von A – Z**
(Dölling und Galitz Verlag, 2. Aufl. München / Hamburg 2011) mit CD-Rom des Kartenteils und der Roten Liste, hg. von Hans-Helmut Poppendieck, Horst Bertram, Ingo Brandt, Barbara Engelschall und Jörg v. Prondzinski (568 Seiten, 200 Farbabbildungen, 1.100 Karten)
Er steht hier an erster Stelle, denn er wurde mehr oder weniger vom gleichen Team erarbeitet wie dieser Botanische Wanderführer und ergänzt ihn in mehrfacher Hinsicht. Er bietet Kurzinformationen für alle in Hamburg vorkommenden Pflanzenarten sowie Karten mit deren Vorkommen im Hamburger Staatsgebiet. Das ist nützlich, wenn Sie mehr über eine Pflanze wissen möchten, die Sie auf Ihren Wanderungen gefunden haben. Die CD-Rom, die der 2. Auflage beigefügt ist, verknüpft diese Daten mit dem Internetportal Floraweb (▶ S. 334), wo Sie ein Foto und zusätzliche Informationen zur Art finden und sich über ihre Vorkommen in ganz Deutschland informieren können. Im »Hamburger Pflanzenatlas« finden Sie auch eine kurze, aber grundlegende Einführung in die Hamburger Pflanzenwelt und die dortigen Lebensräume – viel mehr, als wir in den kurzen Texten des »Wanderführers« unterbringen konnten. Wenn Sie also beispielsweise eine Exkursion in das Ohmoor, das Himmelmoor oder in den Duvenstedter Brook machen wollen, können Sie sich mit dem »Hamburger Pflanzenatlas« vorab über den Lebensraum Moor informieren.

Bücher für den Feldbotaniker und die Feldbotanikerin

Exkursionsfloren
Bestimmungsbücher mit Bestimmungsschlüsseln, die zu *allen* in Deutschland (und teilweise auch in Nachbarländern) vorkommenden Höheren Pflanzen führen:

▶ Rothmaler – Exkursionsflora von Deutschland. Gefäßpflanzen: Grundband, hg. von Ekkehart Jäger, *21. Aufl. Heidelberg 2016 (945 Seiten, 1.200 Abbildungen)*

▶ Schmeil-Fitschen [Otto Schmeil und Jost Fitschen]: Die Flora Deutschlands und angrenzender Länder, hg. von Gerald Parolly und Jens G. Rohwer, *96. Aufl. Wiebelsheim 2016 (874 Seiten, 32 Farbtafeln; ▶ Fitschen, S. 333)*

Bestimmen nach Bildern
▶ Fitter, Alistair, et al.: Pareys Blumenbuch, *(Kosmos-Naturführer) Stuttgart 2007 (356 Seiten; ein altbewährter Klassiker mit Zeichnungen, 2.500 Arten ohne Bäume, Gräser, Farne)*

▶ Spohn, Margot; Golte-Bechtle, Marianne; Spohn, Roland: Was blüht denn da? *(Kosmos-Naturführer) 2. Aufl. Stuttgart 2015 (496 Seiten; auch ein seit Jahrzehnten bewährter Klassiker mit Zeichnungen, auch als e-Book, über 870 Arten)*

▶ Haeupler, Henning; Muer, Thomas: Bildatlas der Farn- und Blütenpflanzen Deutschlands, *2. Aufl. Stuttgart 2007 (789 Seiten; alle in Deutschland vorkommenden Pflanzenarten auf insgesamt 4.050 Farbfotos. Auch wenn die meisten Fotos im Internet-Portal Floraweb zu finden sind, lohnt die Anschaffung des Buches, denn nur hier kann man schnell durchblättern und verwandte Arten auf einen Blick vergleichen. Zur Nachbestimmung zu Hause)*

▶ Kremer, Bruno P.: Steinbachs Naturführer Wildblumen: Entdecken und erkennen, *Niederhausen/Ts. 2010 (440 Arten in Fotos, gut für Anfänger, aus der Vielzahl ähnlicher Bücher herausgegriffen)*

▶ Rothmaler – Exkursionsflora von Deutschland. Gefäßpflanzen: Atlasband, hg. von Ekkehart Jäger et al. *Heidelberg 2009 (Exakt, detailliert, mit zur Bestimmung hervorragend geeigneten Schwarzweiß-Zeichnungen zu 3.000 Arten und damit zu nahezu allen in Deutschland vorkommenden Höheren Pflanzen)*

Weitere Bestimmungs- und Pflanzenbücher
▶ Düll, Ruprecht; Kutzelnigg, Herfried: Taschenlexikon der Pflanzen Deutschlands und angrenzender Länder, *Wiebelsheim 2016 (775 Seiten; bietet das, was nicht in den Exkursionsfloren steht, nämlich Informationen zu Ökologie, Bestäubung, Systematik, Heil- und Giftwirkung, Gefährdung, Namens-*

erklärung zu rund 1.400 Pflanzen-arten; gut geeignet zur Vor- und Nachbereitung von Exkursionen)

▶ Feder, Jürgen: Feders fabelhafte Pflanzenwelt – Auf Entdeckungstour mit einem Extrembotaniker
Reinbek bei Hamburg 2014 (332 Seiten; unterhaltsames und motivie-renden botanisches Lesebuch zu 333 Pflanzenarten, von Deutschlands einzigem Botanik-Fernsehstar)

▶ Fitschen, Jost: Gehölzflora, bearb. von Franz H. Meyer,
12. Aufl. Wiebelsheim 2007 (928 Seiten; zur Bestimmung von Bäumen und Sträuchern; enthält fast alle in Deutschland kultivierten Park- und Gartengehölze; Jost Fitschen war Lehrer und Botaniker in Altona und aktiv im Botanischen Verein zu Ham-burg; sein Standardwerk zur Bestim-mung von Gehölzen in Park, Wald und Garten erschien erstmals 1920)

▶ Gruppe, Heinrich: Naturkund-liches Wanderbuch, *Waltrop 2000 (Nachdruck der 3. Aufl. von 1963) (833 Seiten; praktische und erstaun-lich effiziente Bestimmungsschlüs-sel nicht nur zu Pflanzen, sondern auch zu Tieren, Tierspuren, Pilzen auf Baumstubben, Pflanzengallen, Parkgehölzen usw.; sehr nützlich für unterwegs)*

▶ Lüder, Rita: Grundkurs Pflanzenbestimmung: Eine Praxisanleitung für Anfänger und Fortgeschrittene, *7. Aufl. Wiebelsheim 2015 (552 Seiten; reich bebildertes Bestimmungs-buch für Einsteiger, die Vorschule für den Schmeil-Fitschen oder den Rothmaler)*

▶ Rothmaler – Exkursionsflora von Deutschland. Krautige Zier- und Nutzpflanzen: Band 5, hg. von Ekkehart Jäger et al., *Berlin 2008 (880 Seiten; Bestimmungsbuch für Kulturpflanzen und zwar für 3.500 krautige Pflanzenarten, die in Gärten und auf dem Feld kultiviert werden; sehr hilfreich auch zur Bestimmung von Gartenflüchtlingen)*

Bücher über Natur-schutzgebiete in Ham-burg und im Umland

▶ einzigartig – Naturführer durch Schleswig-Holstein, hg. vom Landesamt für Landwirt-schaft, Umwelt und Ländliche Räume des Landes Schles-wig-Holstein, *2008ff. (Eine Serie von Naturführern durch Schleswig-Holstein mit guten Karten, bisher erschienen 4 Bände, zuletzt 2015: Heeschen, Götz: Die geheime Welt der Wälder)*

▶ Köpke, Andreas (Hg.): Grüne Oasen in Hamburg: ausgewählte Naturschutzgebiete Hamburgs, *Teil 1: 1996 (142 Seiten), Teil 2: 1999 (199 Seiten) (= Schriftenreihe Natur-wacht-Informationen der Naturwacht Hamburg e.V. (Ältere, aber sehr sorg-fältige Darstellung der Hamburger Naturschutzgebiete)*

▶ Schmille, Kai: Die hamburgi-schen Naturschutzgebiete: Grüne Juwelen in der Großstadt, *2011 (308 Seiten; detaillierte Beschreibung aus der Sicht eines engagierten Insiders vom Naturschutzverband GÖP (Gesellschaft für ökologische Planung))*

▶ Sewig, Claudia: So grün ist Hamburg. Entdecken Sie alle Naturschutzgebiete der Hanse-stadt, *Hamburg 2009 (Das lebendig geschriebene und anregend gestaltete Buch des Hamburger Abendblatts entstand in Zusammenarbeit mit dem Hamburger Naturschutzamt)*

Im Internet
(Zugriff im Februar 2018)
Aus dem riesigen Infor-mationsangebot haben wir drei besonders nütz-liche, praktische und vor allem verlässliche Angebote ausgewählt:

Floraweb
▶ www.floraweb.de
Ein Informationsangebot des Bundesamtes für Naturschutz zu Wildpflanzen und Vegetation in Deutschland mit Fotos, Verbreitungs-karten und detaillierten Informa-tionen zu (fast) allen in Deutsch-land vorkommenden Arten

Flora-de:
Flora von Deutschland
▶ www.blumeninschwaben.de
Einfache Online-Bestimmung für Anfänger und Profis anhand guter Fotos und mit einem Minimum an Fachausdrücke, trotz des Namens auch für Norddeutschland geeignet

Offene Naturführer
▶ www.offene-naturfuehrer.de/ web/Kategorie:Flora
Sehr gute Bestimmungsschlüssel für den fortgeschrittenen Botaniker

Karten

Hier hat sich in den letzten 25 Jahren sehr viel geändert. Die gedruckte Karte wurde durch digitale Informationssysteme ergänzt und teilweise abgelöst. Neben den amtlichen Karten der Landesvermessungsämter gibt es viele weitere Angebote – so viele, dass wir hier keine Empfehlungen geben möchten. Am besten informieren Sie sich in einer gut sortierten Buchhandlung vor Ort.

Naturschutzbehörden, betreuende Verbände und ihre Informationsangebote

Wenn Sie den Namen eines Gebietes im Internet, z.B. bei wikipedia, aufrufen, finden Sie dort in der Regel einen Link zu den Informationsangeboten der Naturschutzverwaltungen.

Hamburg

► Behörde für Umwelt und Energie, Naturschutzamt, Neuenfelder Straße 19, 21109 Hamburg, Tel. 040-42840-3462 oder 040-42840-2156 www.hamburg.de/naturschutz www.hamburg.de/schutzgebiete www.hamburg.de/naturschutzgebiet

Dort auch nähere Information zu den Schutzgebieten mit sehr schönen Landschaftsfotos. In vielen Fällen kann man hier auch detaillierte Wanderkarten herunterladen.

Betreuende Verbände

► Botanischer Verein zu Hamburg e.V., Altenmoor 9, 25333 Altenmoor, Tel. 04121-508 86, www.botanischerverein.de

► BUND-Landesverband Hamburg e.V., Lange Reihe 29, 20099 Hamburg, Tel. 040-600 38 70, www.bund-hamburg.bund.net

► GÖP, Gesellschaft für ökologische Planung e.V., Moorwerder Hauptdeich 33, 21109 Hamburg, Tel. 040-75 06 28 31, www.goep.hamburg

► Hamburg – Grüne Metropole am Wasser e.V., Trostbrücke 4-6, 20457 Hamburg, Tel. 040-43 92 09, www.gruenemetropole.de

► Landesjagd- und Naturschutzverband Freie Hansestadt Hamburg, Hansastraße 6, 20149 Hamburg, Tel. 040-44 77 12, www.ljv-hamburg.de

► Loki Schmidt Stiftung, Steintorweg 8, 20099 Hamburg, Tel. 040-24 34 43, www.loki-schmidt-stiftung.de

► NABU Hamburg e.V., Klaus-Groth-Straße 21, 20535 Hamburg, Tel. 040-697 08 90, www.hamburg.nabu.de

► Naturwacht Hamburg e.V., Sonnenlinie 16, 22417 Hamburg, Tel. 040-53 05 06 21, E-Mail: Naturwacht-hamburg@web.de

► Regionalpark Wedeler Au e.V., Rathausplatz 3-5, 22880 Wedel, Tel. 04103-70 73 91, www.regionalpark-wedeler-au.de

► SDW, Schutzgemeinschaft Deutscher Wald, Landesverband Hamburg, Am Inselpark 19, 21109 Hamburg, Tel. 040-302 15 65 30, www.sdw-hamburg.de

► Verein der Freunde des Jenischparks e.V., Quellental 12, 22609 Hamburg, Tel. 040-82 97 44, www.jenischparkverein.de

► Verein Jordsand e.V., Bornkampsweg 35, 22926 Ahrensburg, Tel. 04102-326 56, www.jordsand.de

Schleswig-Holstein

► Landesamt für Landwirtschaft, Umwelt und ländliche Räume Schleswig-Holstein, Hamburger Chaussee 25, 24220 Flintbek, Tel. 04347-70 40 (LLUR), www.schleswig-holstein.de/DE/Landesregierung/LLUR/llur_node.html
Für fast alle Schutzgebiete des Landes liegen Faltblätter und pdfs vor. Für die Kreise Segeberg, Stormarn und Herzogtum Lauenburg können sie kostenlos bestellt bzw. heruntergeladen werden unter: www.umweltdaten.landsh.de/bestell/publnatsch.html

► Der Kreis Pinneberg bietet pdfs zu seinen Naturschutzgebieten an unter: https://www.kreis-pinneberg.de/Verwaltung/Fachbereich+-Ordnung/Fachdienst+Umwelt/Team+Naturschutz/Naturschutz-gebiete+_+FFH_Gebiete.html

Betreuende Verbände und Institutionen

► Arbeitsgemeinschaft Geobotanik in Schleswig Holstein und Hamburg e.V., Olshausenstraße 75, 24118 Kiel, Tel. 0431-880 12 14, www.ag-geobotanik.de

► Arbeitsgemeinschaft Naturschutzgebiet Billetal, Hamburger Straße 5, 21465 Reinbek, Tel. 040-72 75 03 03

► BUND Schleswig-Holstein, Lorentzendamm 16, 24103 Kiel, Tel. 0431-660 60-0, www.bund-sh.de

► Deutscher Verband für Landschaftspflege e.V. – Artenagentur Schleswig-Holstein. Hamburger Chaussee 25, 24220 Flintbek, Tel. 04347-909 38 85, https://www.artenagentur-sh.dvl.org/

► Förderverein Himmelmoor, Heinrich-Lohse-Straße 67, 25451 Quickborn, www.foerderverein-himmelmoor.de

► Försterei Grünhof, Grünhof, 21502 Geesthacht, Tel. 04152-22 14

► Gemeinschaft zur Erhaltung von Kulturgut in Tornesch von 1985 e.V., Hafenstraße 28, 25436 Tornesch, Tel. 04122-512 07

► Kreis Herzogtum Lauenburg, Untere Naturschutzbehörde, Barlachstraße 2, 23909 Ratzeburg, Tel. 04541-88 84 77

► Landesjagdverband Schleswig-Holstein e.V., Böhnhusener Weg 6, 24220 Flintbek, Tel. 04347-908 70, www.ljv-sh.de

► NABU Kisdorfer Wohld, Postfach 1302, 24561 Kaltenkirchen, Tel. 04193-870 99 10 www.nabu-kisdorferwohld.de

► NABU Norderstedt siehe NABU Hamburg

► NABU Schleswig-Holstein, Färberstraße 51, 24534 Neumünster, Tel. 04321-537 34, www.schleswig-holstein.nabu.de

► Natur Plus e.V. Panten, Wehweg 3, 23896 Panten, Tel. 04543-77 07, www.naturplus-panten.de

► Projektgesellschaft Tallandschaft Pirschbachtal, c/o Stiftung Herzogtum Lauenburg, Hauptstraße 150, 23879 Mölln, Tel. 04542-870 00

► Regionalpark Wedeler Au e.V., Rathausplatz 3-5, 22880 Wedel, Tel. 04103-70 73 91, www.regionalpark-wedeler-au.de

► Stiftung Naturschutz Schleswig-Holstein, Eschenbrook 4, 24113 Molfsee, www.stiftungsland.de/

► Verein Schutz des Tävsmoores e.V., Hauptstraße 61, 25492 Heist, Tel. 04122-815 96, https://taevsmoor.de/

► Zweckverband Schaalsee-Landschaft, Am Markt 10, 23909 Ratzeburg, Tel. 04541-879 11 60, www.zv-schaalsee.de

Niedersachsen

► Niedersächsischer Landesbetrieb für Wasserwirtschaft, Küsten- und Naturschutz (NLWKN) mit Dienststellen an mehreren Standorten, Tel. 04931-94 70, www.nlwkn.niedersachsen.de

Die Datenbank des NLWKN bietet Karten und kurze, aber präzise Beschreibungen und als Besonderheit umfangreiche Literaturangaben zu allen Naturschutzgebieten des Landes. Die für den botanischen Wanderer relevante Information kann als pdf heruntergeladen werden von der Seite der jeweiligen Gebiete unter der Rubrik »Natur erleben«. www.nlwkn.niedersachsen.de/naturschutz/schutzgebiete/geschuetzte-teile-von-natur-und-landschaft-in-niedersachsen-43802.html

Informationen und Karten zum Biosphärenreservat Niedersächsische Elbtalaue erhalten sie bei der Biosphärenreservatsverwaltung, Am Markt 1, 29456 Hitzacker, Tel. 05862-967 30, https://www.elbtalaue.niedersachsen.de/startseite/

Betreuende Verbände und Institutionen

▶ Arbeitskreis Naturschutz in der Samtgemeinde Tostedt e.V. (AKN), www.aknaturschutz.de

▶ BUND Landesverband Niedersachsen e.V., Postfach 1106, 30011 Hannover, Tel. 0511-96 56 90, www.bund-niedersachsen.de

▶ Landkreis Stade, Am Sande 2, 21682 Stade, Tel. 04141-12-0

▶ NABU Niedersachsen, Alleestraße 36, 30169 Hannover, Tel. 0511-91 10 50, www. niedersachsen.nabu.de

▶ NABU-Gruppe Winsen (Luhe), Tel. 04171-618 72, www.nabu-winsen-luhe.de

▶ SDW Schutzgemeinschaft Deutscher Wald Niedersachsen, Johannssenstraße 10, 30159 Hannover, Tel. 0511-36 35 90, www.sdw-nds.de

Abkürzungen

AG *Arbeitsgemeinschaft*

agg. *Aggregat = Sammelart, eine Gruppe schwer unterscheidbarer Arten (bei Pflanzennamen)*

BUND *Bund für Umwelt und Naturschutz Deutschland*

DVL *Deutscher Verband für Landschaftspflege*

FFH-Gebiet *Gebiet, das nach der Flora-Fauna-Habitatrichtlinie der Europäischen Union für das europaweite Schutzgebietssystem »Natura 2000« ausgewählt wurde*

fo. *Forma: Untergruppe einer Pflanzenart, deren Vertreter sich nur durch ein einziges Merkmal vom Rest unterscheiden (bei Pflanzennamen)*

GÖP *Gesellschaft für ökologische Planung e.V.*

H *Haltestelle*

HVV *Hamburger Verkehrsverbund*

LLUR *Landesamt für Landwirtschaft, Umwelt und ländliche Räume Schleswig-Holstein*

LSG *Landschaftsschutzgebiet*

NABU *Naturschutzbund Deutschland*

NSG *Naturschutzgebiet*

RB *Regional-Bahn*

RE *Regional-Express*

S *S-Bahn-Linie oder -Haltestelle*

SDW *Schutzgemeinschaft Deutscher Wald*

ssp. *Subspecies = ökologisch oder geografisch gut charakterisierte Untergruppe einer Pflanzenart, deren Vertreter sich durch mehrere gemeinsame Merkmale vom Rest unterscheiden (bei Pflanzennamen)*

U *U-Bahn-Linie oder -Haltestelle*

var. *Varietät: Untergruppe einer Pflanzenart, deren Vertreter durch mehrere gemeinsame Merkmale gekennzeichnet sind, aber kein eigenes Verbreitungsgebiet ausbilden (bei Pflanzennamen)*

Autoren und Autorinnen der Kastentexte

Oliver Appel: S. 27, 68
Ulrike Balnojan: S. 104, 304, 305
Barbara Denker: S. 244, 251
Jacqueline Neubecker: S. 10
Jörn Schwarzstein: S. 203
Wulf Schultze: S. 224, 283
Andreas Zeugner: S. 83, 86–87

Alle übrigen Kastentexte wurden vom Herausgeberteam Hans-Helmut Poppendieck, Gisela Betram und Barbara Engelschall erstellt.

Register der Pflanzennamen

Die wissenschaftlichen Namen sind *kursiv* gesetzt. Zur besseren Übersicht wurden bei den deutschen Namen die Gattungsbezeichnungen vorangestellt. Man suche also die Gelb-Segge unter Segge, Gelb- bzw. den Scharfen Mauerpfeffer unter Mauerpfeffer, Scharfer. Seitenverweise auf Abbildungen sind **fett**, auf weiterführende Erläuterungen zur Pflanze **fett** und **grün** gesetzt. Man findet in diesem Register alle abgebildeten Arten unter ihren deutschen Namen, außerdem alle Arten, die in den gebietsspezifischen Pflanzenlisten genannt werden, unter ihren deutschen und ihren wissenschaftlichen Namen. Die im laufenden Text erwähnten Pflanzennamen wurden weitgehend erfasst, häufige Arten wie Buche, Eiche oder Birke wurden in der Regel jedoch nicht aufgenommen.

Abbildungsnachweis

Fotos

Bildautor, Seite (Bildanzahl)

Peter Aldenhoff 234, 235 (6)

Oliver Appel 25 (2), 26, 29 (3), 31, 32 (2), 74, 209, Umschlag vorne

Heinz Baumgarten 296, 298, 306 (2), 309

Heidrun Baur 194, 195, 196 (3)

Behörde für Umwelt und Energie 43

Gisela Bertram 56, 58 (4), 75, 80 (2), 90, 91 (2), 92 (2), 97 (2), 99, 105, 107, 108 (2), 123 (2), 126, 134, 137, 170, 186 (2), 187 (4), 201 (2), 202 (2), 238, 239 (5), 311, 313, 314, 318, 321, Umschlag vorne, hinten und Rücken

Horst Bertram 148, 151 (2), 152 (2), 153, 154, 155, 156 (2), 161, 163 (4), 164, 166 (2), 167, 169 (2), 170 (2), 172 (2), 173, 174, 175, 176, 177 (2), 215 (2), 217, 258, 259, 289, 292, 316, 317, 318, 321, 324 (2), 325, 326, 327, Umschlag vorne

Ingo Brandt 47, 58, 62 (2), 67, 68 (2), 69 (3), 96, 101 (2), 102 (2), 103, 210 (2), 217 (2)

Barbara Denker 250

Markus Dorfmüller 132

Barbara Engelschall 22 (2), 29 (4), 31, 32, 33, 34, 35 (3), 37 (2), 38, 39 (2), 40, 41, 106, 134, 254, 262 (2), 264 (3), 266, 267 (2), 269, 270 (2), 272 (2), 273 (4), 274, 275, 276 (4), 277, 279, 290, 297, 300, 304, 308, Umschlag vorne

Florian Gloza-Rausch 305

Ulrike Gräber 315 (2)

Manfred Haacks 56, 79, 80, 105 (2), 131, 142, 157 (2), 205, 239, 320, 321 (2), 322

Werner Härdtle 207, 208, 209, 211, 212, 213

Anne Ipsen 302, 305

Axel Jahn 44, 46, 47 (2), 48 (3)

Christian Kaiser 9, 19, 285, Umschlag vorne

Peter Körber 128, 130, 131

Thomas Krenz 41

Gerd-Uwe Kresken 22 (5), 26, 32 (2), 35 (2), 39, 47, 48, 52 (6), 54, 61 (2), 64, 68 (2), 72 (2), 74 (2), 75, 77 (2), 79, 94, 98 (2), 106 (2), 108, 110, 117, 129, 131 (2), 140 (2), 152 (3), 157 (2), 160, 161, 165 (2), 166, 167, 169 (2), 174, 184, 185 (2), 187, 189, 190 (2), 198, 199 (2), 202, 203, 210 (2), 211, 213 (4), 214, 216 (2), 217, 230 (2), 231 (7), 237, 239, 243 (2), 245, 249, 250, 257 (3), 258, 263, 264, 266 (2), 267, 270 (3), 273, 276 (2), 279 (2), 280, 282, 288 (3), 292 (4), 294 (2), 295 (5), 297, 298, (2), 300, 301, 302, 304 (2), 308 (4), 313 (3), 318 (4), 325 (3), 327 (2), 328 (2)

Marianne Lenz 47, 295

Nicola Lenzewski 178, 179 (2)

Mirko Liesebach 86, 87

Ute Meede 60, 62, 65, 67, 136, Umschlag hinten

Bernd-Ulrich Netz 265

Jacqueline Neubecker 53, 54 (4), 55, 109, 201

Thomas Neumann 254

Sabine Niemann 228 (2), 319

Noctalis Bildarchiv 305

Hans-Helmut Poppendieck 20, 23, 26 (2), 36, 37, 39, 47, 48 (2), 49 (2), 52, 54, 61 (2), 64 (4), 69, 71, 72, 73, 77 (2), 82, 83, 85 (3), 87, 103, 104, 115, 117, 118 (2), 119, 124 (4), 133 (2), 134, 136, 137, 144 (2), 145 (2), 146 (2), 147 (5), 157, 158 (2), 159, 171, 181, 182 (3), 184, 188, 190 (2), 191, 192 (2), 193 (2), 202, 217 (5), 219, 228, 232, 235 (2), 236, 237 (3), 241, 242, 243 (3), 244 (2), 245, 246 (3), 248 (2), 249 (2), 250, 251, 253 (4), 254 (2), 256 (2), 257, 258, 259, 283, 286, 287 (2), 288 (2), 300, 301, 321, 328, Umschlag vorne und hinten

Helmut Preisinger 89, 98, 99, 121, 122 (2), 123, 124 (2), 126 (2), 127 (3), 138, 139, 140 (2), 143, Umschlag vorne

Frank Röbbelen 295

Wulf Schulze 184, 220 (2), 222 (7), 223, 280, 282 (4)

Jörn Schwarzstein 198, 200, 204 (2)

Antje Seebens 305

Stefan Sommer 28, 30, 35, 39 (3), 40, 86, 109, Umschlag vorne, hinten

Gabriele Stiller 264, 267

Dieter Wiedemann 50 (2), 120 (2), 122 (2), 123, 279

Dirk Wesuls 261, 279 (2)

Annegret Wiermann 173

Christina Wolkenhauer 93, 94 (2), 95 (2), 110, 111, 112 (3)

Andreas Zeugner 82, 84, 86, 87 (2)

Wikicommons 113, 140

Wikimedia (Migas) 143

Friedrich Ullrich 224, 225, 226 (5), 227, 235 (2), 257

Eckhart Zeiske 80, 253, Umschlag vorne

Andere Abbildungen

Seite 10 Herbarium Hamburgense

Seite 26 H.-H. Poppendieck

Seite 49 H.-H. Poppendieck nach Rothmaler 1959

Seite 65 Google Maps

Seite 103 H.-H. Poppendieck

Seite 119 H.-H. Poppendieck nach Hubbard, C. E. 1985

Seite 183 Heering, W. 1914

Seite 188 Heering, W. 1914

Seite 202 Herbarium Hamburgense

Seite 205 Dreves, F. Hayne F.G. 1798

Seite 216 Poppendieck, H.-H. et al. 2011

Seite 205 Wandkarte, Biozentrum Klein Flottbek

Seite 245 Heering, W. 1914

Seite 309 Rackham, O. 1986

Karten

OpenStreetMap veröffentlicht unter ODbL (Grundkarte), Kartierung durch die Autoren (Wanderrouten)